中央大学政策文化総合研究所研究叢書　22

21世紀国際政治の展望

現状分析と予測

滝田賢治 編著

中央大学出版部

ま え が き

　本書は中央大学政策文化総合研究所で 2012 年 4 月から 2015 年 3 月まで 3 年間にわたり行ったプロジェクトチーム「米中関係と東アジア国際政治」の研究成果と，このチームの後継プロジェクトである「21 世紀国際政治の展望」の研究成果を統合したものである．前者の成果は 2016 年 1 月に研究所報告書①『米中関係と東アジア』（以下，『報告書』）として暫定的にまとめたが，本書はこの報告書を基礎に，その後の国際情勢を加味しつつ加筆・修正したものである．

　この『報告書』の諸論考を執筆していた段階では必ずしも十分に考察できなかった事態も若干組み込んである．2014 年 3 月にはプーチン率いるロシアがウクライナから租借していた黒海艦隊の海軍基地のあるクリミアを軍事併合し，核行使の可能性にも言及したため，これ以降，欧米諸国はロシアに対する厳しい経済制裁を課してきた．この経済制裁と原油安で苦しむことになるロシアは，2011 年末以降にアメリカのオバマ政権が打ち出したアジア・太平洋回帰戦略としてのリバランシング政策に対抗する姿勢を強めた中国の習近平政権との関係強化に邁進し，今や中露準同盟ともいえる関係を築いている．また 2011 年初頭以降，北アフリカで始まった「アラブの春」はシリアでは凄惨な内戦を引き起こし，アメリカ・ブッシュ政権が仕掛けたイラク戦争の負の遺産ともいうべきイスラム国（IS）や独立国家樹立を目指すクルド人勢力も介入した．さらにロシアも黒海艦隊の地中海への入口に位置するシリアを冷戦期より重要視して，その崩壊を阻止するために内戦に介入し，この地域は極めて複雑な構図を描く紛争地域となっている．第一次世界大戦前，バルカン半島は「ヨーロッパの火薬庫」と呼ばれたが，イラク北部からシリアにかけての地域は「世界の火薬庫」ともいうべき危険地帯となっている．

　しかし上記の『報告書』も本書もジャーナリスティックな国際情勢解説の

書ではない．まず近現代国際政治史をマクロ的に把握し，そこにおける極構造や覇権の推移，更には地政学的な考察を行った．その上で，「世界の警察官」の地位を降りると明言したオバマ・アメリカの現状を分析し今後を展望した．さらに世界における中国への評価を考察し，ASEAN の安全保障体制の分析を基に展望し，最後に「世界の火薬庫」に隣接する極めて複雑な地政学的位置にあるトルコ外交を考察する．

2016 年 6 月におけるイギリスの EU 離脱決定や，南シナ海における中国の独断的な「九段線」に対する 7 月の国際常設仲裁裁判所の裁定，さらには 2017 年 1 月 20 日に発足するアメリカのトランプ政権の外交政策については時間の関係で考察の対象外となった．これらの問題については次のプロジェクトで，多角的に検討する予定である．

2017 年 1 月 10 日

プロジェクト主査　滝　田　賢　治

目　　次

まえがき

第1章　国際秩序と米中関係 ……………………………… 1

滝 田 賢 治

はじめに　1

1．国際秩序の現実と展望──非極構造論とパワーシフト論　4

2．非極構造におけるパワーシフト論　6

3．21世紀の国際秩序と米中関係

──揺れるオバマ政権の対中政策　10

おわりに　20

第2章　覇権循環の歴史と世界システムの将来 …… 29

星 野　　智

はじめに　29

1．世界システムにおけるヘゲモニーの成立──オランダ　30

2．ヘゲモニー国家と帝国──イギリス　34

3．20世紀のヘゲモニー国家──アメリカ　38

4．アメリカの財政赤字と中国の経済的台頭　42

おわりに　45

第3章 地政学の復活か
——21世紀の国際秩序—— …………………………… 51

島 村 直 幸

はじめに——地政学とは何か　51

1. 地政学の復活か，リベラル・オーダーの継続かをめぐる論争　54

2.「夢が終わり，歴史が回帰した」のか　59

3. 国際秩序の変動要因　61

4.「壮大なチェス盤」——ユーラシア大陸をめぐる地政学　67

　おわりに——日本外交へのインプリケーション　71

第4章 21世紀へ向けての「国連」多国間主義
——事務総長の言説から—— …………………… 79

内 田 孟 男

は じ め に　79

1. 多国間主義概念の普遍化と国連憲章の多国間主義　80

2. ブトロス・ガリ事務総長——平和，開発，民主主義　82

3. コフィー・アナン事務総長——我ら人民，個人の権利　86

4. 潘基文事務総長——「新しい多国間主義」　89

5. 事務総長の多国間主義の比較　91

6. 多国間主義からグローバル・ガバナンスへ向けて　95

　お わ り に　99

目　　次　v

第5章　核戦略理論の歴史
——展開の系譜と未来への指標—— …………………105

金 子　　譲

はじめに　105

1．核戦略理論の誕生と展開　106

2．核戦略理論の発展と崩壊　112

3．21世紀の核戦略理論　118

おわりに——核と日本の安全保障　122

第6章　地政学，価値観，米外交の将来 ……………127

杉 田 弘 毅

はじめに　127

1．米軍事介入の歴史　128

2．オバマ・ドクトリン　130

3．オバマ・ドクトリンの限界　132

4．地政学パワーの逆襲　134

5．地経学の戦い　136

6．感情と価値の世界　139

7．3層の世界と米外交の将来　148

お わ り に　154

第7章　「台頭」中国の国際イメージ ………………159

土 田 哲 夫

はじめに——中国「台頭」と世界　159

1．世界各国で中国はどう見られているか　161

2．中国は世界と自己をどう見ているか──前提的説明　165

3．世界における中国の位置　168

4．中国と外国との関係認識　177

　おわりに──「愛国」と「出国」　184

第8章　アジア・オセアニア地域の安全保障体系の変容と地域制度 …………… 195

鈴木洋一

　はじめに　195

1．第1層──伝統的安全保障体系の変容　196

2．非伝統的脅威への対応としてのリスク・マネジメント　201

3．ARF と ADMM-Plus 間のシナジー　220

　おわりに　222

第9章　新興国トルコの国際秩序観──その特徴と変遷── …………………… 227

今井宏平

　はじめに　227

1．国際関係における秩序と新興国　228

2．2002 年から 2005 年にかけてのトルコの国際秩序観　230

3．2005 年から 2011 年にかけてのトルコの国際秩序観　233

4．2011 年から 2016 年にかけてのトルコの国際秩序観　240

　おわりに　242

あとがき

第 1 章

国際秩序と米中関係

滝 田 賢 治

は じ め に

1991 年 12 月 25 日ソ連が崩壊[1]することにより米ソ冷戦は最終的に終結し，ブッシュ Sr. 政権（1989 年 1 月～93 年 1 月）ではソ連に勝利したという愉悦感が広がった．第二次世界大戦後アメリカが構築しようとしたもののソ連ブロックの形成によりその実現を阻止された世界秩序——資本主義市場経済と民主主義を基礎とした——を，今度こそグローバルに構築してアメリカ主導の平和（消極的平和）を実現できるというパクス・アメリカーナⅡ論が広がった．極性論的に言えばアメリカ一極構造論である．冷戦終結期に発生した湾岸戦争（1991 年 1 ～ 2 月）で，アメリカが軍事革命（RMA）の成果をいかんなく発揮し，短期間でサダム・フセインのイラクに圧勝したことがこの見解を広げることになった．アメリカの圧勝を目撃した中国の江沢民政権[2]は，アメリカ一極構造を一超多強構造と規定し，これを多極構造へ転換させていく方針を外交戦略の中核に据えていた．1990 年代，冷戦後の政権であったクリントン政権期（1993 年 1 月～ 2001 年 1 月）にアメリカ経済は活況を呈し国際政治で主導性を発揮し，この意味でパクス・アメリカーナⅡ到来の既視感（デジャヴ）を体験したパワーエリートもいたかもしれない．冷戦終結により，

2

冷戦期にアメリカ国防総省が軍事的に独占していたインターネットを民間に開放したため現代グローバリゼーションが急速に進行し，その初期には広くアメリカナイゼーションとすら認識されアメリカへの反発が高まったのも事実である．現実に，世界貿易センタービル地下駐車場爆破事件（1993年2月），ケニアやタンザニアのアメリカ大使館爆破事件（1998年8月），イェーメン沖でのアメリカ・イージス艦爆破事件（2000年10月）を初めとして世界各地で爆破テロ事件が続発したのである．

このパクス・アメリカーナⅡ論に冷や水を浴びせたのが2001年の9・11同時多発テロであった．この直後からブッシュ Jr. 政権（2001年1月～2009年1月）はネオコンの影響を受け，アフガン・イラク戦争に突入し，その一方主義的外交政策は「アメリカ帝国論」を惹起したが，戦争の長期化により国内外の激しい反対と財政難に苦しめられることになり，国際政治への影響力，主導性を低下させていった．その結果，冷戦後の1990年代にすでに顕在化していたイスラムを自称する過激派集団が，2000年代にはユーラシア大陸とその周辺地域で活動を活発化させるとともに，中国を中心とする新興国諸国が政治・経済的影響力の増大を背景に急速に軍拡を進めるようになった．パクス・アメリカーナⅡは幻影であることが暴かれる結果となった．

すでに冷戦終結後に「発見された」地球的問題群（グローバル・イシュ）は，このようなアメリカの主導性低下と，これに反比例するかのような中国の政治的・経済的・軍事的台頭のため，2000年代に入りより複雑化かつ深刻化してきている．

第1に，分離独立運動が激化してきた．鎮静化したかに見えていたスペインのバスク・カタルニヤ，イギリスのスコットランド，カナダのケベックでの運動が再活性化してきたばかりでなくイギリスがEUから離脱する（Brexit）ことを決定し，ヨーロッパそのものが政治・経済的に不安定化してきている．

第2に，IS（イスラム国）やボコ・ハラム，ウィグル，ロヒンギャ[3]などイスラムを自称する集団の行動が，越境的な広がりを見せている．特にISの行動はアメリカ主導のイラク戦争の失敗の象徴であり，その結果，100年近く

数カ国に分断され内陸に「封じ込められていた」クルド人の独立への動きを刺激し，さらに中東を中心に北アフリカから西アジアを経由し中央アジアに至る広大な地域が不安定化の度を強めている．

第3に，オバマ大統領の「プラハ演説」をあざ笑うかのようにNPT体制が綻びを拡大している．南アフリカ，リビアは核開発を放棄したが，インド・パキスタン・北朝鮮ばかりか欧米諸国と暫定的に妥協したかに見えるイランや，実質的な核保有国と見られているイスラエルなど実質的な核保有国が増大してきている．特に北朝鮮は2016年に入り核実験とミサイル発射を繰り返し，北東アジアに緊張を高めている．より根本的な問題は，非国家集団が核保有し，それを使用する可能性が高まってきているという事実と，核保有大国である国連常任理事国（P5）自らが核保有[4]しているのに他国の核保有を認めず，核開発「疑惑」が高まると経済制裁で対応するという大きな矛盾が存在している事実である．

第4に，冷戦終結の要因の1つでもあり結果でもあるが，CNNやBBCなど衛星を利用した国際放送が拡大し，さらにインターネットを中心にしたSNSにより，過激派集団の連係が密になるとともに，貧困・内戦に苦しんでいる国家・地域の住民の中には自由と豊かさに憧れ先進国へ難民として流入する傾向が強まり，流入先の国家や地域での排斥運動や極右勢力の台頭を引き起こす事態も頻発している．

1999年から2001年までアメリカとの熾烈な通商交渉の結果，2001年12月に世界貿易機関（WTO）に加盟し，冷戦後のグローバリゼーションに対応できたため高度経済成長を達成して2010年にはGDPでアメリカに次いで世界第2位となった中国も，国内外に矛盾を抱えつつ，国連安保理常任理事国としてこうした地球的問題群への対応を余儀なくされている．

本章は，以上の問題意識を前提に21世紀前半に新たな国際秩序が形成されるのか，形成される場合それはどのような秩序であり，その秩序形成に米中がいかなる形で関与するかを考察するものである．

1．国際秩序の現実と展望
——非極構造論とパワーシフト論

「緩やかな二極構造」（M. カプラン）であった米ソ冷戦が終結して，1990年代の「冷戦後」期には国際秩序はアメリカ一極構造によって担保されているという認識——一部ではパクス・アメリカーナⅡという認識——が広がった．しかし9・11同時多発テロを契機とするアフガン・イラク戦争以降の「ポスト冷戦後」期には一時的に「アメリカ帝国論」が澎湃として起こったものの，一方で世界は非極構造あるいは無極構造となっているため不安定化の度を強めているという認識を持つ論者と，他方で世界第2位の経済力を背景に軍拡を推進して勢力圏を拡大している中国がアメリカの覇権にとって代わる可能性があると指摘するパワーシフト論（権力移行論）を主張する論者も登場している．

分離独立運動の過激化，事実上の核拡散，難民の激増と流入先国での排斥運動の激化，ロシアのクリミア武力併合などの現実を見ると，国際政治は無極構造ないし非極構造と認識するのは当然かもしれない．非極構造や無極構造の世界には秩序は存在しないことになる．秩序[5]とは一般的には「組織や構造の整った状態」を指すが，国際秩序といった場合の秩序とは「国家間に明示的・黙示的な行動ルールが存在していて，他国の行動を予測することが可能であるために国際関係が相対的に安定している状態」と理解することができる．

より詳しく言えば，ある組織や構造——本章では国際社会であるが——の基本的な構成要素（コンポーネント）が明確で，その構成要素の間で規範（人間社会をより良き方向に導くための行動や判断の基礎となる価値観や考え）やルールが相互に理解されていて，相互の行動が予測可能なより安定的な状態を意味すると言える．秩序は一見，体系（システム）と同義語のように見えるが，秩序は体系の存在を前提に，そこに現れる安定的な状態である．複数の

構成要素が存在し，それらの間に有機的関係が成り立っていることにより，それら構成要素全体が「ある種の機能を果たしている」場合，その全体を「体系（システム）」と規定できるが，この有機的関係こそが「構成要素の間で規範やルールが相互に理解されている」ことであり，具体的には外交・通商関係や領事関係が維持されていて，「機能を果たしている」ことが「相互の行動が予測可能なより安定的な状態」としての秩序を生み出していることになる[6]．

　このように国際秩序を定義すると，極性論的に見れば緩やかな二極構造であった米ソ冷戦は紛れもなく国際秩序であり，二極を構成するアメリカ・ブロックもソ連・ブロックそれ自体も国際秩序であった．両ブロックのリーダーであった米ソは冷戦発生期を別にして核抑止という規範あるいはルールを大前提に相互に行動を予測しつつ緊張を維持したのである．同時にブロック間の緊張関係を前提に，両ブロック内部では米ソがブロック構成国を統制でき，逆にブロック構成国はブロック・リーダーである米ソ相互の行動と自国に対する行動を予測できたのである．アメリカは平和維持機構・集団安全保障機構としての国連創出を主導して維持コストを払うとともに，アメリカ・ブロック内部を中心に IMF 体制と GATT 体制を核とする国際公共財を提供して維持コストを払うことにより，「大国間の長期にわたる大規模戦争を抑止しえた状態」としてのパクス・アメリカーナ[7]という国際秩序を構築したのである．パクス・アメリカーナという下位国際秩序は，米ソ冷戦という上位国際秩序と相互構成的に維持されたと言える．米ソ冷戦がパクス・アメリカーナという下位国際秩序を不安定化させたが，それと同時に冷戦状況が厳しければ厳しいほど，アメリカはブロック構成国への統制を強化することができたのである．同時に冷戦状況が厳しければ厳しいほど，ソ連ブロックという下位国際秩序も脅威に晒されつつ，ソ連はブロック構成国への統制を強化することができたのである．

　逆に言えば，米ソ間の冷戦状況が緩和すると，即ち冷戦という上位国際秩序が揺らぐと，これらの下位国際秩序も揺らぐことになる．この認識に立て

6

ば，冷戦終結はソ連を解体しただけでなく，パクス・アメリカーナの強化ではなくパクス・アメリカーナ衰退の契機となったのである．これら上位・下位の国際秩序の解体と揺らぎが進む中で，アメリカ政府が民間にインターネットを開放したため，これを利用したグローバリゼーションが急展開し，これに対応し得たかつてのブロック構成国が新興国——その象徴が中国を中心とする BRICS や VISTA[8]などであるが——として台頭したばかりでなく，イスラム系を中心とした過激派組織が急拡大してきたのである．

2．非極構造におけるパワーシフト論

このような国際政治の現状を，非極構造と捉えるのか，それともアメリカ一極構造（≒アメリカ覇権構造≒パクス・アメリカーナ）が衰退して中国一極構造（≒中国覇権構造≒パクス・シニカ）への移行期であるパワーシフトと捉えるのか，が国際政治学・国際政治論の中心的な課題として我々に突き付けられている．しかしこれら2つの立場は二律背反的ではない．上位国際秩序としての米ソ冷戦が解体したため，ソ連ブロックという下位国際秩序も解体し，アメリカ・ブロックという下位国際秩序——その内部を中心に構築されたパクス・アメリカーナと言い換えてもいいかもしれないが——も衰退あるいは融解しつつある状況を非極構造と捉えるのか，アメリカ覇権の衰退にとって代わり中国一極構造あるいは米中二超構造やパクス・コンソルティスが出現するのか，は二律背反的な問題ではない．なぜなら，1つの国際秩序が衰退して新たな国際秩序が形成されるまでには一定の過渡期があるからであり，この過渡期の国際政治は非極構造となるため不安定化するのが常態である．

極性論は中心的パワーの数とパワーの配置状況を基礎としたリアリズムの立場に立つ国際政治「理論」である．今までは①一極構造，②二極構造（双極構造），③多極構造，の3つを中心に展開されてきたものである[9]．これらに加えて，④一超多強構造，⑤二超多強構造，⑥非極構造，なども考察対象

にすべきであろう．一極構造の一極はいわゆる覇権国であり，この覇権国の変化を長期的に観察・展望する見方が国際政治学でいうパワーシフト論である．この覇権国により国際秩序が安定するという見方を覇権安定論というのはいうまでもない．この覇権安定論は，チャールズ・キンドルバーガーが提起した概念[10]であることはいうまでもないが，実際にはロバート・コヘインが「覇権安定の理論」と名付けたことにより広まった．A.F.K. オーガンスキーのパワーシフト論（権力移行論）と結びつき，覇権変動についての多くの論文が発表されることになった．二極構造は国際政治史では，第一次世界大戦直前に成立した三国同盟と三国協商の対立構造と，第二次世界大戦後の米ソ冷戦が典型例である．多極構造は国力がほぼ均等な3カ国以上の国家が国

図1　極構造のイメージ（1）

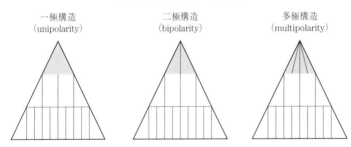

出所：Richard Rosecrance, "International Relations: Peace or War ?"（New York, McGraw-Hill, 1973）p.115

図2　極構造のイメージ（2）

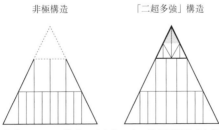

出所：拙稿「アメリカ覇権性の変容と二十一世紀国際秩序」『法学新報』120巻9・10号，2014年，476頁

際秩序の維持を主導する構造である．二極構造ではともに大国である二国が相互に相手の行動を監視し合っているため，緊張は伴うものの結果として大規模戦争を抑止する可能性が高い．これに対して，多極構造では，特定の1カ国を監視すればいいという訳ではないので，判断・対応を誤る可能性が高く，国際秩序は不安定になる傾向が強い．しかし多極を構成する1カ国が現状の国際秩序を変更しようとすると，第一次世界大戦直前に見られたように二極構造に転換する傾向も認められる．

　国際秩序を形成・維持するために主導性を発揮する国家が存在しない状態である非極構造については多くの論者が，その特性を指摘してきた．イブ＝マリ・ローランは『バルカン化する世界：新世界無秩序の時代』の中で，「世界が多数の独立した政治的意思決定センターに分裂するか細分化する．……世界は分離主義に直面し，その帰結は往々にして国土回復運動（イレデンティズム）の側面をもつ」と警鐘を鳴らした[11]．第一次世界大戦中，戦後にトルコを分割して勢力圏を形成するために英仏露の三国協商が締結したサイクス・ピコ秘密協定（1916年5月16日）を，現代に至るまでイスラム世界を分断したものと激しく批判し，これを否定することも運動の大義名分の一つとしてイスラム国（IS）が中東各地に軍事拡大している事実を予測したかのような指摘である．サミュエル・ハンチントンは『文明の衝突』で，冷戦後の（無極構造の）国際政治の基軸は文明と文明との衝突であり，特にそれは文明と文明との断層線（fault line）に沿って現象化することを強調した[12]．イアン・ブレマーは『Gゼロ後の世界』で，覇権国不在の現在では集団的防衛システムを構築するのが困難であるため，資源や環境，サイバー空間をめぐる紛争が予想されるので，この「Gゼロ後の世界」で勝者となるのは適応能力があり，かつリスクや攻撃に対する態勢が整っているアクターで，敗者となるのは新しい現実に対応するため変化しなければならないという認識が欠けているアクターであると断じている[13]．

　上位国際秩序であった米ソ冷戦という「重石」がとれたため，冷戦中は抑圧されていた民族的・宗教的アイデンティティの確認を求める運動が激化し

たともいえる．米ソ各ブロックという下位国際秩序——アメリカ・ブロックではパクス・アメリカーナ——の周縁部に凝固化されていた民族集団・宗教集団や，両ブロック外の第3世界（≒非同盟諸国≒「南北問題」の南）に拠点を持つ集団にその傾向が強い．この動きは，冷戦終結を一大契機に始動した現代グローバリゼーション[14]による「フラット化」や「西欧化」「アメリカ化」[15]への抵抗という側面を持つ場合もある．

下位国際体系であったソ連ブロックを主導したソ連そのものが崩壊したためソ連ブロックが解体し，米ソ冷戦という上位国際体系も解体していった．その結果，アメリカ・ブロックという下位国際体系がグローバルな上位国際体系に取って代わるというパクス・アメリカーナⅡ論が一時期アメリカ国内では高まった．しかし論理的には，2つの下位国際体系が緊張・対立する相互構成的な関係により，グローバルな冷戦とパクス・アメリカーナが成立していたために，ソ連ブロックの解体と冷戦の終結はアメリカ・ブロック内のパクス・アメリカーナを衰退させていくことになったのである．

第1に，冷戦終結を契機にアメリカはインターネットを民間に開放し，これによりグローバリゼーションが生産・流通・金融三分野から成る経済，とりわけ金融分野のグローバリゼーションを加速したが，アメリカ主導であったため初期には広くアメリカナイゼーションと認識され，アメリカへの反発を引き起こしたためアメリカを対象としたテロが頻発した．

第2に，これも要因として2001年の9・11同時多発テロが発生し，アメリカ主導で開始したアフガン・イラク戦争が，アメリカがパクス・アメリカーナを基礎づける顕教として高く掲げてきた人権・民主主義・国際法の順守などのソフトパワーばかりでなく，軍事的・財政的なハードパワーを衰退させたのである．

第3に，金融分野を中心にアメリカナイゼーションとして始動したグローバリゼーションは，短期間にまさにグローバルなグローバリゼーションとして拡大することにより，当のアメリカ自体が逆にその影響を受けることになった．それこそが2008年のリーマン・ショックであり，アフガン・イラク戦

争による打撃——戦争の正当性への疑念，両地域での人的犠牲と物的損害，厭戦気分の高揚，戦費増大による財政赤字の累積など——とともに，アメリカの経済力を衰退させてきたのである．

アメリカの相対的衰退に対して，WTO加盟により世界経済システムへの本格的な接合に成功した中国は，ASEANをはじめとして多くの地域・国家と自由貿易協定（FTA）を締結して貿易・投資関係を強化・拡大し，「世界の工場」として2010年にはGDPでアメリカに次ぐ世界第2位の地位を達成した．この経済力を背景に軍拡を進め，ユーラシア大陸周縁部に沿ったシーレーン構築に邁進し，特に南シナ海では一方主義的に領土を拡張して周辺諸国と緊張を高めている．

米中間に横たわるこうした政治・経済条件の違いを背景に活発になってきた議論がパワーシフト論である．パワーシフト論は極性論的に見れば，一極構造を前提としたリアリズムの見方であり，すでに指摘したようにチャールズ・キンドルバーガーやロバート・コヘインの覇権安定論と連動するものである．この一極こそが覇権国となるべき国家であり，一極構造論や覇権安定論はジャーナリスティックに言えば，安定的国際システムとしての国際秩序を守る「世界の警察官」はどの国家なのか，どの国家がなる可能性があるかを分析，展望するものである．アメリカの国力がハード・ソフト両面で相対的に衰退してきているという認識を外交政策に反映し，「世界の警察官」の役割から離れることを宣言したオバマ政権の言動も，21世紀前半に中国がアメリカにとって代わって覇権国になるという議論を活性化させる要因となった．はたしてそう単純に覇権の交代，パワーシフトが起こるのであろうか．

3．21世紀の国際秩序と米中関係
——揺れるオバマ政権の対中政策

冷戦期や冷戦終結直後の時期に比べればアメリカのハードパワーもソフト

パワーも相対的に衰退し，これとは対照的に中国の経済力と軍事力はデータ
で見る限り短期間で増大してきていることは明らかである（表1・表2）．中
国の軍事的拡大——軍事費の増大や南シナ海での一方的領土・領海の囲い込
み——，ロシアのクリミア軍事併合，ISの「野蛮な」軍事的勢力圏拡大，EU
の終焉も危惧される亀裂——ギリシャなど加盟諸国の財政問題を巡る独仏の
対立，難民流入に反対するネオナチ的運動の拡大，スコットランド・カタル
ニヤ・バスクなどの分離運動に起因した——，中国主導のアジア・インフラ
投資銀行（AIIB）加盟をめぐる米欧の亀裂，等により，アメリカ一国で主導
性を発揮するのは困難になっている状況の中で米欧同盟として協調し問題解
決に当たるパワーも衰退している．こうした国際政治全体の状況を見るとき，
国際政治が非極構造となっており安定的な国際システムが欠如した無秩序状
態と認識することは自然であろう．

　しかし冷静に米中両国の条件を検討してみれば，伝統的なというより古典
的なパワーシフト論を前提に，非極構造の中から中国がアメリカにとって代
わって21世紀国際政治において覇権を握る条件は存在していない．ジャーナ
リスティックにアメリカから中国にパワーシフト（権力移行）が起こること
は興味深いテーマであるが，現在の中国，そして今後中期的（30年間のスパ
ン）に展望する中国の条件を基礎とする限り，中国が現在の非極構造を一極
構造に整序して，安定的な国際システムとしての国際秩序を形成し，維持コ
ストを支払っていく展望は見えてこない．

　確かにアフガン・イラク戦争の戦費累積とリーマン・ショックも要因とな
って，アメリカは財政赤字と貿易赤字に苦しみ，非極構造の中で頻発するテ
ロや地域紛争に対応できなくなった上に，イラク戦争を契機にEU諸国との
協調行動も不可能になってきている．しかし表1に見るように，アメリカの
GDPは2014年度，世界総額の22.5%を占めて第1位で，世界総額の13.4%
を占める第2位の中国の1.67倍だが，アメリカの人口3億人（世界人口73億
人）で割った1人当たりのGDPは54,596ドルで中国の7,589ドルの7倍とな
っている（表2）．2030年から2050年にかけて米中のGDPは逆転するという

表1　世界の名目 GDP の順位（単位：10 億米ドル）

	2001 年	2006 年	2010 年	2012 年	2015 年
世界合計	32,525	50,044	63,990	72,216	73,069
	①米国 10,625	①米国 13,857	①米国 14,958	①米国 16,244	①米国 17,947
	（32.66％）	（27.68％）	（23.37％）	（22.49％）	（24.56％）
	②日本 4,159	②日本 4,356	②中国 5,930	②中国 8,221	②中国 10,982
	（12.78％）	（8.70％）	（9.26％）	（11.38％）	（15.02％）
	③独 1,882	③独 2,905	③日本 5,495	③日本 5,960	③日本 4,123
	（5.78％）	（5.80％）	（8.58％）	（8.25％）	（5.64％）
	④英 1,485	④中国 2,712	④独 3,310	④独 3,429	④独 3,357
	（4.56％）	（5.41％）	（5.17％）	（4.74％）	（4.59％）

注）1. 億ドル以下は切り捨ててある
　　2.（　）内は世界合計に占める各国の割合を示す
　　3. 世界合計は世界 189 カ国の合計
出所：国連世界統計年鑑各年度版，国連統計局（原書房）及び IMF：World Economic Outlook Databases 2016 より作成

表2　GDP 世界上位 10 カ国と 1 人当たり GDP（2015 年）

順位	国名	GDP（10 億米ドル）	1 人当たりの GDP：米ドル（世界の順位）
1.	アメリカ	17,947	55,805（6）
2.	中国	10,982	7,989（75）
3.	日本	4,123	32,485（26）
4.	ドイツ	3,357	40,996（20）
5.	イギリス	2,849	43,770（14）
6.	フランス	2,421	37,675（22）
7.	インド	2,090	1,617（143）
8.	イタリア	1,815	29,866（27）
9.	ブラジル	1,772	8,670（73）
10.	カナダ	1,552	43,331（17）
11.	韓国	1,376	27,195（30）
12.	ロシア	1,324	9,054（68）

注）1 人当たりの GDP は，小数点以下を切り捨ててある
出所：IMF：World Economic Outlook Database 2016 より作成

予測が数多く出ていることは事実であるが，それは 2011 年から 2012 年段階の米中両国の内外条件を基礎としたものである上に，HSBC（香港上海銀行コーポレーション）の予測では 2050 年でもアメリカの 1 人当たりの GDP は 55,134

第 1 章　国際秩序と米中関係　13

表 3　世界の軍事費に占める割合上位 10 カ国（2001 年度・2011 年度・2015 年度）

国名（順位）2001 年（世界に占める%）	国名（順位）2011 年（%）	国名（順位）　2015 年（%）
1. アメリカ 3,223 億ドル（40.0）	1. アメリカ 6,895 億ドル（42.4）	1. アメリカ 5,960 億ドル（35.6）
2. ロシア　　636 億ドル（8.1）	2. 中国　　　1,292 億ドル（7.9）	2. 中国　　　2,150 億ドル（12.8）
3. 中国　　　460 億ドル（5.8）	3. ロシア　　　641 億ドル（3.9）	3. サウジ　　　872 億ドル（5.2）
4. 日本　　　395 億ドル（5.0）	4. フランス　　582 億ドル（3.6）	4. ロシア　　　664 億ドル（4.0）
5. イギリス　347 億ドル（4.4）	5. イギリス　　578 億ドル（3.5）	5. イギリス　　555 億ドル（3.3）
6. フランス　329 億ドル（4.2）	6. 日本　　　　545 億ドル（3.3）	6. インド　　　513 億ドル（3.1）
7. ドイツ　　269 億ドル（3.4）	7. サウジ　　　462 億ドル（2.8）	7. フランス　　509 億ドル（3.0）
8. サウジ　　242 億ドル（3.1）	8. インド　　　442 億ドル（2.7）	8. 日本　　　　409 億ドル（2.4）
9. イタリア　209 億ドル（2.6）	9. ドイツ　　　434 億ドル（2.6）	9. ドイツ　　　394 億ドル（2.4）
10. インド　　141 億ドル（1.8）	10. イタリア　　319 億ドル（1.9）	10. 韓国　　　　364 億ドル（2.2）
世界合計　7,866 億ドル	世界合計　1 兆 6,245 億ドル	世界合計　1 兆 6,760 億ドル

注）1,000 万ドル以下は切り捨ててある
出所：ストックホルム国際平和研究所（SIPRI）の Trends in World Military Expenditure 2015（2016 年 4 月発表）およびイギリス国際戦略研究所（IISS）の The Military Balance（2016）を参考に筆者作成

ドル（世界第 8 位）であるのに対し，中国のそれは 17,759 ドルで 54 位に留まっている[16]．1 人当たりでは相変わらず大きな格差があるにもかかわらず，グロスの規模では次第に接近している現実を反映して経済的相互依存関係が深まってきているのも事実である．2012 年 12 月 16 日のアメリカ財務省発表によると，アメリカ国債保有額も中国が第 1 位で約 1 兆 1,700 億ドル，2 位が日本で約 1 兆 1,300 億ドルであった[17]．2011 年の世界銀行統計によると，世界の外貨準備は中国が第 1 位で約 3 兆 2,540 億ドル，第 2 位が日本で 1 兆 2,958 億ドルとなっており，中国の外貨準備のうち約 1 兆ドル程度が米ドルであると推測されている．貿易関係は非対称性が際立ってきているものの相互に不可欠な相手先となっており，アメリカにとって中国は最大の輸入先であり，中国にとってアメリカは最大の輸出先となっている．とはいえアメリカの対中貿易の赤字幅は年々拡大している．2001 年にアメリカの対中輸出 192 億ドルに対して中国の対米輸出 1,094 億ドルと約 900 億ドルの貿易赤字であったものが，10 年後の 2011 年には，対中輸出 1,039 億ドルに対し対米輸出 4,174 億ドルとアメリカの対中貿易赤字は 3,135 億ドルに急拡大している．アメリカの対中貿易赤字幅の急拡大と中国の外貨準備額の急増は，中国が為替管理

図3 アメリカの国防費の推移

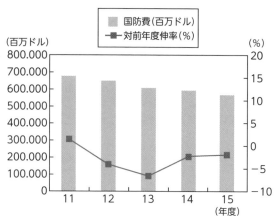

注) 1. Historical Tables による狭義の支出額
    2. 2015年度の数値は推定額
出所:防衛省・自衛隊『防衛白書2015』防衛省,2015年8月

図4 中国の公表国防費の推移

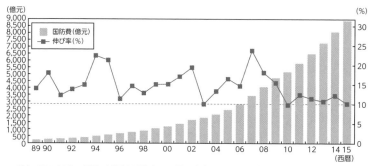

注) 2002年度の国防予算額は明示されず,公表された伸び率と伸び額を前年当初予算
にあてはめると齟齬が生じるため,これらを前年執行実績額からの伸びと仮定して
算出し1,684億元として作成
出所:防衛省・自衛隊『防衛白書2015』防衛省,2015年8月

により不当に人民元を低くしているからであるとしてアメリカ議会は一貫して批判している.

また軍事力について見ると,アメリカはアフガン・イラク戦争遂行のために2011年度の軍事費は2001年の3,223億ドルから6,895億ドルと2倍以上に

なったが，2014年度にはイラク撤退もあり6,100億ドルと減少したものの，世界の軍事費に占める割合は約34％に上り，中国の3倍のレヴェルを維持している（表1, 2, 3）．確かに中国はその高度経済成長を背景に短期間で軍の近代化を加速させ，空軍力と海軍力の増強はアメリカばかりか日本を含む周辺国に脅威を与え始めている．宇宙開発では有人宇宙船「神舟」の打ち上げを数度にわたって成功させ，衛星破壊衛星も打ち上げ宇宙防衛に対応しつつ，ウクライナから購入した空母ワリヤークを改修して「遼寧」として配備し，周辺諸国への軍事的圧力をかけ始めている．南シナ海で埋め立て工事を強行して「領海」を拡大し，フィリピン・ヴェトナムばかりか親中的であったマレーシアとも緊張を高めており，東シナ海の尖閣諸島をめぐっても日本とは一触即発の関係にある．中国が尖閣諸島の領有権を主張する背景には，この地域に海底資源を独占するという経済的理由ばかりか，より長期的にはアメリカ海軍のプレゼンスを阻止して第1列島線を突破しようとする戦略的意図がある[18]（地図1）．ミャンマー・バングラデシュ・パキスタン・イランからアフリカの角に至るインドを包囲するかのような「真珠の首飾り」（アメリカ

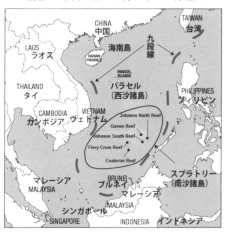

地図1　中国の南シナ海・東シナ海進出

出所：2014 Report to Congress of the U.S.-China Economic and Security Review Commission, November 2014, p.248 をベースに作成

地図 2 　中国の「一帯一路」

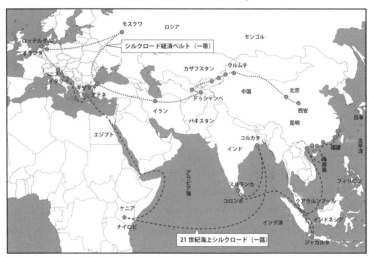

出所：2014Report to Congress of the U.S.-China Economic and Security Review Commission, November 2014, p.236 をベースに，The Wall Street Journal 他を参照して筆者が作成

国防総省) と称されるシーレーンを構築している（地図2）．反米的なニカラガと共同して太平洋とアメリカの「裏庭」カリブ海を結ぶニカラガ運河の建設計画を進めている．

　しかしアメリカは冷戦終結期から推進した軍事革命（MRA）を背景に，「アメリカ軍を破壊力を高めた，軽量かつ機動的な軍隊に変革する」（ブッシュJr.政権のラムズフェルド国防長官）ために偵察兵器や精密誘導兵器を最重要視する方針を打ち出した．F-22ステルス戦闘機ラプター，攻撃機能付き無人偵察機プレデター，高高度無人偵察機グローバルホーク，偵察衛星でミサイル防衛網の一部としての機能が期待されている宇宙配備赤外線システム，航空機から投射されるレーザー光線や全地球測位システムにより正確に目標を狙う精密誘導兵器などの開発・増産に重点的に予算を付け実用化しつつある．陸海空ばかりか宇宙・サイバー空間をめぐる米中の対立・緊張は高って来ているものの，通常兵器レヴェルと核兵器レヴェル双方におけるアメリカの優位は疑いなく，米中間で軍事的緊張が高まった場合，中国を抑止する効果を

持つことは明らかである.

2015 年夏現在,経済力と軍事力でアメリカが中国を凌駕していることは事実であるが,冷戦後の 1990 年代ほど圧倒している訳ではなく,民主・共和両党とも米中関係を相互依存関係の維持を前提に,「対立と協調」と言うより「ヘッジと関与」というアンビヴァレントなものと認識していると言えよう.こうしたアンビヴァレントな関係を調整する目的で,ブッシュ Jr. 政権は 2006 年末から年 2 回のペースで「米中戦略・経済対話」を開始し,アメリカ側は貿易不均衡が人民元に対する為替管理政策によるものとして批判するとともに,中国で頻発している知的財産権侵害問題や中国製品の安全性について中国政府の厳しい対応を繰り返し求めてきた.2009 年の同対話では経済問題だけでなく安全保障や人権・環境など包括的議題が討議されるようになったが,中国は南シナ海も台湾・チベット同様,中国の核心低利益であると言い切り,南シナ海への行動を正当化しようとした.

2009 年 1 月 20 日オバマが大統領就任演説で強調した最優先順位の外交課題は,イラクからの撤退とアフガン情勢の安定化であった.オバマにとってアフガンこそが「テロとの戦い」の主要舞台であり,イラクからの撤退は早期に実現すべき課題であった.オバマの期待通りにアフガン・イラク情勢が収束に向かうかに思われたが,2010 年 12 月チュニジアに始まる「アラブの春」がリビア・エジプトへ,さらに 11 年 1 月にはシリアに拡大し,シリアでは内戦状態が激化していった.アメリカは大量の犠牲者が出ているという報道が繰り返されていたにもかかわらず,2 年近くシリアのアサド政権を非難した挙句,13 年 8 月 31 日になってシリア政府が化学兵器を使用した疑いが濃くなったとして空爆の可能性を示した.しかし中ロは空爆に激しく反対し,ロシア・プーチンの外交攻勢に遭い,オバマ政権は口先介入に終わった.この間,シリア・イラクにかけて「イスラム国(IS)」の跋扈を許す結果となり,IS 支配地域はイスラム過激派の新たな拠点となりつつあるばかりでなく,ナイジェリアの「ボコ・ハラム」や「アラビア半島のアルカーイダ」などの自称イスラム過激派のハブになりつつあるという観測も出てきている.さらに

この過程でトルコ・イラク・シリア 3 カ国にまたがる複数のクルド人組織の動きを活性化させ，結果的にアフガン・イラク戦争と「アラブの春」は中東秩序を極度に不安定化させつつある[19]．

アフガン・イラク戦争による財政的衰退，この戦争に起因する中東情勢の不安定化・液状化，さらにはロシアのクリミア軍事併合により引き起こされた米欧諸国と中露の間の緊張の高まりを前に，オバマ政権の中国政策は「ヘッジ」と「関与」の間で揺れ動く腰の定まらないものとなった．2009 年 4 月に開催された米中首脳会談（ロンドン）でオバマは「米中関係のレヴェルアップと強化」という表現を使い，「G2 論」（後述）を支持しているかのような印象を国内外に与えていた．これには伏線があった．2008 年アメリカ大統領選挙でオバマの外交政策顧問を務めたズビグニュー・ブレンジンスキー（カーター政権で大統領国家安全保障担当補佐官）がオバマの就任式直前の 2009 年 1 月中旬に「米中二極体制」とも言うべき「G2 論」を打ち出していた．ブッシュ前政権の国務副長官時代に中国との「協調」を主張し，中国を「戦略的競争相手」と見るブッシュ政権成立以来，維持されてきた対中政策の基本を転換させた立役者であったロバート・ゼーリック（世界銀行総裁：2007 年 7 月 1 日〜2012 年 6 月 30 日）も，米中経済関係発展という観点からこの立場に同調していた[20]．

一方，ヒラリー・クリントン国務長官（2009 年 1 月 27 日〜2013 年 2 月 1 日）は 2011 年 1 月 14 日には G2 論を明確に否定し，『フォーリン・ポリシー』2011 年 11 月号に「アメリカの太平洋の世紀」と題する論文を寄せ，「国際政治の将来を左右するのは，アフガンでもなくイラクでもなくアジアであり，アメリカはその中心にいるべきである」とアジア太平洋へ戦略的に回帰することを主張していた[21]．

アジアへ戦略的重心を移動させるピヴォット政策——後にはリバランシング政策——の主張であった．これに連動するように同年 11 月 9 日，アメリカの国防総省は「エア・シー・バトル」戦略を打ち出した．すでに前年 2010 年の「四年毎の国防計画見直し」（QDR）で提起された概念で，単に空海軍一体

運用構想というより，陸海空に宇宙・サイバー空間を加えた5つの領域を超えて一元的に軍事力を運用するばかりでなく，省庁の垣根を越え，且つ同盟国と協力して中国の軍事力に対応しようとするものである[22]．それは，前述したような中国の急激な軍拡や南・東シナ海での一方的な領土・領海拡大政策と，「接近拒否 / 領域拒否（=Anti-Access/Area Denial=A2/AD）」戦略への対応戦略として策定されたものであり，ワシントン・タイムズによるとオバマ政権高官は，この「エア・シー・バトルは，中国に対する新冷戦型の軍事態勢の初期段階のもの」ということになる[23]．

　アメリカのこうした対中姿勢は，11月以降，オバマ大統領政権や連邦議会の行動に反映されることになった．第1に，11月中旬，ハワイで開催されたAPEC首脳会議（11月12 〜 13日）で，オバマは環太平洋戦略的経済連携協定（TPP）に日本の参加を要請し，中国ではTPPは経済的な対中包囲網であるとの認識が広まった．第2に，APEC終了後の11月16日オーストラリアを訪問し，「アジア・太平洋はアメリカにとって最重要事項であり，軍事・外交の重心をこの地域に移していく」と演説し，オーストラリア北部への海兵隊駐留計画を発表した．翌2012年から海兵隊を最終的には約2,500人をローテーションで駐留させ，オーストラリア軍と共同訓練を指せ，シーレーン防衛を担わせるものであった．第3に，アメリカ議会が設置した「米中経済安全保障見直し委員会」[24]が11月16日に発表した年次報告書は，「極東有事の際，奇襲攻撃や先制攻撃によりアメリカ軍の戦力を抑止して，（南シナ海から）東シナ海に至る海域を支配する戦略を中国軍は有している」と警告を発していた[25]．

　第4に，翌2012年1月5日にオバマ大統領は，国防戦略指針「アメリカの世界的リーダーシップの維持と21世紀の国防の優先事項（Sustaining U. S.Global Leadership: Priorities for the 21st Century Defense）」[26]を発表し，中国については軍拡意図の透明化を求め，グローバルなプレゼンスを維持し，改めてアジアの重要性を強調した．

　しかしこの間，シリア内戦の激化（2011年1月〜），ビン・ラーディンの殺

20

害（5月）さらにイラン原油制裁法案成立（12月）などにより中東情勢を巡る情勢が緊迫していったため，オバマ政権は中東情勢に対応しなければならなかった．この間隙を突くように中国は南シナ海への膨張を強行し，尖閣諸島上空に防空識別圏を設定したり，ロシアとの準同盟関係を強化したのである．リバランシング政策を実質化する余裕はなかったため，この政策は維持したまま，中国との協調関係を模索し始めた．経済成長と，これを背景とした軍事大国化を背景に大国としての矜持を誇示しようとする中国の習近平主席は，就任早々の2013年6月オバマ大統領と非公式首脳会談を持ち，ここで「新型大国間関係」という概念を持ち出した．「G2論」とも通底する概念であった．7月NSC担当補佐官に就任したばかりのスーザン・ライスは，11月にはこの新型大国間関係を認めるかのような発言をして物議をかもしたのである．アメリカの対中政策がリバランシング政策と新型大国間関係の間で揺れ，シリア内戦とイラン核開発問題でも明確な方針を打ち出せない状況を見透かすかのように，習近平政権は，米欧日主導の世界銀行やアジア開発銀行に対抗するかのように中国主導でBRICS銀行とアジア・インフラ投資銀行（AIIB）[27]を設立し，同時にアメリカ・ドルを基軸とするブレトン・ウッズ体制の変革を要求し，中国人民銀行総裁の周小川は第2ブレトン・ウッズ体制設立の必要性まで主張し始めた．2015年6月末，ワシントンで開かれた「米中経済・戦略対話」では，環境問題・気候変動・二国間投資協定問題などにほとんどの時間が割れ，南シナ海で中国が人工島建設を進めている問題には直接触れずに終わった．リバランシング政策に基づく対中強硬策を追求するかに思われたオバマ政権は，再び対中融和，対中協調路線に回帰しつつあるように見える．

お わ り に

共産党独裁体制の下で，社会主義市場経済という奇妙な名称をつけた国家

資本主義的政策によりグローバリゼーションの波に乗って高度経済成長を遂げ，これを背景に急速に軍拡を行い，南シナ海での強圧的な人工島建設や「一帯一路」計画を具体化し，さらに第二次大戦後，米英が中心となって運営してきた国際通貨システムに対抗する AIIB を始動させ，アメリカにとって代わり 21 世紀の国際政治において覇権を握るのではないかというパワーシフト論も澎湃として起こってきている．現在の非極構造的国際政治状況の中からパワーシフトは起こるのであろうか．スペイン・ポルトガルからオランダ，オランダからイギリスへのパワーシフトは，あくまでも海上覇権のシフトであり，ヨーロッパ外の諸国・地域が「目覚める」遥か以前の現象であった．仮にアメリカから中国への「グローバルな規模」でのパワーシフトが起こるかどうかを推論する場合，前例となりうるのは，イギリスからアメリカへのパワーシフトだけである．このパワーシフトは，20 世紀前半のわずか 30 年の間に起こった大規模戦争——大国間の長期にわたる総力戦争——としての第一次・第二次世界大戦を一大契機としてアメリカへのパワーシフトが起こり，アメリカ中心の国際秩序が形成されたのであった．ここで留意すべきは，英米ともに軍事力・経済力というハードパワーばかりでなく，文化・ファッション・独自の教育制度・民主主義などのソフトパワーを背景として，ポンドやドルなどの国際決済通貨や海洋ガバナンスなどの国際公共財を提供し，その維持コストを払ったのである．

　現在の中国は軍事力と経済力ではアメリカに次いで世界第 2 位のパワーを保持しているが，ソフトパワーには見るべきものがない．中国の伝統文化の多くは共産党統治下で批判され，廃棄され，台湾に「逃れた」国民党政権が保存してきたというべきである．大衆文化やファッションは，共産党政権が批判してきた欧米文化の模倣である場合が多く，この模倣文化と自由闊達な公共空間の欠如が「新技術開発（イノベーション）」の育成を阻害してきた．また共産党政権が批判している欧米的価値を学びにアメリカには恒常的に 20万人近い中国人留学生がいる現実もある．こうしたソフトパワーの欠如や，格差・腐敗・人権抑圧などの社会的矛盾のために，中国に移住して中国国籍

を取得したい人間がほとんどいない．英米にはたとえこれらの国々の植民地であった地域の人間であっても「宗主国」への憧れを抱いて，留学だけではなく移住してこれらの国々の国籍を取得したい人々が数多くいたが，中国にはそのような憧れを抱く人々はいない．もちろん13億の人口を抱える中国が定住移民を受け入れる可能性は皆無であるが，世界中の人々を引き付ける魅力を持つ国家が覇権を握ってきたことは紛れもない事実である．習近平政権は，AIIB や BRICS 銀行を通じて人民元を国際決済通貨に格上げしようとして，人民元を IMF の準備通貨に採用させようと工作してきた．2015年夏，上海株式市場の暴落をきっかけに人民元の切り下げをするという為替操作を行ったものの，IMF は 2016年10月1日より人民元を SDR の構成通貨に組み入れたが，実際取引で使われる国際決済通貨としてドルと同じように使われる可能性は低い．なぜならば世界の外貨準備に占める人民元の比率は1.1%（2014年現在）でしかなく，その上独裁政権による不透明な通貨規制があるからである．「偉大なる中華民族の復興」という習近平政権のスローガンとは逆に，ウィグル・チベットなど少数民族を弾圧して彼らの文化を圧殺し，口では平和を尊重すると言いつつ一方的に領海を軍事的に「囲い込み」，防空識別圏を「設定」する行動は，SNS をはじめメディアが発達して現代世界においては支持を得るどころか反発しか生まないのは明らかである．

　その上，2016年7月12日，オランダ・ハーグにある常設仲裁裁判所（Permanent Court of Arbitration）が南シナ海問題に関するフィリピン政府の訴えを認める裁定を下したにもかかわらず，中国政府は「裁定は紙くず」と反発し国際法を完全に無視したため，AIIB に積極的に参加した EU 諸国や，中立的立場をとってきたインドネシアやオーストラリアも批判を強めている[28]．中国が民主化し，ハードパワーばかりでなくソフトパワーを強化して，国際公共財を提供できるようになれば，パワーシフトは21世紀中葉には起こるかもしれないが，米中が「ヘッジと関与」を繰り返しながら非極構造の中での不安定な国際政治が持続していくであろう．

1) 冷戦発生要因と同じように冷戦終結要因も，単一原因論で説明できるものではなく複合原因論に基づくべきものである．ソ連崩壊によって冷戦は最終的に終結したが，崩壊時の大統領であったゴルバチョフは，ソ連崩壊の原因が自ら進めたペレストロイカであるという非難に対してチェルノブイリ原発事故（1986年4月）が崩壊の主要因であったと繰り返し強調してきた．直接の原因はペレストロイカとグラスノスチから成るゴルバチョフ革命と原発事故と言えるが，要因は複合的である．

　長期的に見れば，第1にアメリカによる三重の封じ込め政策，即ち①軍事的封じ込め（ヨーロッパ方面ではNATO，アジア太平洋方面ではハブ・スポーク型軍事同盟網），②COCOM（対共産圏輸出統制委員会）による技術・通商的封じ込め，③金融的封じ込め（ソ連通貨ルーブルをドルなどの主要国際通貨と兌換不能のソフト・カレンシーに固定化），によりソ連が総体的に国力を衰退させたことを指摘しなければならない．第2にスターリン型の閉鎖的・抑圧的統治機構の下での中央計画経済が，技術革新を阻害したばかりか，流通システムを機能不全化し経済停滞を深化させていったことも否定できない．

　中期的に見れば，第1にアメリカのレーガン政権が打ち出したSDI構想（スターウォーズ構想）にソ連が対抗するシステムを構築する展望を持ちえなかったことと，第2に全欧安保協力会議（CSCE：1975年）以降，欧米諸国とソ連ブロック諸国の間で人的・文化的交流が活発化したことも背景として後者で民主化運動が広がっていたこと，第3にこの民主化運動に影響を与えることになるが，CNNやBBCが衛星を使った国際放送を開始し，情報統制されていたソ連圏諸国でも富裕層は海外の事情を知りえるようになったことが挙げられる．

2) 1993年3月〜2003年代5代国家主席，1990年3月〜2005年3月国家中央軍事委員会主席，1989年6月〜2002年11月第3代中国共産党中央委員会総書記，1989年11月〜2004年9月第4代中国共産党中央軍事委員会主席，であったため，江沢民政権という場合，その期間を厳密に特定するのは難しいが，少なくとも全ての職位期間が重なる1993年3月から2002年11月までは，江沢民政権と呼んでいいであろう．

3) イギリスがビルマ（現ミャンマー）を植民地支配していた時代，インドのベンガル地方（現バングラデシュ）からロヒンギャ族を強制移住させてビルマ人，とりわけラカイン族（バングラデシュとミャンマー国境地帯に住む）に対抗させたという歴史が背景にある．

4) 2016年段階における核保有の現状は，ロシア7,300，アメリカ7,000，フランス300，中国260，イギリス215，パキスタン110〜130，インド100〜120，イスラエル80，北朝鮮不明，である（「朝日新聞」2016年10月6日，全米科学者連盟調べ）．

5) ヘドリー・ブルはその古典的名著『国際社会論』で「社会生活における秩序とは，死や肉体的危害を招く暴力に対して安全を確保すること，合意を遵守するこ

と，モノの所有が安定的に保障されていること，という社会生活における基本的で普遍的な目標を維持する人間活動の様式である」（パラフレイズしてある）と定義した上で，国際秩序を「主権国家から成る社会，あるいは国際社会の主要な基本的目的を維持する国際活動の様式である」と規定している（ヘドリー・ブル『国際社会論』岩波書店，2000年．Anarchical Society: A Study of Order in World Politics）．しかしこのような定義は単純かつ平板であり，この定義に基づいてダイナミックな国際社会の変容を考察することはできない．

6) 拙稿「アメリカがつくる国際秩序」129頁，滝田賢治編『アメリカがつくる国際秩序』，ミネルヴァ書房，2013年．および拙稿「アメリカ覇権性の変容と21世紀国際秩序」460-461頁，『法学新報』120巻9・10号　中央大学法学会，2014年

7) パクス・ブリタニカとかパクス・アメリカーナという用語は厳密に定義されることなく，ジャーナリスティックに曖昧な形で使われることが多い．「イギリスの平和」とか「アメリカの平和」と言ったところで何を意味するのか不明である．前者は，「イギリスの持つ技術開発力，これを背景として実現した経済力，両者の成果としての軍事力，とりわけ世界7つの海にプレゼンスした海軍力，これらを背景にした政治外交力により，大国間の長期にわたる大規模戦争を抑止しえた消極的平和」と定義できよう．パクス・アメリカーナにもこの定義を適用できるが，本文でも強調したように米ソ冷戦という上位国際秩序と相互構成的であったこと，大量破壊兵器としての核兵器による人類絶滅の脅威認識の上に冷戦が戦われたことがパクス・ブリタニカとの決定的な違いである．

8) VISTAとはBRICS諸国に次いで経済成長が見込まれるヴェトナム，インドネシア，南アフリカ，トルコ，アルゼンチンの5カ国．いずれの国も，①中長期的な人口増加が見込まれ，②豊富な天然資源があり，③海外からの活発な直接投資が行われている，としてリーマンショック以前の2007年ころから世界的な注目を集めている．しかしトルコは2016年ころからエルドアン政権が権威主義的な体制を強化し始めたため海外からの投資が鈍り始めている．

9) Richard Rosecrance, *International Relations: Peace or War?* New York, McGraw-Hill, 1973. p.115

10) Charles. P. Kindleberger, *The World in Depression: 1929–1939*（University of California Press, 1973:『大不況下の世界：1929-1939年』東京大学出版会，1982年）

11) イブ＝マリ・ローラン『バルカン化する世界：新世界無秩序の時代』日本経済新聞社，1994年

12) Samuel Huntington, *Clash of Civilization and the Remaking of World Order,* Simon & Schuster, 1996.

13) Ian Bremmer, *Every Nation for Itself: Winners and Losers in a G-Zero World,* イアン・ブレマー『「Gゼロ」後の世界：主導国なき示談の勝者はだれか』日本経済新聞社，2012年

14) グローバリゼーションの定義を巡る議論は，百家争鳴的である．その定義，時期，駆動力，影響などを巡り多くの研究者が業績を発表してきているが，最も総括的で精緻な業績は D. ヘルド，A. マグルーらの『グローバル・トランスフォーメーション』であろう（David Held, Anthony McGrew, David Goldblatt and Jonathan Perraton, *Global Transformations: Politics, Economics and Culture*. Polity Press, 1999：古城利明，臼井久和，滝田賢治，星野智他訳『グローバル・トランスフォーメーションズ―政治・経済・文化』中央大学出版部，2006年）．本書は，いわばグローバリゼーションを「科学」した研究ともいうべきものである．

　　国際政治史の観点から見ると，グローバリゼーションは，3つの時期に区分でき，冷戦後に現象化したグローバリゼーションは第3期グローバリゼーションまたは現代グローバリゼーションと呼ぶのが適当であろう．

グローバリゼーションの時期区分

グローバリゼーションの段階	時期	駆動力	結果	マクロ的傾向
第1期 （初期グローバリゼーション）	大航海時代（15世紀末～16世紀初頭）～19世紀初頭	羅針盤・望遠鏡・造船技術・航海技術 国王・冒険家・宣教師	パラダイム・シフト 地球規模の航路の発見	西欧化
第2期 （近代グローバリゼーション）	19世紀初期～（WWⅠ・Ⅱ）～冷戦終結	第1・2次産業革命→運輸・通信技術→蒸気船・海底ケーブル・無線・電話	「近代的」植民地の形成 「近代的」帝国主義の出現 2度の世界大戦	西欧化 国際化 普遍化
第3期 （現代グローバリゼーション）	冷戦終結以降～現在	ブレトンウッズ体制の崩壊→変動相場制→金融の自由化ME/IT革命→インターネット開放 IT企業・多国籍企業・ヘッジファンド	国際金融の混乱 「頭脳国家」「肉体国家」 デジタル・ディヴァイド 国家資本主義的政策 第3次産業革命？→3次元プリンター	普遍化 自由化 脱領域化 アメリカ化？

注）1. マクロ的傾向は，ショルテが言及したマクロの傾向を，筆者のグローバリゼーション区分に適用した場合，考えられる傾向である．ショルテは西欧化，国際化，普遍化，自由化は，現代グローバリゼーションには当てはまらず，脱領域化のみがそのマクロ的傾向として認められると指摘している．普遍化は確かに第一次世界大戦終結以後，国際連盟の設立に象徴されるなどにその萌芽は表れていたが，本格的には国連が創設され，世界人権宣言 A/B，人種差別撤廃条約などが国際的規範として広く受け入れられたのは第二次大戦後であり，対人地雷撤廃条約や小火器移転登録制度は冷戦後に実現したので，グローバリゼーション第2期と第3期をまたぐものとして理解すべきであろう．また自由化も第二次世界大戦後にアメリカ主導で進められたが，米ソ冷戦の現実がその進展を阻害したので，これも第2期と第3期をまたぐ傾向としてみるべきであろう．
　　2. 現代グローバリゼーションをアメリカナイゼーションと捉えて，この観点から批判する論調も広く存在していたが，それは冷戦終結直後にはその傾向とみるべきである．
　　3. 「頭脳国家」「肉体国家」という概念はリチャード・ローズクランスが作り出したもので，前者は IT技術により情報を集中し計画・管理機能を担う国家で，後者はその指令に基づきモノづくりに特化した国家を指す．
出所：拙稿：「グローバル論の類型学」星野智編『グローバル化と現代世界』中央大学出版部，2014年

15) フラット化については，トーマス・フリードマン『フラット化する世界（上）（中）（下）』日本経済新聞社，2006年（Thomas L. Friedman, *The World is Flat: A Brief History of the Twenty-First Century*, Holtzbrick Publishers, 2006）を参照のこと．また西欧化やアメリカ化については，Jan Aart Scholte, *Globalization: a critical introduction*, Palgrave Macmillan, 2005 を参照のこと．

16) HSBC, The World in 2050-From the Top 30 to the Top 100. なおこの予測で興味深いのは，第1に，2050年段階で日本の1人当たりのGDPが63,244ドル（世

界で4位）で，アメリカの55,134ドル（同8位）を超える可能性があることである．またこの時点でも，現在のG7を中心とした先進諸国はグロスで上位20内に留まっており，1人当たりGDPも20位前後までに入っている．これに対し，グロスで第1位の中国は1人当たりGDPでは54位，グロスで3位のインドは86位，7位のブラジルは61位，15位のロシアは56位と，現在，新興国と言われている諸国は国家としてみれば経済成長するが，国内的格差は厳然として存在することになる．

17) http://www.treasury.gov/ticdata/Publish/mfh.txt

18) 中国はすでに1982年頃から第1列島線を防衛する方針を打ち出し，92年には南シナ海の南沙・西沙諸島や東シナ海の尖閣諸島を自国領とする領海法を，97年には海洋権益も国防の対象に含める国防法を一方的に制定し，2009年には台湾・チベット・新疆ウィグルとともに南シナ海を中国の核心的利益と規定していた．

19) 拙稿「迷走するオバマ外交―激変する国際政治の中で」22-23頁，『海外事情』2015年2月号，拓殖大学海外事情研究所．なおISの暴力的な勢力急拡大は，このクルド人集団の活性化を引き起こし，新興国の1国として経済成長著しかったトルコを内戦の危機に陥れつつあるという観測も出てきている（佐原哲也『朝日新聞』2015年8月31日朝刊）．

20) 2005年にブッシュJr.政権の国務副長官に就任した，親中派と見られていたロバート・ゼーリックは，同年9月21日に「アメリカは中国をresponsible stakeholderと見なしていく」と発言し，中国が融和的で自制ある姿勢で行動することを期待するという姿勢を内外に表明していた．さらに2008年3月米上院軍事委員会公聴会で，アメリカ太平洋軍司令官ティモシー・J.キーティング海軍大将は，「2007年5月に司令官として中国を訪問した際に，アメリカがハワイ以東の，中国がハワイ以西の海域を管理するというアイディアはどうかと打診された」事実を明らかにした．

21) Clinton, Hillary, "America's Pacific Century". *Foreign Policy*. November, 2011 www.foreignpolicy.com/articles/-2011/10/11/americas_pacific_century

22) Defense Department, *Quadrennial Defense Review 2010*, released on Feb.1,2010. 及び Stephen Daggett, Specialist in Defense Policy and Budgets, *Quadrennial Defense Review 2010: Overview and Implications for National Security Planning*, "CRS Report for Congress, *Prepared for Members and Committees of Congress*" May 17, 2010.

23) The Washington Times, November 9, 2011.

24) 「米中経済安全保障見直し委員会（U.S.-China Economic and Security Review Commission）」は，アメリカで2000年10月30日に設立された12人の委員（任期2年）で構成された議会諮問委員会である．委員会の目的は，米中間の貿易・経済関係がアメリカの安全保障に与える意味を観察し，調査し，それについての年次報告書を議会に提出することとされた（http://origin.www.uscc.gov/about/

第 1 章　国際秩序と米中関係　27

fact_sheet）.

25) U.S.-China Economic and Security Review Commission, *Annual Report to Congress* on Nov. 16, 2011.

26) Defense Strategic Guidance, *Sustaining U.S. Global Leadership: Priorities for 21st Century Defense*, http://london.usembassy.gov/ukpapress115.html

27) 中国が主導し57カ国を加盟国として2015年12月25日に発足し，2016年1月16日に開業した．日米などはAIIB（資本金1,000億ドル）を，日米欧諸国が「支配」している世銀（加盟国188カ国，資本金2,783.3億ドル）やアジア開発銀行（ADB）（加盟国67カ国・地域，資本金1,638.4億ドル）に対抗して中国が経済覇権を握るための組織とみなしているが，中国はAIIBをあくまでインフラ整備に資金を提供するものと位置づけ，貧困削減を目的としている世銀やADBとは性格を異にしていると反論している．英独仏伊などEU諸国は参加したが，日米加は，常設理事会がなく，資本金の26.1％を投入する中国が独断的に決定できる議決権シェアを持っており，融資審査・監督業務・運営の透明性・中立性などガバナンスが不透明であるとして参加を見送っていた．しかし2016年9月末にはさらに20カ国と参加を見送っていたカナダも参加を表明し，AIIB加盟国は約80カ国となる見通しとなっている．

IMFや世銀，その下部機関であるADBなど既存の国際金融機関では，日米など経済大国が決定権を握り融資に際しては人権や環境を重視する融資基準の厳しさに不満を抱く新興国がこぞって参加している．河合正弘氏の試算によると，仮に米日が参加した場合，中国のシェアは20.5％，米国は11.8％，日本は8.9％とのことである．日米が協力すれば中国とイーヴンになる．国際金融専門家として有能との評判の高いAIIB総裁の金立群の働きかけも功を奏して，2016年に入ると世銀とADBはAIIBと協調融資を始めている．さらに日米の参加を実現するために，AIIB国際諮問委員会を設立し，日本の鳩山元首相やパキスタンのアジズ元首相，アメリカのグリア元OECD事務総長をメンバーとし政治的動きを強めている．

28) 常設裁判所が下した裁定の中心は次の5つであった．①中国が歴史的領有権を主張する「九段線（Nine-Dash Line）」は国際法上の根拠はない．②スプラトリー諸島（南沙諸島）には海洋法上の「島」は存在しない．岩や暗礁を埋め立てて構築物を建設しても領海や排他的経済水域（EEZ）と領空の権利は存在しない．③南シナ海において中国政府が行っている埋め立てや中国漁船による漁業は周辺海域の生態系を破壊している．④中国船はフィリピンの石油採掘や漁業を不法に妨害している．⑤仲裁裁判が開始されていた間も大規模な埋め立てや造成を行ったことを非難する．（Press Release: *The South China Sea Arbitration* (*The Republic of the Philippines V. The People's Republic of China*). The Hague, July 12, 2016. Permanent Court of Arbitration.

参 考 文 献

拙稿「現代アメリカの世界軍事戦略―伝統的軍事脅威と「テロとの戦い」への対応」
『法学新報』第 118 巻 3・4 号，中央大学法学会，2011 年 9 月 30 日

拙稿「アメリカ覇権性の変容と 21 世紀国際秩序―パワーシフトかパワー拡散か」『法
学新報』第 120 巻 9・10 号，中央大学法学会，2014 年 3 月 25 日

関志雄，朱建栄，日本経済研究センター・清華大学国情研究センター編『中国が変え
る世界秩序』日本経済評論社，2011 年

防衛省防衛研究所編『東アジア戦略概観 2015』2015 年

防衛省・自衛隊『防衛白書 2015』2015 年

ジェフリー・A. ベーダー『オバマと中国』東京大学出版会，2013 年

ヒュー・ホワイト『アメリカが中国を選ぶ日』勁草書房，2014 年

ロバート・カプラン『南シナ海中国海洋覇権の野望』講談社，2014 年

ブレット・スティーブンズ『撤退するアメリカと「無秩序」の世界』ダイヤモンド社，
2014 年

ジェフ・ダイヤー『米中世紀の競争』日本経済新聞社，2014 年

Toshi Yoshihara and James R. Holmes, *Red Star over the Pacific: China's Rise and
Challenge to U.S. Maritime Strategy*, Naval Institute Press, November 2010（『太平
洋の赤い星』，バリジコ出版，2014 年

Jonathan Fenby, *Will China Dominate the 21st Century?*, Polity, 2014

Quadrennial Defense Review（*QDR*）2014

*2014 Report to Congress of the U.S.-China Economic and Security Review
Commission*, November 2014

*Annual Report to Congress: Military and Security Developments involving the
People's Republic of China 2015*, Office of the Secretary of Defense

第2章

覇権循環の歴史と世界システムの将来

星 野　　智

は じ め に

16世紀に世界システムとしての資本主義世界経済が成立して以来，ヘゲモニー（覇権）国家あるいはグローバル大国が世界経済としての世界システムの維持と管理において大きな役割を果たしてきた．近代世界システムの歴史のなかで，オランダからイギリスに覇権が移動した時期は17世紀後半といわれており，3度にわたる英蘭戦争によるオランダの経済的な疲弊がその背景にあった．またイギリスからアメリカに覇権が交替した時期は第一次世界大戦後とされており，その背景にはイギリスの軍事費の拡大による経済的な後退とアメリカの経済成長があったといわれている．現在，アメリカはベトナム戦争，湾岸戦争，イラク戦争と続く中で，巨額の財政赤字と対外的負債を抱え，衰退局面を迎えているといわれている．その反面，アメリカに代わって中国が台頭し，中国では経済発展と軍事的拡大が顕著になり，近い将来に経済力ではアメリカを凌ぐ勢いをみせている．最近の国際機関の経済予測では，2024年に中国経済はGDPでアメリカを超えるという数字が出ている．今日，中国は鄧小平による改革解放以来の市場経済化政策によって経済発展を遂げ，アメリカに次ぐ経済力を有する国家にまで成長しただけでなく，軍事

的プレゼンスにおいても周辺諸国に大きな影響を与えつつある．今世紀の2020年代には，これまでの覇権国家の循環の歴史の中で繰り返されてきた覇権をめぐる対立，すなわち米中対立が顕在化するのか，あるいは多極的な世界の中でヘゲモニーをシェアーする協調体制を形成する方向に向かうのか，21世紀中葉にかけて大きな転換点が訪れるように思われる．

　他方において，15世紀に成立したとされている近代世界システムは，グローバル化によって経済的・政治的な相互依存関係を拡大・深化させており，多極化・フラット化した状況のなかで紛争解決の枠組である国家間システムの1つの形態としてのグローバル・ガバナンスの構造を作り上げている．グローバル・ガバナンスの構造は，グローバルなレジーム形成あるいは法制化という法の支配を前提としており，これまでの力の支配を前提とする覇権システムとは国際政治の支配原理という点で根本的に異なる．ここでは，覇権循環についての歴史的考察を通じて，現代の世界システムにおける覇権の変動の問題を検討したい．

1．世界システムにおけるヘゲモニーの成立
——オランダ

(1)　オランダのヘゲモニー

　15世紀にヨーロッパを中心に近代世界システムが形成されて以来，資本主義世界経済を牽引する役割をもつヘゲモニー国家がシステム維持において大きな役割を果たしてきた[1]．資本主義世界経済が世界市場を前提とするかぎりにおいて，そこでのゲームのルールを設定し，これをシステム全体に浸透させることが必要であり，この役割を引き受けてきたのがヘゲモニー国家であった．ヘゲモニー国家は，この役割の実現において，市場経済の論理あるいはルールだけでなく，軍事的な強制力をも行使してきた．ヘゲモニー国家の交代あるいはそれへの挑戦は，戦争という形態をとるのが一般的であった

とはいえ[2]，もちろんヘゲモニーの交代が平和的に行われた場合も存在した．オランダからイギリスへのヘゲモニーの移行においては戦争という形態をとり，イギリスからアメリカへのヘゲモニーの移行においては平和的な形態をとったということができる．

ところで，ヘゲモニー国家についてはこれまで多くの論者によって定義されてきたが[3]，なかでもウォーラーステインは，『近代世界システム』の第2巻では，「特定の中心国家の生産効率がきわめて高くなり，その国の生産物が，おおむね他の中心諸国においても競争力を持ちうるような状態のことであり，その結果，世界市場をもっとも自由な状態にしておくことで，その国がもっとも大きな利益を享受できるような状態のこと」と定義している[4]．

この定義は，資本主義世界経済において競争的優位に立ち，しかも自由市場というゲームのルールを保証することのできる国を念頭に置いたものであるが，他方において，国家間システムとの関連では，ヘゲモニーは，「いわゆる『大国』間にみられる対抗がきわめて不均衡で，単一の列強が，経済的，政治的，外交的，そして文化的な領域においてさえも，自らの支配と願望を（少なくとも事実上の拒否権の行使によって）強制しうる，ということである」と定義されている．

この定義にしたがえば，世界システムとしての資本主義世界経済の歴史を通じてヘゲモニー国家となったのは，オランダ，イギリス，アメリカの3カ国しか存在せず，しかもそれぞれのヘゲモニー国家はこの状態を維持することができた期間も100年ほどであった（表1）．

表1　ウォーラーステインの世界ヘゲモニーの循環

ヘゲモニー国家	I ハプスブルク家	II オランダ	III イギリス	IV アメリカ
A¹ ヘゲモニーの上昇	1450-	1575-1590	1798-1815	1897-1913/1920
B¹ ヘゲモニーの勝利	……	1590-1620	1815-1850	1913/1920-1945
A² ヘゲモニーの成熟	-1559	1620-1650	1850-1873	1945-1967
B² ヘゲモニーの衰退	1559-1575	1650-1672	1873-1897	1967-(?)

出所：I. ウォーラーステイン責任編集『長期波動』山田鋭夫他訳，藤原書店，1992年，33頁，およびC. キンドルバーガー『経済大国興亡史』（上）中島健二訳，2002年，87頁より筆者作成

さて，表1は，ウォーラーステインがほぼ50年を1サイクルとするコンドラチェフの長期波動とヘゲモニー循環を対応させたもので，Aは上昇局面，Bは下降局面を示している．各ヘゲモニー国家が上昇して衰退するまでの時期は，コンドラチェフの長期波動の2つのサイクル（A^1とB^1およびA^2とB^2）に対応している．A^1は，覇権の継承者を争う対抗国間の熾烈な対立の時代であり，そこでは中心地域の比較的高賃金な商品と周辺の比較的低賃金な商品の生産が上昇し，世界経済の新しい地域への拡張が起こる[5]．16世紀後半から17世紀中頃までのオランダは，経済的に発展した時期にあると同時にヘゲモニーの勝利と成熟の時期にあった．

オランダがこの時期に他のヨーロッパ諸国に対して優位に立っていたのは繊維産業だけでなく，造船業の分野でもそうであった．ウォーラーステインによれば，「オランダの造船業は高度に機械化されており，風力製材機，鋸や滑車，複合滑車の動力式材木送り機，重い材木を動かすためのクレーンなど，多くの労働節約的な機械を導入していたが，それらはいずれも生産性の向上に寄与した」[6]のである．当時の造船業は木材を材料としており，オランダには国内に木材資源がなかったことから，これらの資源はバルト海地方から供給されていた．オランダは繊維産業と造船業だけでなく他の産業部門においても優位に立っていた．

このように，この時期にオランダの工業生産が上昇局面にあっただけでなく，軍事的にも他の国と比較して優位にあった．1644年当時，オランダは1,000隻の軍用船舶，1,000隻の商船，その他6,000隻の国内船舶を保有していた[7]．17世紀前半，オランダ艦隊は，それまで圧倒的な優位を占めていたスペイン艦隊に代わって，7つの海を支配するまでになっていた．オランダに関して，そのヘゲモニーを問題にするとき，金融面での優位性についても検討する必要がある．世界経済におけるヘゲモニー国家は，当初は，生産および商業の面で優位性を確保し，最終的に金融面での優位を確保してきたという歴史が存在するからである．このことはオランダ以降の覇権国の歴史にも共通している．オランダは世界経済のなかで，生産，流通，金融という順

序で優位を保持してきた．アムステルダムの証券取引所が「17世紀のウォール街」[8]とみなされたのは，そのことを物語っている．オランダは生産，流通，金融という順序で優位を獲得してきたのである．

　しかし，17世紀中頃になると，イギリスとフランスがオランダの優位に対して挑戦するに至る．世界システムの中心における対立の端緒となったのは，1651年に発布されたイギリスの航海法であり，これによってイギリス人は輸入規制を実施してオランダとの対決姿勢を鮮明にした．航海法では，イギリスに輸入される商品は，イギリス船か，その商品の原産国の船で運ばれなければならないと規定され，この規定は明らかに中継貿易を行っていたオランダ船を排除するという意図をもっていた．こうしてオランダは，イギリスとの軍事的な対立を回避することができなくなり，1652年に第一次英蘭戦争が勃発することになった．この時点までオランダは強い国としてのヘゲモニー国家の地位にあったものの，1651年を境として衰退が始まり（表1），1689年にはイギリスとフランスがオランダよりも強い国になり，18世紀になるとイギリスの覇権が成立することになる[9]．

　第一次英蘭戦争後も，イギリスとオランダの間の商業上の利益の衝突は，植民地を舞台に展開され，1664年にはイギリスの軍隊がアフリカの西海岸のオランダの交易基地を制圧した後，ニューアムステルダムを占領するに至り，1665年に第二次英蘭戦争が開始された[10]．この第二次英蘭戦争に続く1672年の第三次英蘭戦争は，世界システムの覇権国であったオランダに対抗するイギリスとフランスの同盟がオランダに挑んだ戦いであり，この戦争の結果，マハンが詳しく分析しているように，英蘭間の海戦においてはオランダが有利に展開したけれども，最終的には双方が譲歩する結果となり，1674年に平和条約が締結された[11]．

　しかし，この3度の英蘭戦争を通じて，巨大な軍事的支出はオランダの海軍力を弱体化させ，国内の負債を増大させ，その指導者に対して新興の大国と連合して財政的資源を追求させるに至った[12]．1688年のイギリスでの名誉革命でオランダのオラニエ公ウィレムが王位に就いたことで，オランダとイ

34

ギリスのあいだで金融が密接に結びつく新しい時代が始まった[13].「オランダでは,利子率が17世紀初頭の6.2%から,18世紀中頃の2.5%に低下していったが,イングランド銀行は6%を保障し,年金や植民地抵当でも5%になったことから,オランダ人の投資家にはきわめて魅力的であった」[14].このように,この時代のオランダ商人は,ヨーロッパの資本主義世界経済のなかで,投資先をイギリスに求め,金融投資を行っており,イギリス経済はこのオランダ金融資本によって財政的な基盤を強化することができたということもできる.

ところで,オランダの衰退に関してさまざまな要因が存在するけれども[15],一般的にいえることは,資本主義経済の発展として生産,流通,金融という段階的な発展を遂げたオランダが,貿易と工業から後退し,戦争で財政的資源を消尽し,それでも金融上の優位を獲得したものの,最終的には金融の領域でもロンドンに舞台が移行していったことが衰退につながっていったという点である.

2. ヘゲモニー国家と帝国——イギリス

オランダの貿易が17世紀後半から下降していくにつれて,イギリスの海外貿易が17世紀から18世紀にかけてめざましい発展を遂げていった.軍事的な面においては17世紀後半にはオランダはイギリスの海軍力に対して脆弱になっており,貿易面でも18世紀中葉になると,イギリスの競争力に直面してオランダの貿易会社は利潤を減少させ,グローバルな製造業の貿易におけるアムステルダムの経済的な比重も低下した[16].オランダのヘゲモニーが衰退した後,1763年に終結した七年戦争などを通じてイギリスとフランスが覇権を争った結果(表2),最終的にイギリスが世界システムにおいてヘゲモニーが確立することになるのは,ナポレオン戦争後の1815年以降であり,こうしてイギリスは,「いまや地球全体に戦略的に取り巻く基地網をつくりあげ,世

界におけるその権力を強化した」[17]のである.

さらに,イギリスはこの戦争によって,かつてのヨーロッパの金融センターとしてのアムステルダムの役割を低下させ,商業と金融面でのその優位を通じて,「見えざる」信用収入,すなわち商業海運,貿易手数料,海外にいる技術者や植民地官僚からの送金,海外投資の利潤などを獲得し始めていたのである[18].F.ブローデルによれば,イギリスは無制限の市場,全世界の市場の独占という切り札を使って,革命戦争・ナポレオン帝政の戦争のあいだにこれらを成し遂げたのである[19].

このように18世紀の後半から展開されたイギリスとフランスのあいだのヘゲモニー争いにおいて,戦争という軍事的側面では,七年戦争とナポレオン戦争におけるフランスの敗北,国内的側面ではフランス革命の影響が大きく,それらの要因がイギリスの覇権を確実なものにしていったといえる.さらにブローデルが触れている1786年の英仏通商条約であるイーデン条約は,英仏間の自由競争という点ではイギリス経済に有利に働いたのであった.

表2 世界的リーダーシップの長期サイクル（G・モデルスキー）

(1) サイクル	(2) 持続期間	(3) グローバル戦争	(4) グローバル大国	(5) 世界大国	(6) 挑戦国
Ⅰ	1494-1580	イタリア戦争 (1494-1516)	イギリス,フランス, ポルトガル,スペイン	ポルトガル	
Ⅱ	1581-1688	スペイン・ オランダ戦争 (1581-1609)	イギリス,フランス, オランダ,スペイン	オランダ	スペイン
Ⅲ	1689-1791	ルイ14世の 戦争 (1688-1713)	イギリス,フランス, オランダ,スペイン, ロシア	イギリス	フランス
Ⅳ	1792-1913	フランス革命と ナポレオン戦争 (1792-1815)	イギリス,フランス, 日本,ロシア, アメリカ,ドイツ	イギリス	フランス
Ⅴ	1914-	第一次世界大戦 第二次世界大戦	アメリカ,ロシア	アメリカ	ドイツ

出所：G. Modelski, Long cycle of World Leadership, in: W. Thompson(ed.), *Contending Approach to World System Analysis*, Sage, 1983, p.119

フランスにとって，このイーデン条約の経済的な影響は大きく，それによってイギリスからの綿織物やその他の製品の膨大な輸入をもたらすとともに，大量の労働者の失業と企業の倒産をもたらし，国内ではこの条約に対する強い反発が生まれたのである[20]．さらにこの条約によってもたらされた経済不況に輪をかけたのは，この条約締結の3年後に発生したフランス革命であった．このフランス革命こそ世界システムにおけるイギリスの勝利を決定的なものにしたのである．フランス革命とナポレオン戦争の後，イギリス海軍の力は最強となり，イギリスは再び強力な連合を指導できる国家となった[21]．こうしてフランス革命とナポレオン戦争は，「英仏のヘゲモニー争いの最終局面の一部であり，またその結果でもあった」[22]ということであり，もとよりヘゲモニー争いはイギリスの勝利となって終わった．

さて，19世紀の後半にフランスに代わってヘゲモニー国家であるイギリスに対するライバル国となったのは，ドイツとアメリカであり，とりわけドイツはイギリスに対する強力な競争相手として立ち現れた．1840年代からドイツの工業はイギリスとの経済的な関係からイギリスの技術や資本の借入などを通じてその恩恵を受け，1860年以降に急速に工業化を達成した．とりわけ，電気，化学，自動車，機械といった新産業におけるドイツの位置は急速に変化し，ドイツの鉄鋼は1880年代に世界全体の産出高の15％を占めたが，1913年には25％に増大した一方，イギリスのシェアーは31％から10％にまで落ちた[23]．1913年の時点では，鉄鋼におけるアメリカのシェアーは43％であった．また金融におけるイギリスとドイツのライバル関係は，1870年にドイツ銀行が設立されたときにさかのぼり，その目的はドイツの貿易に直接的に資金提供することにあった[24]．

他方，イギリスに対するもう一方のライバル国であるアメリカは，19世紀後半まで多くの産業の面でイギリスを凌ぐほどまでに成長していた．「アメリカは，1885年までにイギリスの生産高を超えており，その生産高は，生産性のレベルの高さはいうまでもなく，機械化の規模と質の双方において顕著であった．特に際立っていたのは，石油（1865年におけるスタンダード石油の設

立)，航空機（1903 年におけるライト兄弟の飛行），そしてコミュニケーション（新聞と映画，最初の映画は，1908 年にハリウッドで完成）といった未来産業であった．1900 年までに，こうして 2 つの海洋にまたがる海軍は，程なく英国と対等の地位まで成長した」[25]．

　19 世紀の後半，アメリカの産業界は，経済的な拡大を続けるためには国内市場だけでなく海外市場の確保が必要であると確信するにいたった．アメリカが南北戦争と国内のフロンティアの消滅に直面しているあいだ，ヨーロッパ諸国はアジアとアフリカの大部分を植民地的領土として獲得して分割していた．アメリカは，海外の領土確保が経済的拡大の必須条件であるとの認識から，19 世紀末に巨大な海軍をつくり，帝国を建設するというプロジェクトに着手し始めた[26]．

　ところで，第一次世界大戦は，ヘゲモニー国家の争いという観点からみると，イギリスにとっての 2 つのライバル国のうちドイツがイギリスに挑戦するという図式で捉えることができる．他方のアメリカは，この関係において，イギリスを支援することで巨額の経済的利益を獲得し，ヘゲモニー国家への足場を固めることになった．オランダが英蘭戦争において，巨額の戦費を費消したように，イギリスはこの戦争で巨額な資産を喪失することになり，そのことがヘゲモニー国家の交代を引き起こす結果となったといえる[27]．

　イギリスとその連合国はドイツとその同盟国との戦争で，アメリカからの資金援助を得ており，アメリカの民間の金融業者は，アメリカが参戦するまでにイギリスとフランスなどの連合諸国に対して約 26 億ドルの貸付を行っていた[28]．連合諸国が借入を多くすればするほど，イギリスは国際経済における指導権を喪失することを懸念しており，当時若き大蔵省役人であったケインズは，イギリス内閣に以下のように述べた．「この 6 ないし 9 カ月で，わが国がアメリカから借り入れる必要のある額はあまりに大きく，それはアメリカ国家債務の数倍に及んでいる．あらゆる階級，あらゆる分野の投資家大衆にこのことを訴える必要があるだろう．……あと数カ月間で，アメリカの実力者と大衆は，彼らよりもわれわれにずっと影響を及ぼす事柄について，わ

が国に指図するようになる，といってもいいすぎではない」[29]．

　かくして第一次世界大戦後，アメリカは世界の新しいヘゲモニー国家として登場した．アメリカの製造業生産額は，1914年の230億ドルから1919年の600億ドルへと増加し，海外民間貸付は10億ドルから30億ドルに増加し，連合国はアメリカにさらに100億ドルの債務を負っていた[30]．

3. 20世紀のヘゲモニー国家──アメリカ

　イギリスとアメリカにおける非対称的な権力関係と経済格差の縮小は，すでに19世紀後半から始まっており，それを決定づけたのは世界経済での競争というよりも第一次世界大戦という軍事的な対立であった[31]．第一次世界大戦後にアメリカはイギリスに代わってヘゲモニー国家としての地位を確保したとはいえ，実質的にアメリカがヘゲモニー国家として世界秩序を管理する指導国となるのは第二次世界大戦後といっていいかもしれない．というのは，第二次世界大戦については，ヘゲモニー競争という観点からみると，ドイツと日本がイギリスとアメリカの覇権に挑戦した結果[32]，敗北したという捉え方が可能であり，ヘゲモニー国家に対する軍事的な挑戦が引き続き起こったからである．

　第二次世界大戦のヘゲモニー国家に要請されたことは，20世紀に入ってからヘゲモニー争い，ブロック経済化，軍事的対立などによる機能不全に陥った資本主義世界経済を正常化することであり，この役割を引き受けたのがアメリカであった．1944年に発足した国際通貨基金と世界銀行を中心としたドルを基軸通貨とするブレトンウッズ体制は，資本主義世界システムとしての世界経済におけるアメリカの指導性と優位性に基礎を置くものであり，世界経済における自由貿易体制というゲームのルールを設定するものであった．しかし他方では，米ソの冷戦構造という新たな競合関係が生み出され，旧ソ連・東欧諸国は資本主義世界経済から離脱することになった．

第 2 章　覇権循環の歴史と世界システムの将来　39

　資本主義世界経済としての世界システムの経済復興は，アメリカの西ヨーロッパ諸国と日本に対する戦後の一連の経済援助によって，すなわち 1940 〜1950 年代のマーシャル・プラン，ガリオア・エロア援助によって実施された．アメリカは戦後の 1950 年代まで，航空機，自動車，コンピュータ，電子機器，製薬といった産業においては他の諸国と比較して優位の立場にあった（表3）．しかし，その後 10 年足らずでこの格差は縮小していった．「西ヨーロッパ諸国と日本は，自国産業を保護しつつ共産主義封じ込めを大義名分にアメリカ政府の支援をも取り込むことで，1960 年代の 10 年間にアメリカの多国籍企業との競争に耐えうる工業企業を育てることに成功した．1960 年代末には製造業の生産と貿易におけるアメリカの世界支配は揺らぎ，1970 年代初めになると西ヨーロッパの企業は域内だけでなく南北アメリカにも進出して，対外直接投資ではアメリカをしのぐ主役にのし上がる」[33]ことになったのである．

　戦後において，アメリカは，朝鮮戦争，ベトナム戦争による軍事的支出の増大[34]，西ヨーロッパと日本の企業のアメリカ企業に対する競争力の増大による収益の低下に加えて，1970 年代に入るとニクソン・ショックによる金とドルの交換停止による戦後の IMF・ガット体制の崩壊によって，衰退の局面

表 3　グローバルな指導産業と世界大国

グローバルな指導産業	予測される生産のピーク	国
軽快帆船，ギニア，金	1460-1494	ポルトガル
ナオス，アジアのスパイス	1515-1540	ポルトガル
バルト海貿易	1560-1590	オランダ
東方貿易（VOC）	1609-1640	オランダ
西インド諸島	1660-1688	英国 I
中印，北アフリカ貿易	1713-1740	英国 I
綿，鉄	1763-1792	英国 II
鉄道，蒸気	1815-1850	英国 II
鉄鋼，化学製品，電気装置	1873-1913	米国
航空機，自動車，エレクトロニクス	1945-1973	米国
	2000-2026	？

出所：G・モデルスキー『世界システムの動態』浦野起央・信夫隆司訳，晃洋書房，1991 年，299 頁．尚，予想される生産のピークにおける区分は K（コンドラチェフ）波

40

へと突入した[35]．この 1970 年代に始まったアメリカのヘゲモニーの衰退は，オランダとイギリスで発生したものと類似した財政拡大過程によって特徴づけられているということができる[36]．というのは，その過程においてアメリカでは，ドイツと日本の「キャッチアップ」の過程での激しい経済競争，ベトナム戦争の財政的・軍事的負担によって貿易赤字と財政危機が生じたからである．

アメリカ政府は，日本とドイツによって引き起こされた収益の下方圧力に対応するために，連邦の赤字財政，通貨の弾力化，そしてブレトンウッズ体制で作られた固定相場制の終焉によるケインズ主義的な解決策を見出し，その結果，肥大化し規制されない財政制度にもとづくグローバルな経済的拡大を継続することになった．しかし，公的負債によって進められたこの拡大は，外国の融資国との関係において，アメリカが維持できないほどの長期的な需要と脆弱性の増大をもたらした[37]．この結果，アメリカでは，家庭の消費，信用拡大，公的負債が外国の債権者，すなわち中国，日本，他の東アジア諸国による国債の購入によって可能になっていると同時に，債権国の方はドルとアメリカの消費者市場の虜になっており，この脆弱性は相互的となっている[38]．

アメリカの軍事的負担についてみると，とりわけ 20 世紀に入ってから，ブッシュ政権とネオコンの台頭は，アメリカ政府の国防支出の増加をもたらした．アメリカは，1991 年の湾岸戦争，2001 年の 9・11 テロ後の対テロ戦争によるアフガニスタン侵攻，2003 年のイラク戦争，などを通じて国防費を増大させてきた（表 4 参照）．とりわけ 2003 年のイラク戦争以後は，国防費が急激に高くなり，2005 年から 2010 年にかけては GDP に対する国防費の割合は 20％を超えている．アメリカの議会調査局（CSR）の公式のデータによれば[39]，対テロ戦争の過去 13 年間（2001〜2013 年）における国防省の支出はほぼ 1.6 兆ドルと見積もられており，そのうちの 6,860 億ドルはアフガニスタンで使われ，約 8,150 億ドルはイラク戦争で使われ，残りの 1,080 億ドルはこれらの国々での活動と関連する目的に使用された．

表 5 が示しているのは，対テロ戦争と直接関連するコストが 2007 年と 2008

表4　アメリカの国防費と対 GDP 比（2002 〜 2015 年）

年度	2002	2003	2004	2005	2006	2007	2008
国防費	348,456	404,733	455,813	495,294	521,820	551,258	616,066
対 GDP 比	3.2	3.6	3.8	3.8	3.8	3.8	4.2
年度	2009	2010	2011	2012	2013	2014	2015
国防費	661,012	693,485	705,554	677,852	633,446	603,457	597,503
対 GDP 比	4.6	4.7	4.6	4.2	3.8	3.5	3.3

出所：Historical Tables, https://www.whitehouse.gov/omb/budget/Historicals より筆者作成

表5　対テロ戦争におけるアメリカ国防予算の割合

	2001	2002	2003	2004	2005	2006	2007	2008	2009	2010	2011	全体
戦費 （A, 10 億ドル）	21.7	21.1	96.6	87.4	118.7	130.8	179.4	188.4	153.4	156.4	159.1	1313.0
DOD 予算 （B, 10 億ドル）	385.6	421.0	444.6	476.3	437.6	466.0	472.7	520.1	536.4	548.9	529.5	5238.7
全体 （C, 10 億ドル）	407.3	442.1	541.2	563.7	556.3	596.8	652.1	708.5	689.8	705.3	688.6	6551.7
戦費の割合 （A/C, %）	5.3	4.8	17.8	15.5	21.3	21.9	27.5	26.6	22.3	22.2	23.1	20.0

出所：Wheeler, 2011

年の国防省の予算の相当部分を占めていることであり，その両年度はイラク
とアフガニスタンでの混乱の時期で予算全体の 4 分の 1 近くを必要とした．
軍事費の基礎支出の相当程度の部分は，対テロと関連するものであり，その
内容は兵士や海兵隊員の増員や，イラクとアフガニスタンでの戦闘の場合に
おけるような特定の装備の開発などであり，これらの間接費は戦費には数え
られていない．こうした点を考慮すると，2011 年を基準とすれば，戦争のコ
ストはほぼ 2 兆ドルに達するという評価もある[40]．

　2007 年と 2008 年はブッシュ政権の時代であり，この時期の財政赤字は対
テロ戦争だけが原因ではなく，一連の減税政策にも起因しており，2011 年ま
でに 7 兆ドルの赤字を抱え込むことになった．これを補うために選ばれた選
択肢は，外国から借り入れを行い，紙幣を増刷することであった．借り入れ
は連邦準備制度の国債を発行し，これを外国の政府，とりわけ日本と中国と

42

いったアジア諸国が引受けるという形で，アメリカの公的赤字を補填した．
これらの国々は，米国債を保有することによってアメリカの経済政策に影響
力を獲得し，こうした外的要因のためにアメリカを脆弱にすることになった．
こうした現象は，スペイン継承戦争における対フランス戦での協力をイギリ
スに求めたオランダ，第一次世界大戦でドイツと戦うためにアメリカに資金
を求めたイギリスと類似している[41]．

4．アメリカの財政赤字と中国の経済的台頭

　過去の覇権国家が戦争によって財政赤字を増やし，対外的な債務を増大さ
せてきたということは，現在のアメリカと中国および日本との関係にもみら
れる現象である．表6は，中国と日本が保有するアメリカの財務省長期証券
保有額であり，2002年の時点では保有額は中国よりも日本の方が上回ってい
た．しかし，2008年を境にその保有額において日中間で逆転が起こった．そ
れはほぼブッシュ政権下でのアメリカの軍事費の増加にほぼ対応していると
いうことができ，その後も中国の保有額は日本を上回り続けている．2011年
には中国のアメリカ財務省長期証券保有額は1.1兆ドルを超え，アメリカの
全赤字の8%をカバーしている．外国によって管理されている国債保有額に
関してみると，2011年には全体で5兆ドルに達し，債務総額全体の3分の1
に当たり，その内訳は中国が約25%，日本は約20%であった[42]．アメリカ

表6　中国・日本のアメリカの財務省長期証券保有額（単位：10億ドル）

	2002	2003	2004	2005	2006	2007	2008	2009	2010	2011
中国	118.4	159.0	222.9	310.0	396.9	477.6	727.4	894.8	1160.1	1151.9
日本	378.1	550.8	689.9	670.0	622.9	581.2	626.0	765.7	882.3	1058.0
外国全体	1235.6	1523.1	1849.3	2033.9	2103.1	2353.2	3077.2	3685.1	4435.6	4996.4
債務総額	6405.7	6998.0	7596.1	8170.4	8680.2	9229.2	10699.8	12331.3	14025.2	15222.8

出所：Chiristian Suter and Christpher Chase-Dunn (eds.), *Structure of the World Political Economy*, Lit Verlag, 2014, p.188. より筆者作成

の赤字に対する中国の割合の上昇は，潜在的な大国である中国の利点を表しており，当初中国がアメリカの消費に依存することで脆弱であった関係を逆転しているということもできる．このことの地政学的な影響は，中国がアメリカの対テロ戦争から利益を得ているということを示唆している．

　中国が保有する米国債の増加と米国の対外債務の増加がアメリカに対して引き起こしている懸念は，アメリカが結局のところ産油国や中国のような国に負債を負うという点である．J. ドーンが指摘しているように，とりわけ議会が懸念している点は，アメリカが中国に対して保護主義的な措置をとるように立法化し，あるいは中国本土と台湾のあいだの関係に介入する場合に，中国が米国債を売却すると脅すことによって政治的影響力を獲得するために大量に保有する米国債を利用するということであり，また中国の経済力の拡大がアジアにおける支配大国としてのアメリカの政治的・軍事的影響力を次第に弱めるということである[43]．

　ところで，中国は，1978年の改革開放以来，年率にして平均10％以上の経済成長を遂げてきた過程において，19世紀のイギリスや19世紀末と20世紀のアメリカのように，その時代の覇権国すなわちアメリカや世界経済との結びつきに依存する形をとってきた[44]．しかしながら，中国の経済成長のスピードが速いことで，予想された以上に米中の経済的規模が接近しようとしており，すでに触れたように，2024年に中国経済はGDPでアメリカを超えるという予測も出ている．かりに2025年が経済における米中の逆転の年であるとすれば，資本主義世界経済における力関係だけでなく，国家間システムにおける政治的力関係にも変化を及ぼす可能性がある．しかし，問題はそもそもそうした関係に影響を及ぼすのか，そして影響を及ぼすとすればどのような変化なのかという点であろう．

　すでに触れたように，ヘゲモニー国家の交代あるいはそれへの挑戦は，オランダからイギリスへのヘゲモニーの移行のように戦争という形態をとる場合もあれば，イギリスからアメリカへのヘゲモニーの移行のように平和的な形態をとる場合もあった．現代の米中関係についてみると，G. アリギが述べ

ているように，19世紀初頭のドイツとイギリスとの関係，あるいは戦間期の日米関係，第二次世界大戦後の米ソ関係と比較される場合が通例である[45]．戦後の冷戦時代の米ソ関係は戦争には至らなかったけれども，独英と日米の場合は，覇権をめぐる戦争に発展し，挑戦国は敗北する結果となった．しかし，イギリスからアメリカへの覇権移行の場合には，戦争という形態をとらず，いわば平和的な移譲という形での覇権交代が行われた．アリギは，アメリカがイギリスに軍事的に挑戦する必要がなかったことに言及し，その際アメリカがしなければならなかった点について，以下の3点を挙げている[46]．第1に，軍事的・金融的にイギリスとその挑戦者たちをお互いに消耗させること，第2に，互いに争う富んだ者たちに財や信用を供給することで，アメリカ自身を豊かにすること，そして第3に，終盤になってから戦争に介入し，できる限り広い地理的範囲で，経済的権力の行使を促進できる講和を押し付けることである．

　アメリカはこうした巧妙な戦略に成功したことで，戦争という手段をとることなしに覇権を掌握することができた．アメリカが平和的にイギリスの覇権を引き継いだという点について，モデルスキーはイギリスとアメリカとのあいだに強いつながりが存在していた点を指摘している．すなわち，英国と米国は，政治やその他の制度において共通の起源を有し，また属性を有していたことから，民衆のレベルでのその絆はなお強いものがあったのである[47]．

　このようなイギリスとアメリカとの関係においては，第一次世界大戦によって経済力や軍事力を低下させ，その結果アメリカの経済力や軍事力といった総体的なパワーを認めたイギリスが譲歩する形でアメリカの覇権を認めざるを得なかったという状況が現出し，結果的に平和的な覇権交代が行われたということができるだろう．しかし，アメリカの覇権が低下したポスト・パクス・アメリカーナの時代における覇権状況をみるとき，重要な問題になってくるのは，これまでの覇権交代の歴史におけるように，そもそも覇権交代が引き続き生じるのかどうか，あるいは「Gゼロの世界」とか多極化した世界といわれるように，覇権不在の世界秩序ができるのか，さらに覇権交代が

起こる可能性がある場合に，経済力でアメリカを追い越す可能性が高い中国が覇権の地位を占めるようになるのか，またその場合に戦争によって覇権交代が行われるのか，あるいは平和的な覇権交代が行われるのか，という点である．

　近代世界システムにおける覇権国の役割を考えるとき，資本主義世界経済のゲームのルールを設定し維持することが覇権国の大きな役割であったということができるだろう．世界経済がグローバルに拡大し，どの国家もそれとのかかわりを抜きにしては存続できない現代世界においては，そのような力の支配を前提とする覇権国の役割はグローバルな法制化によって縮小しつつあるといってもよいかもしれない．いうまでもなくWTOはそのゲームのルールが制度化されたものであり，その準拠枠の存在がこれまでの覇権国の役割を縮小させているということが可能であろう．さらに，現在グローバル化と並んで世界の各地域で進行しているFTAやEPAというリージョナル化は，さらにグローバル化に拡大・深化させていくプロセスの集合という性格を色濃くしてきており，その意味では，世界経済を強化させているということができる．今後，覇権国の役割として想定されるのは，こうした世界経済の拡大・深化のプロセスを妨げる動きが生じた場合に，それを軌道にもどすというネガティブ・フィードバックという機能であろう．

おわりに

　これまでの覇権循環の歴史をみると，覇権交代の時期には長い過渡期が存在しており，たとえばオランダからイギリスへの覇権交代における過渡期にはフランスが大きな力をもっており，過渡期は比較的長い時期が続いたということができる．したがって，アメリカの覇権が衰退したからとって，直ちに次の覇権国が登場して国際的リーダーシップを握るということではない．モデルスキーの言葉を借りて象徴的にいえば，オランダからイギリスへの覇

権交代におけるオラニエ公ウィレムとイギリスからアメリカへの覇権交代におけるジェニー・ジェロームが果たした役割が大きいといえるが，そのような役割を果たすケースを見出すことができなければ，平和的な覇権交代の可能性はないといえるのではないか．またイギリスもアメリカも当時から議会制度と政党政治にもとづく民主的な国家であり，同時に資本主義世界経済システムの維持を国家理念に掲げてきたのであり，政治体制と経済体制の共通性が覇権の平和的な移行を可能にしてきたということができよう．

　現在の中国は社会主義的市場経済という理念を掲げているにもかかわらず，実際的には 1978 年の改革開放による市場経済と導入と 2001 年の WTO の加盟によって，資本主義世界経済すなわち世界システムのなかに組み込まれ，その後経済発展と世界貿易によって経済的利益を獲得し，世界第 2 位の経済的地位を築いた．その点からすれば，中国は将来的にも資本主義世界経済としての世界システムの維持を推進せざるをえない状況にある．他方において，中国が東シナ海や南シナ海において自国の領土を拡大しようとする動きも存在し，軍事的な拡大の兆候がみられる．覇権国の歴史をみると，確かに，イギリスもアメリカも覇権の地位を獲得する過程においては，植民地的支配の拡大や他国の併合によって自国の利益を優先してきたという歴史的事実が存在している．とはいえ，今後の覇権国が同様のことをめざしたとしても，現在の国際レジームの枠組においてはこのようなことはすでに時代遅れになっている．したがって，将来的に覇権国の地位を獲得しようとする国家は，世界システムにおけるグローバルな法制化にもとづくゲームのルールを遵守するものでなくてはならないだろう．中国がこのような役割を担うかどうかは，国内での市場経済のルールの順調な進展と政治的な民主化にかかっているといえるだろう．というのは，これまで市場経済システムと国家間システムを無視した国家は覇権国に挑戦して敗れても覇権国となった歴史は存在しないからである．

1) B. K. Gills, Hegemonic Transitions in the World System, in: A. G. Frank and B. Gills (eds.), *The World System*, Routledge, 1993, pp.115-140.

2) 戦争と世界覇権のサイクルに関しては，B. ベリー『景気の長波と政治行動』小川智弘他訳，亜紀書房，1995年参照.

3) 世界システム論におけるヘゲモニーの定義に関しては，星野智「世界システム論とヘゲモニーの将来」(『法学新報』117巻11·12号，2012年) を参照されたい.

4) I. ウォーラーステイン『近代世界システムII』川北稔訳，名古屋大学出版会，2013年，45頁.

5) I. ウォーラーステイン責任編集『長期波動』山田鋭夫他訳，藤原書店，1992年，27頁.

6) 同上，49頁.

7) C. R. Boxer, *The Dutch Seaborne Empire 1600-1800*, 1965, p.77. 尚，オランダ経済の成功と失敗に関しては，J. ド・フリース，A. ファン・デァ・ワウデ『最初の近代経済』大西吉之・杉浦未樹訳，名古屋大学出版会，2009年を参照.

8) ウォーラーステイン『近代世界システムII』，61頁.

9) ウォーラーステイン『近代世界システムII』，124頁.

10) アルフレッド・マハン『海上権力史論』北村謙一訳，原書房，1982年，145頁.

11) マハン『海上権力史論』，164-165頁.

12) Bruno Hendler and Antonia José Escobar Brussi, United States and China in the Twenty-First Century: The Cost of the War on Terror and the Shifting in Asymmetric Interdependence, in: Chiristian Suter and Christpher Chase-Dunn (eds.), *Structure of the World Political Economy*, Lit Verlag, 2014, p.177. [以下，Chase-Dunn (2014)]

13) C. キンドルバーガー『経済大国興亡史』(上)，中島健二訳，岩波書店，2002年，170頁.

14) ウォーラーステイン『近代世界システムII』，332頁.

15) オランダ衰退の原因として，たとえば，キンドルバーガーは以下の点を指摘している.「オランダの衰退をもたらした多くの『原因』のうち，戦争，外国の重商主義，オランダの技術の外国における模倣，ヨーロッパがまず貿易で，つづいて金融でアムステルダムを中継市場として利用しなくなったこと，フランスに貸し付けていた資本がフランス革命で失われたこと，フランスによる賠償金の課徴などは外部的な原因とみなすこともでき，実際オランダの歴史家はこれらの原因こそがオランダを衰退させたと指摘するのである.」(キンドルバーガー『経済大国興亡史』(上)，180頁)

16) Chase-Dunn (2014), p.177. アムステルダムが世界金融の中心の地位を追われた点について，G. アリギは以下のように書いている.「アメリカ独立戦争後，イギリスがオランダ人に報復したことによって，海上でのオランダ人の力は壊滅した. 東インド諸島におけるオランダの通商帝国は多大な損害を被った. その結果，1760年代初頭以来，繰り返しアムステルダムの金融市場を襲っていた危機の1つ

によって，アムステルダムはヨーロッパ世界経済における中心的地位を追われることになった.」(G.アリギ『長い20世紀』，土佐弘之監訳，作品社，2009年，257頁)

17)　ウォーラーステイン『近代世界システムⅢ』，川北稔訳，名古屋大学出版会，2013年，114頁.「1783年から1816年のあいだにイギリスは，大西洋域では，セント・リュシア，トリニダート，トバコ，バサースト，シエラ・レオネ，アセンシオン，セント・ヘレナ，トリスタン・ダ・クーナ，およびゴフ島を獲得し，インド洋では，ケイプ植民地，モーリシアス，セイシェル群島，ラカディヴ諸島，モルディヴ諸島，セイロン，アンダマン諸島およびペナンを取得した．さらに，オーストラレイシアでは，ニュー・サウス・ウェイルズ，ニュージーランド，マッコーリ諸島，キャンベル諸島，オークランド島，ロード・ハウ島，チャタム島を獲得したし，地中海でも，マルタとイオニア諸島がイギリス領になった.」(同上，115頁)

18)　ウォーラーステイン『近代世界システムⅢ』，115頁.

19)　F.ブローデル『物質文明・経済・資本主義　世界時間1』村上光彦訳，みすず書房，1995年，503頁.

20)　ウォーラーステイン『近代世界システムⅡ』，93頁．尚，1786年のイーデン条約の背景と内容に関しては，蔵谷哲也「1786年英仏通商条約（イーデン条約）」(『四国大学紀要』40，2013年) を参照されたい.

21)　G.モデルスキー『世界システムの動態』浦野起央・信夫隆司訳，晃洋書房，1991年，172頁参照.

22)　ウォーラーステイン『近代世界システムⅣ』，6頁.

23)　C.キンドルバーガー『経済大国興亡史』(下)，中島健二訳，岩波書店，2002年，62頁.

24)　C.キンドルバーガー『経済大国興亡史』(下)，64頁.

25)　G.モデルスキー『世界システムの動態』，179頁.

26)　J.フリーデン『国際金融の政治学』安倍淳・小野塚佳光訳，同文舘，1991年，24-5頁．19世紀末からのアメリカの帝国主義的な領土獲得についてフリーデンは以下のように書いている.「フィリピンとグアムをスペインから奪い，ほぼ同時にハワイとサモアをともに領土に合併して，アメリカは東洋への足がかりを得た．スペインはまた，カリブ海のキューバとプエルトリコをさしだした．5年後，テディー（セオドア）・ルーズベルトは，コロンビア最北部における分離独立主義者の反乱を助長することで『パナマを奪った』と，あとから自慢した．パナマの新国家は，それまでコロンビア人が妨害していたアメリカに都合のより運河条約に，即座に締結することで合意した.」(同上，25頁)

27)　イギリスの衰退に関しては，A.Gamble,Britain's Decline:Some Theoretical Issues, in: M. Man (ed.), *The Rise and Decline of the Nation State*, Basil Blackwell, 1990, pp.71-90 を参照.

28)　J.フリーデン『国際金融の政治学』，31頁.

29)　このケインズの言葉の引用は，J.フリーデン『国際金融の政治学』，33頁によ

る．またウィルソンは，1917 年にコロネル・M. ハウスに以下のような手紙を書いている．「戦争が終わったら，われわれは彼ら（イギリス）をわれわれの考えに従わせることができるだろう．なぜならそのときまでに，彼らはなによりも金融的にわれわれの支配に屈するからだ．」（引用は同上）

30) J. フリーデン『国際金融の政治学』，34 頁．

31) Chase-Dunn（2014），p.179.

32) 日本が挑戦国であった点について，モデルスキーは以下のようにいっている．「日英同盟（1902 年）により，日本は，英国と米国の側に立って第一次世界大戦へと突入したが，その同盟は，1922 年にワシントンで交渉された軍縮条約の構図に代わった．第二次世界大戦において，日本は最初でたった一度，挑戦国の側に立った．」（G. モデルスキー『世界システムの動態』，310 頁）

33) I. ウォーラーステイン編『転移する時代』丸山勝訳，藤原書店，1999 年，89 頁．

34) Cf. G. Arrighi and B. Silver, *Chaos and Governance in the Modern World System*, University of Minnesota Press, 1999, p.146.

35) Immanuel Wallerstein, The United States in Decline?, in: Thomas Ehrlich Reifer (ed.) *Globalization, Hegemony and Power*, Paradigm Publisher, 2004, p.32.

36) Chase-Dunn（2014），p.181.

37) Chase-Dunn（2014），p.181.

38) Chase-Dunn（2014），p.184.

39) Amy Belasco, *The Cost of Iraq, Afganistan, and other Global War on Terror Operation since 9/11*, Washington: Congressional Research Service, 2014.

40) Chase-Dunn（2014），p.185. Winslow T. Wheeler, Unaccountable: Pentagon Spending on the Post-9/11Wars, http://costsofwar.org/sites/default/.../WheelerPentagonSpending. pdf

41) Chase-Dunn（2014），p.186.

42) Chase-Dunn（2014），p.188.

43) J. Dorn, The Debt Threat: A Risk to U.S.-China Relations?, in: *Brown Journal of World Affairs*, Vol. XIV2008, p.153.

44) Chase-Dunn（2014），p.189.

45) G. アリギ『北京のアダム・スミス』中山智香子訳，作品社，2011 年，439 頁．

46) アリギ『北京のアダム・スミス』，437 頁．

47) モデルスキー『世界システムの動態』，179-180 頁．さらにイギリスとアメリカのつながりについて以下のように書いている．「英国・ドイツの連繋は疑いもなく強いものがあったが，英国と米国の絆がさらにそれ以上に強いことは明らかであった．これは，特に，エリートのレベルでそうであり，それがもっとも重要になったのが，大西洋を横断した結婚という連繋の転換で，再建時代の新しい富が得られるようになってからである．そのもっとも有名な初期の例としては，ウォール・ストリート財界人の娘ジェニー・ジェロームが，マールバラ公の次男で，

ほどなくして一流の政治家となったランドルフ・チャーチルと結婚したことが挙げられよう．英国と米国は，政治やその他の制度において共通の起源を有し，また属性を有していたことから，民衆のレベルでのその絆はなお強いものがあった．英国はまた，これらの選択において，いくつかの役割を果たした．英国がリーダーシップの地位を占めるのに，オラニエ公ウィレムが支援したように，英国の指導者も，同盟といった手段を用いて，その均衡を変えるよう支援した．英国の選択は，どうであったか．また，そのような選択は，実際に，必要であったか．セシル・ローズがその学問的思考の中で明らかに考えていたように，同時代人士の中では，なんらかの英国・ドイツ・米国の共同管理は可能だ，とも考えられていた．しかし，1900 年頃，英国は英国・ドイツ同盟の提案を拒絶し，結果的に，米国と運命を共にすることになった．キューバをめぐる米西戦争において，英国の政策は米国を支持して，アメリカの警戒海域から離れたところに英国の海軍力を展開し，一方，英国のボーア戦争では，米国の支援を受けた．その関係に伴う困難および軋轢を過小評価する必要はないにしても，ほどなく真のアングロ・サクソン同盟がさまざまな色で開花し，第一次世界大戦と第二次世界大戦を通じて，それは，数多くの機会に実現した．」（179-180 頁）

第3章

地政学の復活か
—— 21世紀の国際秩序 ——

島 村 直 幸

はじめに——地政学とは何か

オバマ政権（と安倍政権），またポスト・オバマ政権下の国際秩序は，いかなるものか——．それは，複数の地域で，大きく変動している．同時進行で，複数の脅威に直面しているのである．たとえば，ヨーロッパ地域ではウクライナ情勢がいまだ混迷化している．その地球の裏側のアジア地域では，中国の台頭を背景に，地殻変動とも言うべき変化が観察できる．1つは，中国が海洋進出を強化しているためである．もう1つは，さまざまな地域機構で中国が主導権を握り，ユーラシア大陸の盟主として，「新アジア主義」を標榜しているからである．習近平国家主席が政権を握る今の中国は，「アジア人のアジア」を繰り返し強調し，アジア地域から，アメリカを追い出そうとしているかのようにも見える．「アジア太平洋には，中国とアメリカが共存できる十分な空間がある」という発言も繰り返している．さらに，2016年6月には，中国は，「一帯一路」と陸と海のシルクロード構想を掲げて，アジア・インフラ投資銀行（AIIB）を立ち上げた．日米両国が指導してきたアジア開発銀行（ADB）や国際復興開発銀行（IBRD，いわゆる世界銀行），国際通貨基金（IMF）など，既存の国際経済（金融）秩序に対抗する動きである[1]．

52

こうしたロシアや中国といった大国は, 地政学的には, ランド・パワーである.

地政学の起源は, 紀元前にまでさかのぼる. たとえば, 古代ギリシャの歴史家ヘロドトスが, ペルシア戦争の研究を通じて, 民族の命運が地理的な環境と深く関係していることを, 『歴史 (*historiai*)』に記している[2]. 同じく, 古代ギリシャの歴史家トゥキュディデスは, 『ペロポネソス戦争 (*History of the Peloponnesian War*)』で, 都市国家間の「安全保障のジレンマ」について, 洞察力に溢れる分析を試みている. トゥキュディデスによれば, 戦争の最も基層になる真の原因は「アテネの成長であり, スパルタが不安にさいなまれたことにある」[3]. これら2人の歴史家による洞察は, 近代以降の主権国家間の関係, 特に大国間政治を中心とした国際秩序を観察する上でも, 重要な示唆を与えるものと考えられてきた.

フランス革命期のフランスの天才軍人にして皇帝となったルイ・ナポレオンは, 「一国の地理を把握すれば, その国の外交政策が理解できる」という言葉を残している. このナポレオンの言葉は, 地政学とは何かという問題を一言で表現していると言えよう[4]. また, ナポレオン戦争に従軍し, 国際政治学ないし国際関係論における現代の現実主義 (リアリズム) の流れを形成した『戦争論 (Vom Kriege)』を記したのは, 戦略家のカール・フォン・クラウゼヴィッツである. 彼によれば, 「戦争は外交政策の延長である」. つまり, 戦争は外交政策の1つの手段なのである[5].

イギリスのハルフォード・マッキンダーが, 現代の地政学の父である. 彼は, 『民主主義の理想と現実 (*Democratic Ideals and Reality*)』で, ハートランド理論を提唱した. 「人類の歴史は, ランド・パワーとシー・パワーの闘争の繰り返しである」として, 20世紀以降はランド・パワーの時代が到来すると主張したのである. また, 「東欧を制するものはハートランド (中核地帯) を制し, ハートランドを制するものは世界島を制し, 世界島を制するものは世界を制す」と指摘した[6].

これに対して, アメリカのアルフレッド・セイヤー・マハンは, 『海上権力

史論（*The Influence of Sea Power upon History, 1660~1783*）』などの多数の著作を残し、海洋戦略の観点からシー・パワー理論を提唱した。マハンの地政学によれば、「世界大国となるための絶対的な前提条件は、海洋を掌握することである」という。ここで注目すべき点は、「大陸国家であることと、海洋国家であることは両立し得ない」と指摘されたことである。さらに、「シー・パワー獲得の条件は、国家の地理的位置、国土面積、人口、国民性質、統治機関の性質の5つである」とも指摘された[7]。

シー・パワーであるアメリカは、伝統的に、アルフレッド・セイヤー・マハンの地政学に基づいて、国家安全保障戦略を描いてきた。ところが、マハンの主張とは異なり、大陸国家でもあり、海洋大国でもある稀有な存在となってきた。特に冷戦後は、ズビグニュー・ブレジンスキーが指摘したように、「ユーラシア大陸にまたがるグローバルな覇権国」となった。こうしたグローバルな覇権国の出現は、国際関係の歴史上、はじめての事態であり、同時に最後の事態でもある、と指摘された。ブレジンスキーによれば、アメリカは、こうした僥倖とも言うべき歴史的な瞬間を、一世代で終わらせることなく、少なくとももう一世代、継続させるべきであるという[8]。

しかしながら、2000年代の終わりには、グローバルな覇権国アメリカのパワーは、相対的に大きく低下した。軍事的には、アフガニスタン戦争とイラク戦争でつまずき、財政に大きな負担を強いた。2008年8月には、ロシアがグルジアに侵攻している。また経済的には、2007年7月からのサブプライム金融危機と2008年9月のリーマン・ショックで、「100年に一度の金融危機」に直面した。アメリカ中心のグローバリゼーションの動きや、規範としての「新自由主義」に懐疑的な眼が向けられることになった。他方で、リーマン・ショックから国内経済がいち早く立ち直った中国は、自信を強めた。

こうして、2010年代が始まるまでに、大国間政治と地政学が復活したのである。特に、シー・パワーのアメリカや日本、オーストラリア、インドと、ランド・パワーのロシアや中国、イランの間で、対立が深まった。国際秩序の最も大きな変動要因は、間違いなく中国の台頭である。またインドは、新

興国の集まりである BRICS としてブラジルとロシア，中国，南アフリカと戦略的に連携すると同時に，シー・パワーとして，アメリカや日本，オーストラリアとも戦略的な対話を強化している．

　問題は，シー・パワーとランド・パワーの 2 つの勢力に，国際秩序が大きく二分されていくという単純な構図ではないということである．つまり，シー・パワーの雄，アメリカや，ランド・パワーの中国やロシアの影響力が及ばない領域として，イスラーム圏の重要性が無視できないのである．特に中東地域では，「イスラーム国 (IS)」の脅威が深刻である．イスラーム国の脅威を撲滅しない限り，既存の中東地域の国境線を再編成する動きにつながりかねない[9]．ただし，アメリカのオバマ政権は，イラクとシリアのイスラーム国に限定的な空爆はしても，地上軍を派遣することには消極的な姿勢を見せてきた．地上軍を派遣せずに，イスラーム国の脅威の撲滅は困難である，と見られている．ジョン・マケイン上院軍事委員会委員長をはじめとして，アメリカ議会の共和党議員にこうした声が多い[10]．

　こうして，地政学的には，アメリカを中心としたシー・パワーと，ロシアと中国を中心としたランド・パワーに加えて，イスラーム国をはじめとしたイスラーム圏が浮上し，国際秩序は 3 つの勢力圏に分裂しつつあるのである．アメリカと日本の立場からは，国際秩序は，ロシアと中国の脅威，そしてイスラーム国の脅威と，3 つの脅威に直面しているのである．ロシアと中国の脅威は，19 世紀型のモダンの脅威である．これに対して，イスラーム国の脅威は，プレ・モダンの脅威である．気候変動など「グローバル・イシュー」は，ポスト・モダンの脅威と位置づけることができよう[11]．

1. 地政学の復活か，リベラル・オーダーの継続かをめぐる論争

　2014 年は，1989 年秋にヨーロッパ地域で東欧革命やベルリンの壁崩壊など

で冷戦が終結してから，25年が経過した年であった．ウクライナやイラク，シリア，南シナ海など，特に2014年に入り，地域的な危機が報じられない日がないほどであった．複数の国際危機が同時進行で起こっていた．こうして，流動化する国際情勢，変容する国際秩序に対して，「一見無関係なこれらの出来事は，実は一本の糸でつながっているのではないか?」と，ギデオン・ラックマンは2014年6月30日付けの『*Financial Times*』紙のコラムで，問うている[12]．この点について，ウォルター・ラッセル・ミード教授は，『*Foreign Affairs*』誌に発表した論文「地政学の復活（"The Return of Geopolitics"）」で包括的な仮説を提唱していた．同じ号に掲載されたジョン・アイケンベリー教授による反論（"The Illusion of Geopolitics"）とともに，このミードの論文は，2010年代の国際秩序のパターンを読み解く1つの切り口を提供してくれている．

　冷戦の終結とソ連崩壊後に登場した国際秩序の形態を説明するのは難しいことではない．その主たる特徴は，第1に，アメリカを中心とした国際システムの「単極」構造，第2にグローバリゼーションされた世界経済，第3に，機能する多国間制度という3つの点にまとめられる．最も重要なのは第1の点である．また加えて，政治的な民主化と経済的な市場化，「法の支配」といった規範が，国際秩序の軸に据えられた．ミードとアイケンベリーは，こうした国際秩序が脅かされているか否かをめぐって議論している．

　ミードによれば「中国，ロシア，イランの3カ国は冷戦後の地政学的秩序を決して受け入れたわけではなかった．そして今，3カ国はこの秩序をひっくり返す試みにますます力を入れている」という．ミードがこの論文を執筆している最中に進行したウクライナ危機は，まさにこの見方を証明するかのような出来事だった．ロシアは，1991年以降のヨーロッパ地域の国際秩序に怒りを覚えており，この怒りゆえにクリミアを正式に編入するに至っている．中国が領有権についてますます強気な主張を行っていること，イランが中東という地域の国際秩序に明らかに不満を抱いていることも，ミードの議論の柱になっている．ミードはこの3カ国を「現状変更勢力（revisionist powers）」

と呼び,「これらの国々は冷戦後の秩序を覆したわけではないが……誰からも異議を申し立てられない現状を,異議を申し立てられる現状に変えた」と評していた[13].

こうして,「地政学の復活」を問題提起するミードの議論に対して,アイケンベリーは,「それは取り越し苦労だ.ミードは現代の大国の現実を大きく見誤っている」と反論している.アイケンベリーに言わせれば,「中国とロシアは,全面的な現状変更勢力ではない.せいぜいパートタイムの妨害者(spoiler)でしかない」.またアメリカは「60カ国以上の国々と軍事的な協力関係にあるが,ロシアには正式な同盟国が8カ国しかなく,中国に至っては1カ国(北朝鮮)だけだ」と指摘する.合計すれば「アメリカ主導の同盟システムの内部にある軍事力は,中国やロシアが今後数十年かけても追いつかないような規模になっている」という.さらに,アメリカは「他の大国に取り囲まれていない唯一の大国」という地の利を得ている上に,他国を魅了する力(ジョセフ・ナイの言うソフト・パワー)[14]を持つ理念や規範を持つが,ロシアと中国には「他国を魅了するブランドがない」ともアイケンベリーは論じる[15].

しかしアイケンベリーは,何にも増して,いわゆる「現状変更勢力」は現状変更など本当は望んでいない,とも考えている.アイケンベリーによれば,これらの国々は究極的にはアメリカ主導の国際秩序から恩恵を享受しているため,これをひっくり返すようなまねはしない.「これらの国々は,アメリカが現在の地政学的体系の頂点に君臨していることを苦々しく思っているが,この枠組みの基礎にある論理は受け入れている.それは至極もっともな話である.市場が開かれれば,他の社会と貿易したり,投資や技術を受け入れたりできるようになる」からである.おまけに,ロシアと中国は国際連合の安全保障理事会で拒否権を持つ大国である.その意味で,「両国は地政学的なインサイダーである」ため,両国の利益は現在のシステムによって守られているのであるという[16].

ミードとアイケンベリー,説得力があるのはどちらの分析であろうか――.「実は,筆者(ラックマン)はこれを公平に判断できる立場にない」と,ラッ

クマンは論じる．なぜなら，「筆者は 2010 年に出版した『ゼロサム世界 (Zero-Sum World)』という本の中で，西側諸国と中国政府およびロシア政府との間で地政学的な軋轢が強まることを予想していた」からである．「アメリカの力が相対的に衰えれば，アメリカ主導の世界秩序に対する挑戦が引き起こされることになるだろうとずっと考えてきた」と指摘している[17]．したがって，ラックマンは，現在の政治情勢は「国際関係の焦点をゼロサム問題からウィン・ウィンの問題に移そう」という西側の努力が失敗に終わったことを示すというミードの見解の方に共感を覚える，という．

とは言え，議論は何ら決着していない．ウクライナや中国周辺海域での緊張の高まりは，ゼロサムの論理にぴったり合致するように見える．しかし，ロシアも中国もまだ，アメリカが支配する国際システムと決別していない．実際，もしロシアがウクライナ危機を必要以上にエスカレートさせなければ，プーチン政権は経済制裁に直面し，西側との全面対決のコストは高すぎると判断したと言うこともできるだろう．

アウトサイダーである現状変更勢力の輪郭に，より明白に合致するのがイランである．その一方で，経済制裁によって国内経済が疲弊したイランの政権は，核開発計画をめぐる合意を模索することで再び国際システムに復帰しようとしているように見える．イランのロウハニ政権は 2014 年 7 月に，アメリカとヨーロッパ諸国との間で，15 年間，核開発を凍結することで合意した．こうした動きを受けて，アメリカやヨーロッパ諸国は，イランに対する経済制裁を解除し，イラン市場に早くも食い込もうとしている．こうしたイランの動きには，アメリカの共和党保守派やイスラエルのネタニヤフ首相が懸念を隠さない[18]（ドナルド・トランプも，イランとの核合意に懐疑的である）．

長期的には，間違いなく中国が最も重要な潜在的チャレンジャーである．ロシアと異なり，中国は台頭している大国であり，一部の指標では今や世界最大の経済大国である．中国政府はまだ，クリミア掌握ほど無謀なことは何も試みていない．また，中国は地域以外の国際問題については，ロシアより控えめな態度を取っている．しかし，南シナ海と東シナ海での海洋進出に熱

心である．アメリカの同盟国数カ国を含む近隣諸国（特にベトナムやフィリピン，日本）との国際紛争では，中国は強硬な態度のパターン見せている．また冒頭で見た通り，金融面では，アジア・インフラ投資銀行も立ち上げた．他方で，貿易面では，環太平洋経済連携協定（TPP）に対抗する東アジア地域包括的経済連携（RCEP）を立ち上げることはできていない．

　中国が本当に国際秩序を作り変えようとしているのか，それとも単に現状の枠組みの中で主張を強めているだけなのか——．これは容易に答えが出る問題ではない．はっきりしているように思えるのは，経済成長に置かれていた中国の伝統的な重点が今，政治外交と安全保障問題での国家主義的な姿勢をともなうようになってきたことである．それが今度は中国の近隣諸国およびアメリカとの緊張の高まりを招いている．これを「地政学の復活」や「大国間政治の復活」と呼んでもいいし，ラックマンに倣って「ゼロサム世界」の出現と呼んでもいい．ところが，どんな用語を使おうとも，これは勢いを増している危険なトレンドのように見える．

　同じく『ファイナンシャル・タイムズ』紙記者のジェフ・ダイヤーも，2014年の『米中 世紀の対立（*The Contest of the Century*）』で，「鄧小平の自己抑制の遺訓が崩れ，アメリカとの新たな地政学的競争の時代がやってきつつある——そのことはもはや無視しえない」と指摘する．続けて彼は，3つの議論のポイントを指摘している．第1に，「中国政府の重要な変化について．既存のルールを受け入れる政府から，自らの国益に従って世界を作り替えようとする政府へと変貌を遂げつつあるということだ．……中国は，過去の新しい大国，とりわけアメリカと19世紀末のドイツを動かしていたのと同様の本能に強く影響されている」．第2に，「中国がそうした目標を追い求めるなら，今の国際秩序の多くがアメリカの理想に合わせてできている以上，そのアメリカとの地政学的な競争に引き込まれるのは避けられないということだ．……かの国の指導層はほぼ地政学的な言葉を使って思考しているし，アメリカのパワーの基盤を徐々に侵食したがっているのだ……手短に言うなら，地政学が復活したのだ」．しかし第3に，「アメリカが世界に占める地位に対する中

国の挑戦があったとしても，アメリカはそれを逸らせることのできる強い立場にいるということだ．……アメリカのパワーの根源は見かけよりも深いところにあり，そうやすやすと覆せるものではない」という[19]．

2．「夢が終わり，歴史が回帰した」のか

　冷戦の終結からちょうど20年が経過した2009年時点ですでに，国際秩序は，ロシアや中国，インドなど新興国が台頭し，アメリカ中心の「単極」構造に対抗する動きを強めていた．2009年の時点で，「冷戦後」の世界が終わり，「地政学」が復活することが，多くの研究者や外交官たちによって，実は予見されていたのである．筆者も，その1人であった．

　また，北朝鮮やイランなど「ならず者国家」が核兵器の開発に邁進し続ければ，それぞれの地域で軍拡競争の悪循環に陥る可能性があった．そして，アメリカはイラクから段階的にアメリカ軍を撤退させる動きを見せたが，アフガニスタンへはアメリカ軍が増派されていた．オバマ政権は「テロとの戦い」の概念を再定義しようとしてきたが，「テロとの戦い」は事実上，継続されてきた．さらに，「100年に一度の金融危機」に直面し，世界経済に対する「国家」の役割は相対的により向上していた．

　こうして，2008年大統領選挙でマケイン陣営の外交ブレーンであったロバート・ケーガンが指摘するように，2009年までに，冷戦の終結後の「夢が終わり，歴史が回帰した」という側面が強くなったように見えた[20]．ケーガンは，以下の通り，指摘している．

　　今や大国対大国，自由主義対専制主義，宗教対世俗という3つの闘争は時に結びつき，時に衝突しながら繰り広げられている．国際社会が1つに収斂する可能性は遠のいた．新たな時代が訪れるどころか，世界はむしろ分裂と多様化の時代へと足を踏み入れてしまったのだ．……歴史

60

は再び，かつてと同じ道を歩もうとしている．今こそ民主主義諸国は一
致団結してあらたな歴史を形作っていかなければならない．さもなけれ
ば，その役割は他の勢力に取って代わられることになるだろう[21]．

また，フランスの外交官ユベール・ヴェドリーヌや歴史家のポール・ケネ
ディが指摘するように，歴史的な金融危機に直面し，「国家の復権」と呼びう
る現象が世界で多く観察できた．ヴェドリーヌは，以下の通り，指摘してい
る．

　　この地球には，世界をよりよいものにするという仕事を任せられるよ
　うな国際社会，国家を超える主体，国家に代わる主体，あるいは新しい
　主体はまだ存在しない．世界をよりよいものにできるのは結局のところ
　「私たち」でしかなく，つまり192の国家が力を合わせるしかない（その
　後，南スーダンが独立して193カ国になった）．国連も，国際社会も，私た
　ちの代わりにはなれないし，市場も私たちに代わって先のことを考えて
　はくれない[22]．

こうして，「長かった冷戦後」がようやく終わり始めた，と言ってよい．「歴
史が終わってみれば，リベラル民主主義のまともな競争相手になりうるよう
なイデオロギーは残っていなかった」と，フランシス・フクヤマは冷戦終結
直後に述べていた[23]．こうした夢が終わりつつあったのである．

ただし，「アメリカ後」や「多極化」現象が指摘されてきたが[24]，現実に
アメリカの軍事力と経済力が一夜にして低下するわけでない．予見しうる将
来，少なくとも10〜20年間ぐらいは，アメリカ中心の「単極」構造が継続す
ると思われる．したがって，アメリカのパワーを「飼いならす（tame）」必要
性は依然として残る．国際政治学者のステファン・ウォルトは，「アメリカの
優越的な立場に対する世界中の反応を考えると，アメリカは現在よりも抑制
の効いた『オフショア・バランシング（offshore balancing）』政策に戻る必要

がある．政策には『正統性』を持たせ，広範囲にわたって利益が出るよう目標を定め，諸外国の説得にもさらに力を入れていく必要があるだろう」[25]と指摘している．

しかし，新興国の台頭と抵抗を受け，アメリカ中心の「単極」構造は，予想よりも早いペースで相対化されていく可能性が十分にある．こうして，従来の「単極」論を超えた，新しい国際秩序論が必要となってくる[26]．たとえば，近代の時代が終わり，「新しい中世」の世界システムへと移行する可能性も仮定する必要があるかもしれない[27]．

3．国際秩序の変動要因

冷戦後の国際秩序を変動させる可能性を持つ国家群や主要な争点を大きく整理した場合，以下の4つを指摘することができる．第1にロシア・中国・インドの新興国の動向，第2に北朝鮮やイランなど「ならず者国家」の連鎖する核拡散の脅威，第3に「テロとの戦い」と「イスラーム世界との共生」とのジレンマ，第4に「世界金融危機」と「世界同時不況」の様相を呈してきた世界経済の不安定化である．以下，オバマ政権の初期の政策対応も踏まえつつ，詳述したい．2009年の時点で，筆者も，ラックマンやケーガンと同じく，「地政学の復活」ないし「大国間関係の復活」を予想していたのである．

第1のロシア・中国・インドの新興国の動向は特に，21世紀のこれからの国際秩序の方向性を決定づけると思われる．同じ文脈から，W.ブッシュ政権は2期目の「4年ごとの国防計画の見直し（QDR）」の中で，ロシア・中国・インドの3カ国を「戦略的岐路にある国家群（states at the crossroad）」と位置づけていた．これら新興国に対するアメリカの対応も同じく重要となるであろう．これら3カ国にブラジルを加えるとBRICsになる．また，南アフリカを加えるとBRICSになる．2009年の時点での国民総生産（GDP）は，G7諸国が55％前後，BRICs諸国が20％弱であったが，国際通貨基金などの推計

によれば，2009 年から 30 年後の 2039 年前後には，この比率が逆転すると予測されていた．2035 年が歴史的な分岐点となるという見方もある．

「リーマン・ショック」後の 2008 年 11 月 14, 15 日のワシントンでの 20 カ国・地域（G20）の第 1 回金融サミットですでに，新興国が大きな存在感を示した．続く 2009 年 4 月 2 日のロンドンでの第 2 回金融サミットや 7 月 9 ～10 日ラクイラ・サミットでの新興国との拡大会合，9 月 24, 25 日のピッツバーグでの第 3 回金融サミットで，「G7・G8 の時代」は事実上，終焉した[28]．しかしその後，2014 年 3 月のロシアによるクリミア併合で，ウクライナ情勢が混迷化した結果，G8 からロシアが追放され，民主主義と資本主義，法の支配といった同じ規範と価値観を共有する G7 の存在感が再び，注目されている．G20 での意思決定と政策の履行が難しいという側面もある．

2009 年に議論を戻そう．第 1 期目のオバマ政権はまず，ロシアや中国，インドとの間で，共通利益を見い出し，戦略的な対話と協力関係を強化する政策方針を打ち出した．当面は，たとえば，ロシアとの関係ではグルジア紛争を取り上げず，中央・東ヨーロッパ地域でのミサイル防衛（MD）の配備は2009 年 9 月 17 日に見送りを決定した．また中国との関係では，人民元切り上げや人権問題などを棚上げする．インドとの関係では，主に中国を牽制するために，戦略的対話を強化し，特に原子力協定による協力をさらに推進した．こうして，オバマ政権は新興国に対して，現実主義の対外政策のアプローチをとる姿勢を明確に見せていた[29]．

第 2 の北朝鮮やイランなど「ならず者国家」による核拡散の脅威も，国際秩序を大きく変動させる可能性を持つ．北朝鮮は 2009 年 5 月 25 日に 2 度目の核実験に踏み切り，北東アジア地域では日本や韓国，台湾の「核武装論」が早くも盛んであった．2013 年 2 月 12 日には，北朝鮮の朝鮮中央通信は「3度目となる地下核実験を成功裏に実施した」と発表し，「今回の核実験は核兵器の小型化と爆発力の強化を行った」と述べた．北朝鮮は 2016 年 1 月 6 日に，4 度目の核実験に踏み切り，水爆実験に成功したと声明した．さらに，2016 年 9 月 9 日に北朝鮮は，5 度目の核実験に成功したと発表した．北朝鮮

が核兵器の放棄に応じない限り，北東アジア地域が軍拡競争の悪循環に陥る余地は残る[30]．

　また，イランが核兵器開発を断念しなければ，中東地域が同じく「安全保障のジレンマ」に陥る可能性が高まる．それ以前に，イスラエルによる「先制」攻撃の危険が高まるかもしれない．しかも，北朝鮮とイランは，核兵器とミサイルで技術協力を深めてきたので，以上の核拡散の脅威は「連鎖」するのである（北朝鮮からミャンマーへの核拡散の脅威も，2009年7月の時点で報道された）．先に見た通り，イランとの間で核合意が実現したが，北朝鮮に騙されたように，イランにも騙されるのではないか，と共和党の保守派やイスラエル政府は懸念を隠さない．

　そもそも，1998年5月に核実験に踏み切り，国際的な制裁も受けたインドとパキスタンが，10年も待たずに事実上の核保有国として扱われる現実の中で，北朝鮮とイランに対して，それぞれ核保有と核開発を放棄するよう説得することはきわめて困難である．しかも，イラク戦争の開戦理由として，核兵器など「大量破壊兵器（WMD）」の不拡散や「体制転換（regime change）」が指摘されていたことは，北朝鮮とイランに対して，核開発を断念させるよりはむしろその動きを促進させる効果を持ってしまった可能性が高い．「ネオコン（neoconservative の略）」と呼ばれる勢力が，イラクに続いて，イランと北朝鮮への「先制（pre-emption）」の必要性を指摘していたことは，核拡散をめぐる国際環境をますます複雑にした．北朝鮮とイランの指導者たちは，アメリカに将来，「先制」攻撃され，「体制転換」を強制される前に，核開発を急ぐ決意を新たにしたであろうことは容易に想像できる[31]．

　さらに，核物質と技術の拡散がこれ以上進めば，アメリカ本土への「核テロ」攻撃の脅威が急速に高まることになる．アメリカとしては，核不拡散の国際体制を強化するために，まず米露間で核軍縮をより積極的に推し進めざるを得ない．オバマ大統領がプラハ演説で「核兵器なき世界」を訴えた背景には，「核テロ」攻撃の脅威がまず念頭にあったと思われる．その後，バラク・オバマ大統領は，2016年5月の広島訪問で再び，「核兵器のない世界」を

64

訴えた．こうして，オバマ政権の外交は，「プラハ演説で始まり，広島訪問で終わった」[32]．

　第3の「テロとの戦い」と「イスラーム世界との共生」とのジレンマも深刻な課題である．アメリカがアフガニスタンなどで「テロとの戦い」を継続する限り，オバマ政権が目指す「イスラーム世界との共生」はなかなか実現しないというジレンマが残る．オバマ政権は，イラクからアメリカ軍を段階的に撤退させると同時に，アフガニスタンにはアメリカ軍を増派するという「選択と集中」のアプローチをまずとった．「核テロ」攻撃の脅威が急速に高まった以上，テロリストの温床を断絶するために，アメリカとしては，アフガニスタンでの「テロとの戦い」を強化せざるを得ない．仮に民主党のオバマ政権ではなく，共和党のマケイン政権であったとしても，おそらく同じ政策を追求した可能性が高い．アメリカ外交の選択肢はそれほど広くはなかった．

　2009年8月20日のアフガニスタンでの大統領選挙の直前には，オバマ政権がタリバン勢力の打倒を目指して軍事的な圧力を強化した結果，タリバン勢力の抵抗によってテロが続出してしまい，外国人部隊の死傷者が急増した．2009年夏の時点で，アメリカ国内では，早くも厭戦気分が広がり，アフガニスタン戦争への世論の支持が著しく低下していた．アフガニスタンでの戦争が「ベトナム戦争化」ないし「イラク戦争化」した場合，オバマ大統領の支持率が低下し，政権運営に大きな障害となる可能性があった．2014年12月までに，オバマ政権は，アフガニスタンから撤退したが，2015年以降，アフガニスタン情勢が安定に向かう，と考える専門家は少なかった．特にアフガニスタンとパキスタンの国境地帯，「アフパキ」が危ない．今でも，国際的なテロリストのネットワークで，重要な位置を占める．

　第4の「世界金融危機」と「世界同時不況」も，国際秩序の変動と密接に関連すると思われた．ただし，これまで見てきた安全保障上の脅威といかに連関するのかは，必ずしもまだ明らかとなっていない．少なくとも言えることは，「9・11」同時多発テロのようなアメリカ本土への大規模なテロが可能となったのも，連鎖する核拡散の脅威が高まったのも，アメリカ本土への「核

テロ」攻撃の脅威が急速に高まったのも，グローバリゼーションの帰結であるということである．オバマ政権は，「世界金融危機」と「世界同時不況」に対して，「最初の100日間」の2009年2月17日に「景気対策法」をアメリカ議会で可決させ，大規模な財政出動を可能とし，金融規制を強化して，金融システムの安定化にまず努めた．

「リーマン・ショック」から1年が経過した2009年9月半ばの時点で，住宅市場など景気回復の兆しが見られ，「第2の世界大恐慌の前夜」を連想させる最悪期は脱したという楽観的な見通しが広がった．危機に対応した例外的な金融政策も，平時に戻す「出口戦略（exit strategy）」の議論がすでに盛んであった．ただし同時に，2009年9月の時点で，雇用情勢は失業率が10％弱まで悪化し，金融機関は不良債権をなお抱え，金融システムは依然として不安定なままであった．もし「政治の失敗」が重なった場合には，景気がさらに「二番底」を迎え，最悪事態としてドルが暴落し，世界経済が「グローバル恐慌」に突入する危険がまだ指摘されていた．「世界金融危機」と「世界同時不況」から，第三幕の「グローバル恐慌」へと現況の危機を深化させないためにも，オバマ政権には引き続き慎重で微妙な金融政策の舵取りが期待されていたのである[33]．その後，オバマ政権は，政権8年目の2016年までに，失業率を5％台まで回復させた．アメリカでは，完全雇用に等しい．にもかかわらず，オバマ大統領の支持率は，低迷したままであった．オバマ大統領の支持率が回復し始めたのは，2016年大統領選挙の予備選挙が始まった2016年2月以降である．

また，2010年12月以降，中東地域での「アラブの春」をはじめとして，アメリカでの「ティー・パーティー（茶会）」運動や「ウォール・ストリートを占拠せよ（Occupy Wall Street）」運動，香港での「雨傘革命」，ギリシャでのソブリン危機をめぐる混乱，ヨーロッパ地域でのシリア難民に対する反発，イギリスの欧州連合（EU）離脱劇（Brexit）など，各国での怒れる有権者たちの背景には，貧富の格差の問題があり，これもグローバリゼーションの帰結であると言ってよい．ところが，現状の病理として，貧富の格差は広がる

ばかりであり，国家の財政赤字は膨らみ続け，政治は明らかに劣化している．特にアメリカ政治では，保守とリベラルでイデオロギーが極端に分極化してしまっている．これまで，危機意識の乏しかった有権者たちは，現状に対する怒りや不満を吐き出しつつある．

2009 年に再び，議論を戻そう．オバマ政権は，深刻な金融危機に直面していたが，地球温暖化防止への取り組みは歴史的に先送りしないと指摘し，「グリーンなニューディール」政策を遂行してきた（オバマ大統領は「グリーン・エコノミー」政策と呼ぶ）．情報通信技術（ICT）を介してエネルギー情報を可視化し，老朽化した送電網を次世代の双方向性システムへと整備し直す「スマート・グリッド」構想を軸に，太陽光や風力発電など「再生可能エネルギー」の開発に戦略的に取り組み，「グリーン・ジョブ」で350万人以上の雇用を創出する構想であった．同時に，中東石油に依存する体質を脱却するという意味で「エネルギー安全保障」を高め，さらにアメリカの対外イメージの向上まで狙う戦略であった[34]．

成果が実現されるまでには長い時間がかかるが，政府の規制で市場の資金の流れを再構築し，アメリカ経済の産業構造の大転換を目指す構想である[35]．経済成長と地球温暖化防止との間で，いかなるバランスを見い出すか．これも 21 世紀のアメリカと国際秩序が直面する課題の１つと言える．国際政治学者のステファン・ヴァン・エヴァラは，21 世紀アメリカのグランド・ストラテジーへの３つの課題として，「大量破壊兵器（WMD）」の拡散とテロリズムの脅威に並んで，地球温暖化など「グローバル・コモンズ」への脅威を指摘している[36]．また，アメリカでの「シェール革命」によって，アメリカのエネルギー安全保障は大きく変化していくと思われる．

4. 「壮大なチェス盤」
──ユーラシア大陸をめぐる地政学

カーター政権で国家安全保障問題担当大統領補佐官を務めたズビグニュー・ブレジンスキーは，冷戦後の1997年に『壮大なチェス盤 (*The Grand Chessboard*)』を発表している．副題は，「アメリカの優位性とその地政戦略学的課題 (*American Primacy and Its Geostrategic Imperatives*)」である（邦題は『ブレジンスキーの世界はこう動く──21世紀の地政戦略ゲーム』，文庫版は『地政学で世界を読む──21世紀のユーラシア覇権ゲーム』である）．冷戦の終結によって，アメリカが唯一の「グローバル覇権国家」となったという認識を踏まえ，アメリカの大戦略（グランド・ストラテジー）と新たな世界秩序の形成を構想したものである．ブレジンスキーの視点は，「地政戦略」という言葉を副題で使っているが，徹底的に地政学的なものである．『壮大なチェス盤』は，アメリカのグローバル覇権を支える地政学的な基盤をどのように構築し，維持するのかを論じた書である．20年近く前の本であるが，今でもブレジンスキーの地政学的視点にまったくのブレはない．ブレジンスキーは，2008年の大統領選挙では，バラク・オバマ大統領候補の外交問題顧問を務めている．ブレジンスキーは1997年の時点で，以下の通り，地政戦略を描いていた．

ソ連の崩壊後，アメリカは唯一の覇権国家となり，西側からは北大西洋条約機構 (NATO)，南側からは中東諸国との同盟，東側からは日米同盟という3つの方向から，ユーラシア大陸をその影響下に置いた．このことは，歴史上，はじめて次のような事態が生じたことを意味する．第1に，1つの国家が単独で，真にグローバルな覇権国家となった．第2に，ユーラシア大陸にない国家が，グローバルな覇権国になった．そして第3に，世界の中心に位置するユーラシア大陸が，ユーラシア大陸にない国家によって支配された．地政学の開祖であるハルフォード・マッキンダー以来，ユーラシア大陸の支

配者が世界を支配すると考えられてきたが，世界の歴史上，アメリカのよう
な覇権国が出現し，ユーラシア大陸を支配したことは，いまだかつてなかっ
た[37]．

　しかし，このアメリカは，この圧倒的な優位を永久に維持できるわけでは
ない．それは続くとしても，せいぜい一世代程度であろう，とブレジンスキ
ーは考えていた．アメリカのこの特異な覇権的地位は，歴史上，最初であり，
同時に最後になるであろう，とブレジンスキーは分析していた．アメリカと
しては，唯一の覇権国になったという僥倖とも言うべき絶好の機会を利用し，
その指導力を発揮して，ユーラシア大陸を横断する安全保障体制を形成し，
協調的な国際秩序を構築すべきである，とブレジンスキーは指摘した[38]．ブ
レジンスキーは，以下の通り，彼の地政学的なポイントを要約している．

　　　要するに，アメリカの政策目標は，2つの点を正面切って掲げなけれ
　　ばならない．第1に，アメリカの支配的な立場を少なくとも30年間，で
　　きればそれ以上，維持することを目標にしなければならない．第2に，
　　地政上のしっかりとした枠組みを作ることを目標にしなければならない．
　　この枠組みは，社会と政治の変化によって必ず起こるショックを吸収で
　　きるものでなければならず，同時に，世界を平和的に管理する責任を分
　　担する地政上の中核に発展するものでなければならない[39]．

　また，こうも指摘される．「ユーラシアの地政上の多元性を安定させ，圧倒
的な力を持つ勢力の登場を抑える動きを強化するものとして，来世紀はじめ
のどこかの時点で，汎ユーラシア安全保障制度（TESS）を作り上げることが
できるだろう．ユーラシア全体を包括する安全保障協定には，拡大NATO（協
力条約によってロシアと結びつく），中国，日本（安保条約によってアメリカと
結びついている）が参加すべきである」．

　ただし，この大戦略を実現するために，アメリカが特に注意を払わなけれ
ばならない地域がある．ブレジンスキーが指摘したのは，第1にヨーロッパ

とロシアの境界に位置するウクライナ，第2にアゼルバイジャンなど旧ソ連の多民族国家がひしめく中央アジア，第3にトルコやイランなど中東・西アジア，そして第四に中国と日本など東アジアである．ブレジンスキーによれば，「壮大なチェス盤」であるユーラシア大陸の支配力を維持するためには，こうした潜在的な危険地帯をどのように統治していくのか，が鍵となる[40]．

　こうして，ブレジンスキーは，今から20年近く前に，すでにこのような優れた地政学的洞察を持ち合わせていた．とりわけ，ウクライナの重要性に着目していたところなどは，2014年以降の混迷を深めるウクライナ情勢を知るわれわれからすれば，その慧眼を高く評価せざるを得ない．驚嘆すべき先見性である，と言ってよい[41]．

　なぜ，ウクライナは，地政学的に重要なのか──．ブレジンスキーは，以下の通り，論じている．ソ連の崩壊によってウクライナが独立したことで，ロシアはウクライナを失った．ウクライナは，ロシアにとって，安全保障上はもちろん，経済的あるいは文化的にも，重要な地域である．ウクライナとそこに住む5,000万人のスラブ民族を失うということは，ロシアがヨーロッパからより離れて，よりアジア化してしまうことを意味する．かつてのロシア帝国やソ連のような，ヨーロッパとアジアにまたがるユーラシア大陸の覇権をロシアが復活させる上で，ウクライナは必要不可欠な存在なのである[42]．

　では，アメリカは，ユーラシア大陸の西側で，どのような手を打つべきなのか──．ブレジンスキーは，以下の通り，さらに論じる．アメリカは，ロシアのユーラシア覇権を阻止するべく，欧州連合（EU）とNATOを東方へ拡大して，ウクライナを西側陣営に帰属させる戦略を推し進めるべきである，とブレジンスキーは政策提案した．もちろん，ロシアはそれに強く反発するであろう．しかし，アメリカは，「拡大西洋」とロシアとの連携を深め，アジアよりもむしろヨーロッパへと向いたロシアと西側諸国との協調関係を構築していけばよい．こうして，ロシアを「西洋化」し，「無害化」する政策を推し進めるべきである，とブレジンスキーは結論づけた[43]．

　では，アメリカは，ユーラシア大陸の東側で，どのような手を打つべきな

のか──．ブレジンスキーは，以下の通り，論じている．中国の目覚ましい経済成長により，東アジア地域の勢力均衡（BOP）が崩れるであろうことから，東アジアは「潜在的な紛争の火山」である．アメリカにとって，ユーラシア大陸の西側の抑えはNATOであるのに対して，東側の抑えは日米同盟である．しかし，日米同盟は，NATOとはかなり性格が異なる．日本は経済大国ではあるが，資源の海外依存度が高く，国際情勢の不安定化に対してきわめて脆弱であり，自国の安全保障をアメリカに依存している．ブレジンスキーは，日本をアメリカの「保護国」と呼んでいる[44]．

　また，日本は，ヨーロッパにおけるドイツとは異なり，アジアの周辺諸国から潜在的な脅威とみなされており，ドイツにとってのフランスのような，パートナーに成り得る地域大国を持っていない．さらに，アジア諸国は，ヨーロッパ地域に匹敵するような文化的な基盤を共有していない．とりわけ島国の日本は，独特の文化を有している．日本は，地理的にはアジアにありながら，孤立している．したがって，ヨーロッパにおけるドイツのように，アジア諸国の協調的な関係を形成するリーダーには成り得ない[45]（こうした点は，サミュエル・ハンティントンも『文明の衝突と世界秩序の再編（*The Clash of Civilizations and the Remaking of World Order*)』で強調していた[46]）．

　こうしたことから，東アジア地域は，アメリカが日米同盟を通じて関与しなければ，国際秩序を安定化させることができない構造にある．その一方で，中国がその著しい経済成長とともに，東アジア地域における地域大国として台頭しつつある．中国には，アメリカのグローバル覇権に挑戦するほどの力はないが，東アジア地域を安定化させる存在には成り得る．こうして，ブレジンスキーは，東アジア地域の国際秩序の錨として，日本ではなく，中国を選ぶのである．日本は「保護国」にすぎず，アメリカの世界支配の駒として使えばよい[47]．以上を踏まえた上で，アメリカは，グローバル覇権国としての地位を維持しつつ，以下のような東アジア戦略をとるべきであるという．

　まず，中国に対しては，日米同盟を通じて，その領土的野心を抑制しつつ，東アジア地域を安定化させる錨の役割を果たす地域大国とする．日本に対し

ては，アジアよりも国際社会全体へと目を向けさせ，アメリカの世界支配に貢献させる．そのためには，日本がアメリカの特別なパートナーであることに満足できるようにすることが重要である．その目的のために，アメリカは日米の互恵的な自由貿易協定（FTA）を検討すべきである，とブレジンスキーは政策提言していた[48]．12カ国でのTPP交渉が始まる10年以上前のことである．

こうして，アメリカは，東アジア地域においては，巧みな外交によって，米日中のバランスを保つ役割を担うべきなのである．たとえば，もしアメリカが，日米の軍事協力をいたずらに拡大すれば，中国との協調に失敗するであろう．逆に，アメリカが日米同盟を破棄したり，弱めたりすれば，日本が軍事力を強化し，東アジア地域の国際秩序を不安定化させるであろう[49]．

ブレジンスキーは，1997年の時点で，20年近く先を見越した長期の大戦略として，以上のようなヴィジョンを描いていた．

おわりに——日本外交へのインプリケーション

こうして，21世紀のはじめまでに，国際秩序は，大国間政治が復活し，地政学的な側面が強まってきた．ヨーロッパの大国やアジアの中国などは，地政学的な発想で，対外政策を立案し，遂行する．伝統的に理想主義や理念外交に陥りがちなアメリカ外交も，地政学的な伝統を持っている．問題は，日本外交である．日本外交はこれからはたして，地政学的な発想と無縁でいられるのか——．

たしかに，アジア地域の中国の脅威は，日本の外交にとって，最も深刻なものだが，遠く離れたヨーロッパ地域のウクライナ情勢も，中東地域のイスラーム国の脅威も，まったく無関係ではない．混迷化するウクライナ情勢をめぐって，日露関係は一時，冷却化を余儀なくされている．また，イスラーム国は，2015年1,2月に，人質にしていた日本人2名を斬首し，その映像を

インターネットで配信してみせた.

こうした現実に対して，安倍政権は，世論や海外からの視点とは異なり，ナショナリズムではなく，現実主義で対応している.

特に本章で明らかにしてきた地政学的な現実に立脚した外交を展開する必要があると思われる. またそれは，総合的かつ包括的な枠組みを持った外交でなければならない. その意味で，「地球儀を俯瞰する外交（bird-view globe diplomacy)」と「積極的平和主義（proactive contribution to peace)」は，適切な外交ドクトリンであると思われる. 問題は，それぞれの地域と二国間関係で，いかに具体化するか，である.

忘れていけないことは，自由と民主主義，そして法の支配など，普遍的な価値観を尊重する外交を粘り強く展開していくことである. テロリズムなど新しい脅威には，機動性と即応性をもった外交が必要とされよう. 加えて，日本の外交がこれまで苦手としてきた広報外交（public diplomacy）を積極的に活用し，国際世論を味方につける必要がある. この分野は，日本外交がずっと苦手としてきた.

民主党政権からの政権交代後の第二次安倍政権，また2014年12月の総選挙後の第三次安倍政権の下での日本外交は，今述べた通り，「地球儀を俯瞰する外交」と「積極的平和主義」を標榜してきた. 第二次および第三次安倍晋三政権は，特に東南アジア諸国を重視し，この地域での中国の脅威を牽制してきた. こうした外交姿勢は，「安倍ドクトリン」と呼ばれることがある.

また同時に，安倍首相は2015年夏までに，50カ国以上をすでに訪問してきた. その範囲は，東アジアと東南アジアを大きく超えて，南アジアや中東地域，ヨーロッパやアフリカ大陸，中南米地域へと広がっている. 歴代の政権には見られなかった積極的な外交の動きである. たとえば，安倍首相は，ロシアのウラジーミル・プーチン大統領との間で，緊密な関係を構築してきた. ロシアでのソチ・オリンピックの開会式に，欧米諸国の首脳が参加を見送ったにもかかわらず，安倍首相は参加した. ロシアのプーチン大統領は，就任以来，アジア重視の"東を向いた"外交を展開してきた. 北方領土問題

の解決も期待されたのである．ただし，その後，ヨーロッパ地域でウクライナ情勢が緊迫し，混迷化するに及んで，日露関係も冷え込んでしまった．日本政府も，ロシアに対する経済制裁に協力しなければならなくなったからである．しかし，このまま，日露関係の対立が継続すると考えるのは，早計かもしれない．

また，安倍政権が2014年7月1日に，集団的自衛権の行使容認のための憲法解釈の変更を閣議決定したことに対しては，その意思決定プロセスを問題視する声が，たしかに国内にはある．中国や韓国，北朝鮮など，国外でも批判がある．ただし，同盟国のアメリカやオーストラリアなどの友好国は，「歓迎する」意思を明らかにしている．21世紀の日本が担う軍事と安全保障の役割はより広く，より重いものとなりつつある．

2013年12月に，安倍首相は靖国参拝をし，日中関係と日韓関係が大きく後退した．同盟国のアメリカでも，こうした安倍首相の動きを「危険なナショナリズムの発露」と見る声もあった．しかし，たとえば，中国と韓国が歴史認識問題で日本を厳しく批判してきても，安倍政権の反応は，きわめて冷静で落ち着いたものであった．危険なナショナリストのそれではない．むしろ，現実主義である．

2015年は，戦後70周年であり，終戦記念日の前日に，「安倍談話」が発表された．歴史認識問題に直接かかわる「安倍談話」が，ナショナリストの観点からまとめられることはあり得ない．冷静かつ客観的な新しい談話が求められた．

第二次安倍政権は，政権発足からまもなく，日本版の国家安全保障会議（NSC）を立ち上げ，戦略的な政策決定の組織を作った．そのトップには，安倍首相が厚い信頼を置く，元外交官の谷内正太郎が就任した．谷内は，第一次安倍政権で，「自由と繁栄の弧」構想を描いた人物である．この構想を発表した当時の外相，麻生太郎は現在，第三次安倍政権の副総理兼財務相である．

また安倍首相は，日米に加えて，オーストラリアとインドを加えた「民主主義のダイヤモンド」の構想について，演説で触れたことがある．こうした

第一次安倍政権の国家安全保障戦略の骨子は，第二次および第三次安倍政権
にそのまま，引き継がれている．

　大きく変化しているのは，国際秩序の方である．特に地政学的な変化を踏
まえた上で，「国家安全保障戦略」を描く必要がある．このことは，アメリカ
のポスト・オバマ政権だけではなく，日本のポスト安倍政権にとっても，必
要不可欠なことである．地政学の時代にまったくさかのぼるわけではないが，
地政学的な変化は増えることはあっても，減ることはない，と考えられるか
らである．

1)　島村直幸「21 世紀の日米同盟と中国の台頭」馬田啓一，大川昌利編著『現代日
　　本経済の論点―岐路に立つニッポン』文眞堂，2016 年，204-206 頁.

2)　ヘロドトス（松平千秋訳）『歴史　改版（上中下）』岩波文庫，2007 年.

3)　Aaron L. Friedberg, *A Contest for Supremacy: China, America, and the Struggle
　　for Mastery in Asia*, W.W. Norton & Company, 2011, pp.39-40.

4)　Zbigniew Brzezinski, *The Grand Chessboard: American Primacy and Its
　　Geostrategic Imperatives*, Basic Books, 1998 [1997], p.37.

5)　クラウゼヴィッツ（篠田英雄訳）『戦争論（上中下）』岩波文庫，1968 年.

6)　Sir Halford John Mackinder, *Democratic Ideals and Reality*, Book on Demand
　　Ltd., 2015 [1942], chs.4, 6. Brzezinski, *The Grand Chessboard*, p.38に引用された.

7)　Captain A. T. Mahan, *The Influence of Sea Power upon History 1660-1783*,
　　Dover Publication, Inc., 1987 [1890], ch.2. Nicholas J. Spykman, *America's
　　Strategy in World Politics: The United States the Balance of Power*, Transaction
　　Publisher, 2008[1942]も参照.

8)　Brzezinski, *The Grand Chessboard*, pp.xiii, 30, 197-198, 213, 215.

9)　ロレッタ・ナポリオーニ（村井章子訳）『イスラム国―テロリストが国家をつ
　　くる時』文藝春秋，2015 年；アブドルバーリ・アトワーン（春日雄宇訳，中田考
　　監訳）『イスラーム国』集英社，2015 年を参照.

10)　島村直幸「2014 年アメリカ中間選挙 update 3：中間選挙とアメリカ外交―中
　　間選挙直前の国際環境とアメリカの対応」.
　　http://www.tkfd.or.jp/research/america/a00284

11)　2014 年アメリカ中間選挙 update 4：中間選挙とアメリカ外交―混合型脅威に
　　直面するレイムダックのオバマ外交」. http://www.tkfd.or.jp/research/america/
　　a00293

12)　Gideon Rachman, "Revisionist Powers are Driving the World Crises," *Financial*

Times, June 30, 2014. Robert D. Kaplan, *The Revenge of Geography: What the Map Tells Us about Coming Conflicts and the Battle against Fate*, Random House Trade Paperbacks, 2013 [2012] も参照.

13)　Walter Russell Mead, "The Return of Geopolitics: The Revenge of the Revisionist Powers," *Foreign Affairs*, Vol.93, No.3, May/ June, 2014, esp. pp.69-71, 77. ミードとアイケンベリーの論争の詳細については，中野剛志『富国と強兵―地政経済学序説』東洋経済，2016年，13-19頁. Walter Russeill Mead, *Power, Terror, Peace, and War: America's Grand Strategy in a World at Risk*, Alfred A. Knopf, 2004 も参照.

14)　ジョセフ・ナイは，目に見える「ハード・パワー（軍事力や経済力）と目に見えない「ソフト・パワー（他国を魅了する力，他国を説得する力，議題設定能力，文化的な魅力」を巧みに使い分ける「スマート・パワー」の概念を提示している. Joseph S. Nye, Jr., *The Future of Power*, Public Affairs, 2011.

15)　G. John Ikenberry, "The Illusion of Geopolitics: The Enduring Power of the Liberal Order," *Foreign Affairs*, Vol.93, No.3, May/ June, 2014, esp. p.80. Joseph S Nye, Jr., "Will the Liberal Order Survive?" *Foreign Affairs*, Vol.96, No.1, January/ February, 2017, pp.10-16 も参照.

16)　Ikenberry, "The Illusion of Geopolitics," pp.82, 87-89.

17)　Gideon Rachman, *Zero-Sum World: Politics, Power and Prosperity after the Clash*, Atlantic Books, 2010.

18)　渡部恒雄「アメリカ大統領選挙 update1: イラン核合意は外交のオバマケア？」http://www.tkfd.or.jp/research/america/a00326

19)　Geoff Dyer, *The Contest of the Century: The New Era of Competition with China-and How America Can Win*, Penguin Books, 2014, pp.6-8.

20)　Robert Kagan, "End of Dream, Return of History," Melvyn P. Leffler and Jeffrey W. Legro eds., *To Lead the World: American Strategy after the Bush Doctrine*, Oxford University Press, 2008, pp.36-37.

21)　Robert Kagan, *The Return of History and the End of Dreams*, Vintage Books, 2008, p.4.

22)　Hubert Vedrine（translated by Philip H. Gordon）, *History Strikes Back: How States, Nations, and Conflicts Are Shaping the 21st Century*, Brookings Institution Press, 2008, p.56.

23)　Francis Fukuyama, *The End of History and the Last Man*, Penguin Books, 1992, p.211. 「冷戦後」の終わりについては，納家政嗣「『ポスト冷戦』の終わり」，『アステイオン』2009年，70号，23-25頁；山本吉宣「国際システムはまた均衡に向かうか」『アステイオン』2009年，70号，27-45頁を参照.

24)　たとえば，Fareed Zakaria, *The Post-American World*, W.W. Norton & Company, 2009, pp.1-48；マーク・レナード（山本元訳）『アンチ・ネオコンの論理』春秋

社，2006 年，第 10 章を参照.

25) Stephen M. Walt, *Taming American Power: The Global Response to U.S. Primacy*, W.W. Norton & Company, 2005, p.12.

26) Andrew Hurrell, *On Global Order: Power, Values, and the Constitution of International Society*, Oxford University Press, 2007; Stephen G. Brooks and William C. Wohlforth, *World Out of Balance: International Relations and the Challenge of American Primacy*, Princeton University Press, 2008；篠田英朗『国際社会の秩序』東京大学出版会，2007 年；田中明彦『ポスト・クライシスの世界─新多極時代を動かすパワー原理』日本経済新聞社，2009 年.

　　また，国際秩序と国内秩序との相互連関については，石田淳「序論　国際秩序と国内秩序の共振」『国際政治』147 号，2007 年，1-10 頁；大津留（北川）智恵子「秩序変動の双方向性」同上，62-77 頁；藤原帰一「序章　比較政治と国際政治の間」『国際政治』128 号，2001 年，1-11 頁；河野勝「『逆第 2 イメージ論』から『第 2 イメージ論』への再逆転？」同上，12-29 頁などを参照.

27) Robert Cooper, *Breaking the Nations: Order and Chaos in the Twenty-First Century*, Grove Press, 2003; 田中明彦『新しい中世─21 世紀の世界システム』日本経済新聞社，1996 年を参照.

28) ジャック・アタリは，世界金融危機に対して，以下の世界統治システムの再構築を問題提起している．すなわち，「1，G8 を G20（または G24）に拡大する．2，G20（G24）と国連安全保障理事会を合併し，経済的権力と政治的正当性の機能をまとめ上げて『世界ガバナンス理事会』を設立する．3，国際通貨基金（IMF）と世界銀行，その他の国際金融機関を，この『世界ガバナンス理事会』の権限のもとに置く．4，IMF や世界銀行など国際金融機関における理事会のメンバーや投票権の構造を改革する．この改革にあたっては国連安全保障理事会の改革を参照する．5，これらの機関に，適切な規模の財源を付与する」．ジャック・アタリ（林昌広訳）『金融危機後の世界』作品社，2009 年，250 頁.

29) 島村直幸「2014 年アメリカ中間選挙 update1：中間選挙とアメリカ外交─オバマ外交とは何だったのか？」http://www.tkfd.or.jp/research/america/a00261

30) 渡邉昭夫「〈二十一世紀初頭の危険な雲〉東アジアを覆う核緊張と日本の選択肢」『中央公論』11 月号，162-168 頁.

31) 梅本哲也「大量破壊兵器，RMA，国際秩序」藤原帰一・李鐘元・古城佳子・石田淳編『国際政治講座④国際秩序の変動』東京大学出版会，2004 年，139-140 頁を参照.

32) NHK の 2016 年 5 月 29 日の特集番組でのウィリアム・ペリー元国務長官へのインタビューから.

33) David M. Smick, *The World is Curved: Hidden Dangers to the Global Economy*, Portfolio, 2008; 浜矩子『グローバル恐慌─金融暴走時代の果てに』岩波新書，2009 年；岩田規久男『世界同時不況』ちくま新書，2009 年.

34) John R. Talbott, *Obamanomics: How Bottom-up Economic Prosperity Will Replace Trickle-down Economics*, Seven Story Books, 2008, ch. 6；山家公雄『オバマのグリーン・ニューディール』日本経済新聞社，2009年；寺島実郎・飯田哲也・NHK取材班『グリーン・ニューディール―環境投資は世界経済を救えるか』NHK出版生活人新書，2009年を参照.

35) 菅野稔人・諸富徹「環境・国家・資本主義―グリーン・ニューディールの行方」『現代思想』2009年3月号，140-159頁.

36) Stephen Van Evera, "A Farewell to Geopolitics," Leffler and Legro eds., *To Lead the World*, pp.14-16.

37) Brzezinski, *The Grand Chessboard*, pp.xiii, 197-198. ブレジンスキーの議論の詳細については，中野剛志『世界を戦争に導くグローバリズム』集英社新書，2014年，202-215頁. Zbigniew Brzezinski, *Strategic Vision: America and the Crisis of Global Power*, Basic Books, 2012 も参照.

38) Brzezinski, *The Grand Chessboard*, pp.30, 213, 215.

39) Brzezinski, *The Grand Chessboard*, p.215.

40) Brzezinski, *The Grand Chessboard*, pp.34-35.

41) フランスの人類学者エマニュエル・トッドは，その予言的な言説で広く知られるが，『帝国以後』で，ブレジンスキーについて論じ，彼の慧眼を高く評価しつつも，「その戦略的主張はたしかに苦笑を誘うようなところがあり，特に彼がウクライナとウズベキスタンをアメリカが関心を向けるべき対象として指示するのには，苦笑を禁じ得ない」と指摘している. エマニュエル・トッド（石崎晴己訳）『帝国以後―アメリカ・システムの崩壊』藤原書店，29頁. ところが，正しかったのは，トッドではなく，ブレジンスキーであった.

42) Brzezinski, *The Grand Chessboard*, pp.92, 104

43) Brzezinski, *The Grand Chessboard*, ch. 4.

44) Brzezinski, *The Grand Chessboard*, p.152.

45) Brzezinski, *The Grand Chessboard*, pp.174-178.

46) Samuel P. Huntington, *The Clash of Civilizations and the Remaking of World Order*, Simon & Schuster, 1996, pp.134-135, 137.

47) Brzezinski, *The Grand Chessboard*, p.207.

48) Brzezinski, *The Grand Chessboard*, pp.152, 207-208.

49) Brzezinski, *The Grand Chessboard*, pp.185-193.

第 4 章

21 世紀へ向けての「国連」多国間主義
──事務総長の言説から──

内 田 孟 男

は じ め に

多国間主義が，国際関係を専門とする学界や実務家の間で広く語られるようになった背景には，冷戦が終結し，グローバル化が加速し，地球規模の問題群が深刻化したことに対する懸念と，その問題解決への政策理念として，浮上したといえる．ジョン・ラギー（John Ruggie）は 1993 年の，*Multilateralism Matters* において，多国間主義を定義して，「3 カ国またはそれ以上の国家の関係を，ある特定の原則に基づいて調整する」ことであるとする[1]．この原則は，一般化された組織化原則であり，多国間主義のメンバー間に不可分性と拡散された相互関係という，必然的な結果をもたらすとする[2]．

21 世紀に入って，国家中心の多国間主義から，非国家アクターの役割を重視した，より包括的な多国間主義は，確かに着実に展開を見せている．同時に問題は，現在の国家システムにおいて，いわゆる崩壊国家ないし脆弱国家と呼ばれる，統治能力を著しく欠いた国家が存在することである．このような国家は，国際的テロリズムの温床となり，「イスラム国家」（IS）のように，新たな国家像を主張する宗教政治結社すら出現している．したがって，多国間主義にとっての深刻な課題は，単に国家権力の一部を他の社会勢力へ移譲

80

するだけではなく，国家の統治能力そのものを，より強固にする必要もある
という事実である．21世紀の多国間主義は，より複雑で，不透明になってき
ているといえる．

　イニス・クロード（Inis L. Claude, Jr.）は，国際連合（国連）を第1の国連
と第2の国連とに区別し，前者は事務局，後者は政府の協議体である総会，
安全保障理事会（安保理）であるとした．事務局は「人類の代理人であり，共
通の利益の守護者，そして正義と礼儀正しさのイメージ」を代表するとする．
それに対して第2の国連は基本的に加盟国の利益の追求が主要課題となると
する[3]．本章では，冷戦終焉後の期間に焦点を絞り，第1の国連を体現する，
国連事務総長の多国間主義に関する言説を検証することによって，国連の主
要機関の1つである事務局が，多国間主義をどのように理解し，実施しよう
としてきたかを考察する．

1．多国間主義概念の普遍化と国連憲章の多国間主義

　国際連合大学（国連大学）は1991年から1995年にかけて，トロント大学
のロバート・コックス（Robert W. Cox）をコーディネーターとする「多国間
主義と国連システム」（Multilateralism and the United Nations System-MUNS）
研究プロジェクトを実施した．その研究成果は10冊の編著と報告書に見られ
る[4]．コックスは多国間主義に対しては2つのアプローチがあり，1つは国
家間制度における，現存の国際的そして地域的制度の機能を改善することに
よって，国家間システムに漸増的変化をもたらそうとする方法である．それ
に対して，コックスのアプローチは「構造的・批判的」アプローチであり，
国家間関係を与件とはみなさず，「世界秩序における構造的変革の動態と，多
国間実践の発展動態とを結合させる」ことを意図しているとする[5]．国連シ
ステムの改革に対する主流派のアプローチは，制度的調整にある．それに対
して，MUNSプロジェクトでは，そのような個別の改革は現存する権力をよ

り強固にし，現秩序によって周辺に追いやられたり，除外されている社会勢力への権力の拡散を阻害するとして，より注意深いアプローチを採っている[6]．換言すれば，国家中心主義から，市民社会の役割を重視した多国間主義の主張であり，「新しい多国間主義」の提唱である[7]．

　現在，冷戦終結から4半世紀を，そしてMUNSプロジェクトの終了からも20数年の年月を経て，多国間主義の「構造的・批判的」アプローチは主流化したであろうか？　むしろ安保理の改革を含めて，国連システムの漸増的変革すら頓挫していると言わざるを得ない．冷戦後の新しい世界秩序への期待は，科学技術の進展とグローバル化によって，確かにある程度は，世界秩序の変革をもたらしたが，中国の台頭に伴って，国連は一層大国の利益と秩序を補強する手段となっているのではないか．多国間主義の現状を国連との関係で批判的に検証することは，MUNSプロジェクトが5年の歳月をかけて，研究者の国際的ネットワークを動員しても未完に終わっているといえる．

　国連は，国際の平和と安全を維持し，諸国間の友好関係を発展させ，国際協力を達成し，諸国の行動を調和するための中心となるために，樹立された[8]．国連は「すべての平和愛好国」に開放された，最も普遍的な多国間主義を掲げた国際機構といえよう．同時に，国連は憲章第8条に明記されているように，「地域的取極」を認め，さらに，地域紛争を安保理に付託する前に，地域的取極・機関はその紛争を平和的に解決するようにあらゆる努力をしなければならないと規定している（第52条2項）．このような状況のもとで実際の地域紛争の解決にあたって，普遍主義を掲げる安保理と，地域協力を旨とする地域機関との関係はいかにあるべきなのか．両者が協力関係について合意できる場合には問題はないが，紛争をめぐって管轄権の対立も起こり得るし，実際に起こっている[9]．国連は，普遍的多国間主義と地域的多国間主義の，2つの多国間主義の関係については，協力と対立の歴史を経験している．歴代国連事務総長は，普遍主義が優先するとの立場は堅持してきたといえる．それでは具体的に，冷戦終結直後に事務総長に就任したブトロス・ガリ事務総長，および彼の後継者の多国間主義に関する言説を検証してみよう．

2．ブトロス・ガリ事務総長
——平和，開発，民主主義

　ブトロス・ブトロス・ガリ（Boutros Boutros-Ghali）事務総長は 1992 年 1
月に就任した．安保理の首脳会議が同月に初めて開催され，冷戦後の国連の
役割に大きな期待が表明されたといえる．この首脳会議は事務総長に，国連
の平和と安全保障分野における役割に関する報告書を作成するよう要請し，
ガリは『平和への課題』と題する報告書を 6 月に公表した．

(1)　『平和への課題』

　報告書は国連の平和活動を，①予防外交，②平和創造，③平和維持，そし
て④平和構築といった，連続した一連の活動を論じた包括的なものであった．
爾来，2000 年 8 月に公表された『国連の平和活動』（ブラヒミ報告），2015 年
6 月に公表された『平和活動に関するハイレベル独立パネル報告書』（ラモス・
ホルタ報告）などに引き継がれ，状況の変化に対応して国連の平和に関する
活動の指針となっている[10]．

　ガリは報告書の中で，国連の「活動の基礎は国家であり，今後もそうでな
ければならない．国家の基本的主権及び保全の尊重は，いかなる共通の国際
的前進にも不可欠である」と指摘すると同時に，「しかし，絶対的かつ排他的
な主権の時代は過ぎ去った」と述べ，国連を中心とした，より高い次元での
国際協調の枠組みの必要を示唆している[11]．1995 年 1 月には，ソマリアとボ
スニアにおける経験をもとに，『平和への課題』への追補を発表し，平和維持
活動の伝統的原則である，紛争当事者間の合意，公平性，武力の不行使を再
確認している[12]．

(2)　「多国間主義」に関する講演と寄稿文

　ガリは多国間主義そのものに関しては多くを語っていない[13]．チャール

ズ・ヒル（Charles Hill）が選別編集した，3巻のガリ事務総長の論考のなかで，唯一，多国間主義について自らの見解を詳細に披歴したのは，彼が事務総長に就任してから2年を経た，東京での外国人記者クラブでの講演であった．彼は国連のミッションを平和，開発，民主主義の3点に焦点をあわせて，その相互関係の緊密性を指摘している．これらの分野において多国間主義が果たす役割について解説している．

　　多国間主義は国際共同体のメンバーによる共同行動である．それは国家のあるグループの経済的ないし軍事的支配を覆い隠すものではない．また，多国間主義は国家がその負担を担うことなく地球的安全保障の恩恵を享受させるべきものでもない．多国間主義は，冷戦後の秩序創設にすべての国家が参加する方法である．それは今日の希望であり，明日の道程である．多国間主義は国連の理想の政策表現である[14]．

ガリは第1の平和に関しては，平和維持活動の変遷，または第2世代の平和維持活動，についてかなり包括的な分析を加え，国家利益と国際的必要との間の分野においては，国連が多国間主義の発想として役に立つことが出来ると述べている[15]．第2の開発について，彼は開発は世界の平和と安全保障と一体であるとし，開発がなければ平和はない，と指摘する．しかし同時に，「開発分野は危機にある」[16]とし，先進国の援助疲れを危惧している．開発は経済的であるとともに，政治的でもあるとし，開発の政治的次元を考慮しない戦略は，破綻すると警告している．第3の分野である民主主義については，「国家の民主化は我々の目標の一部に過ぎない．もう1つの部分は国際システムの民主化である．民主化は国連の中から開始されなくてはならない」[17]とし，国連改革の必要性を強調している．これら全ての問題解決にはブロック行動ではなく，多国間主義を必要としている．換言すれば，民主主義である[18]，と述べる．真に代表性を伴った安保理は多国間主義への重要なステップである．国連における民主主義は，国際システムの民主主義へと導く，と

84

結論している．彼の唱える多国間主義を推進するためには，資源，加盟国の
コミットメント，そして将来へのヴィジョンが必要だと付言して，講演をま
とめている．

　ガリは，1993 年 8 月に「ニューヨーク・タイムズ」への寄稿文の中で，多
国間主義は平和と開発のための，国家の自発的協力という理念であり，長い
間唱えられてはきたが，ほとんど達成することのできなかった理念であると
指摘する．しかし，現在，多国間主義は歴史上かつてなかった程，より効果
的に機能していると述べている．同時に，超国家主義とマイクロ・ナショナ
リズムの狭間にあって，国連は国際生活の重要な基礎として民族国家を保持
しようとし，特定の利益と共通の目的を高めるために「啓蒙された多国間主
義」のもとに，国家をまとめようと努力していると，国連の課題にも言及し
ている．ナショナリズムが，多国間主義が必要とする規律と一致しない場合
には，政府はそのような態度を克服しなければならない，と勧告している．
多国間主義は，責任ある地域的，二国間そして独立した国際活動にとって代
わるものではないし，むしろ，それらを育成するものであると主張して，国
連の普遍的多国間主義と地域的多国間主義との関係についても示唆している．
東京での講演で披歴された，彼の「多国間主義は国際社会の民主主義である」，
との信念を再確認している[19]．この最後のテーマは彼の次の報告書で，さら
に詳細に語られている．

(3) 『民主化への課題』

　ガリ事務総長は彼の任期が終了する直前の 1996 年 12 月に，『民主化への課
題』と題する報告書を公表している．『平和への課題』と『開発への課題』に
続く 3 部作の一部として，ガリは重要な文献として位置づけている．「民主化
とはより開放された，より参加型で，権威主義的ではない社会へ導く過程で
ある」と定義し[20]，民主化が，国内だけではなく，国際的にも平和と開発に
とって不可欠であることを力説している．その過程で，国連の果たす役割に
ついても検証を加え，国際レベルでの民主化に携わる多様なアクターについ

ても分析を行っている．この報告書は，彼の前出の２つの報告書に比して，あまり注目されなかったが，彼の多国間主義を正当に理解する上では，必読の報告書といえる．ガリは，国連は国際関係を民主化するために設立されたが，冷戦によって，非民主主義システム，または２極システムに陥っていたと述べ，冷戦の終結によって，世界には民主化の波が押し寄せ，国連は選挙支援，民主主義の文化の促進を通じて，このプロセスを支援できるようになったと説明する．

　報告書は，国際的な民主化のためには３つの局面での改善が必要であるとする．それらは，①国連をより民主的にする，②新たなアクターとの提携を強化する，そして③国際的民主主義の文化を達成する，である[21]．彼は，続けて「もし民主化が国のガバナンスを正統化し，改善する最も確かな方法であるならば，それは同様に，国際機構をより正統化し，改善する最も確かな方法である」と断言する[22]．国際的レベルでの民主化のために，加盟国は「単独主義」に抗して，連帯と協力の精神のもとに，法の支配を受け入れることが求められていると指摘する．次に，ガリは国際的民主化の新しいアクターを個別に分析し，その役割について検証し，提案している．国連や地域機構の他のアクターには次のものが考察されている．① NGOs，②国会議員，③地方公共団体，④学界，⑤ビジネスと産業界，そして⑥メディアである[23]．報告書は，総会，安保理，経社理，国際司法裁判所の改革の必要性について言及し，結論部分で，国際的民主化を実現するための課題と困難についても触れている．また，新たなアクターについても，先進国と途上国には大きな格差が存在し，その解消を訴えている．この報告書は，多国間主義を間接的に論じているにすぎないが，多国間主義の内容，そして民主化を考察しているので，ガリの多国間主義の概念と政策を明確に物語っているといえる[24]．

3．コフィー・アナン事務総長
——我ら人民，個人の権利

1997 年 1 月，コフィー・アナン（Kofi Annan）が事務総長に就任する．アナンは国連職員としての経験が豊富で，平和維持活動局の事務次長も務めた．多国間主義に関してもアナンは多くの発言をしている．

(1) 「2 つの主権概念」

　アナンの多国間主義理解について，最初に注目されるのは，彼が 1999 年 9 月に公表した「2 つの主権概念」と題する論考である．コソボ，東チモールと続いた大量虐殺，それ以前 1994 年のルワンダにおけるジェノサイドを念頭に，「国家主権」はその根本的な概念において，グローバル化と国際協力によって，再定義されつつあると指摘する．国家は国民のための道具であり，その逆ではないと，広く理解されてきているとし，「個人の主権」とは，国連憲章や国際条約によって掲げられた個々人の基本的自由であるという．国際社会はそのような個々人の主権を保護するために，「人道的介入」を行う必要があるが，そのためには，介入の合意がなければならないと説く．アナンは介入の内容を考察して，次のように述べている．介入は，①武力行使と同一視されてはならず，平和維持，人道支援，復興と再構築といった多岐にわたる活動である，②国家利益の概念そのものも共通の目的と価値を追求することにおいて団結するという，より広義の定義が必要であり，集団利益が国益であるとの理解が必要である，③安保理はジェノサイドといったような事態に対処し，国連は信頼性を勝ち取ること，④紛争解決後の平和構築において，国際社会は一致団結することによって，困難な紛争後の平和への貢献が可能となる．結論として，アナンは「大規模な虐殺から市民を保護するための介入に味方する国際規範を発展させることは，国際社会に重大な挑戦を投げかけ続けることは疑いない」[25]と述べて，彼の提案が議論を呼ぶことを予期し

ている.

　伝統的な主権概念に対比させた「個人の主権」概念と人道的介入の規範と
基準作りへのアピールは2つの点で重要だと考えられる.　第1は,このアナ
ンの呼びかけに応じて,「介入と国家主権に関する国際委員会」が結成され,
その報告書『保護する責任』が2001年に公表され,国連の平和活動に大きな
インパクトを与えたことである[26].　第2に,アナンは個人の主権を表面に出
すことによって,多国間主義の概念そのものにも重大な変容をもたらしたこ
とである.　ちなみに,同年の年次報告書において,アナンはアフリカにおけ
る戦争と自然災害の犠牲者の必要に対して,国際社会の貧弱な対応には特に
憂慮していると述べ,さらに「必要が緊急であるときに,我々が,多国間主
義と人道的倫理の最も基本的な原則に忠実でないならば,良くても無定見,
悪ければ偽善であると非難されるであろう」と警告している[27].

(2)　『ミレニアム報告』

　アナン事務総長は2000年のミレニアム総会に提出した報告書『我ら人民:
21世紀の国連の役割』のなかで,グローバル化の進展している21世紀にお
ける国連の役割について,80頁におよぶ包括的な指針を提示している.　多国
間主義との関連で注目されるのは,特に彼が「国連の再生」の章で「グロー
バル化された世界を,それを支える多国間主義の原則と実践なしに,想像す
ることは不可能である」と指摘している点であろう[28].　報告書のタイトルに
ある「我ら人民」は国連憲章の前文からの引用であるが,それ以上に,アナ
ンは国家との対比において人民又は人々に焦点を当てる政策が必要である点
を強調している.　例えば,「我々が考え,行動する方法における転換は,この
こと以上に決定的なことはない.すなわち,我々が行う全てにおいて,人々
を中心に据える,ということである」[29]と強調する.　さらに,報告書はグロ
ーバル化に伴って,経済的アクターとの連係が重要であることを指摘してい
る[30].　事実,アナンは前年の1999年1月にダボスで開催された世界経済フ
ォーラムにおいて,ビジネスの指導者たちに,人権,労働基準,そして環境

88

分野における核心的価値を包摂し，支持し，行動に移すことを促す講演を行っている[31]．この事務総長の呼びかけは，2000 年のグローバル・コンパクトの打ち上げにつながっている．「人々を中心に」というアピールは，市民社会や組織された NGO と国連との連携強化へと導く．2004 年にはブラジルの元大統領フェルナンド・カルドーソ（Fernando H. Cardoso）を委員長とする諮問委員会の報告書『我ら人民：市民社会，国連，グローバル・ガバナンス』が公表されている[32]．

(3) 「地球的支持基盤」（2006 年）

国連を国家中心の国際機構から，より広い非国家アクターとの提携を目指したアナンの努力の軌跡は，彼の最後の年次報告となった，2006 年の報告書に結実している．彼は，「地球的支持基盤」と題する独立した章を設けて，「市民社会との連携を強化する」ことと，「ビジネス共同体を巻き込む」ことの重要性を再検討している．彼は，「1990 年初頭から，特に私が事務総長であった期間に，国連と市民社会との関係は大幅に深化し，拡大した」と述べ，さらに，国連は政府間機関であるが，市民社会や他の非国家アクターを，より一層取り込む過程は，国際制度と政府間討論を深め，過去 10 年間に国連がおこなった近代化と制度改革の過程の一部であった，と指摘している[33]．アナンは市民社会との関係を密にすることによって，政府間決定過程の正統性，説明責任，そして透明性を，明らかに高めることが出来たと説明している[34]．続いて，彼は次のように結論付けている．すなわち，「ガバナンスは，曾て，政府に限定されていたが，今日では市民社会を含む多様な非国家アクターも，色々なガバナンスの一部である」[35]．

ビジネスとの関係については，正に，国連 60 年の歴史において初めて，ビジネスと，そのほかの社会的アクターを，我々の目標を追求するための，かけがえのないパートナーとしている，と指摘し，国連の活動に対して 2 つの点で重要な意味があるという．第 1 点は，ミレニアム開発目標（MDGs）の達成にビジネスの役割が不可欠であること，そして，第 2 点として，国連はビ

ジネスから，より改善された経営実践を学ぶことが出来ることである．ビジ
ネスと国連との橋渡しは，2000 年 7 月にアナンが打ち上げた，グローバル・
コンパクトであるとし，2006 年の時点で，100 カ国以上から 3,000 を超える
参加団体があることを報告している[36]．

4．潘基文事務総長──「新しい多国間主義」

　潘基文事務総長は，2007 年 1 月に就任し，その初期の 3 年間の年次報告に
おいては，アナン事務総長の「地球的支持基盤」の考えを継承し，国連の役
割について深い洞察は示さなかった[37]．しかし，2009 年の年次報告書におい
ては「新しい多国間主義」を掲げて，より独自の考えと，政策の枠組みを披
歴している．彼によると，新しい，または 21 世紀の多国間主義は，前の世紀
の多国間主義の土台の上に構築されなくてはならないが，それを拡大し，深
化するためには 5 つの主要な要因が必要だと述べている．
　その要素は以下の 5 点である[38]．

① 地球公共財の供給に優先順序をつけて，気候変動，経済的安定，食
糧の充足，すべての人々の繁栄，健康，軍縮と核不拡散，そしてテ
ロとの戦いに対処する

② 我われが直面する紛争，人道的災害，人権といった様々な挑戦の間
の複雑な相互連結性を認識し，統合的なアプローチを採ること

③ 最も弱く貧しい人々の安全，発展，そして人権の確保を最優先し，
ミレニアム開発目標の実現を期する

④ より広範な支持基盤たる民間部門，市民社会，学界を動員する

⑤ 21 世紀の挑戦に対処するために，現存する地球規模の多国間アーキ
テクチャーを適応させ，強化する

　さらに，潘は続けて，「国連は新しい多国間主義の中心になることが出来る
し，そうならなくてはならない」と指摘し，そのためには国連は，世界が直

90

面する問題をいかに解決するかに関する，競合する利益と見解を調和するためのプラットフォームを提供しなくてはならない，と主張している[39]．

潘事務総長は 2009 年に，同様な見解を米国，オーストリア，韓国における講演で詳細に述べている．2009 年 4 月 17 日，プリンストン大学での「新しい多国間主義の至上命令」と題する講演で，彼は世界の問題に対処するには，新しいヴィジョン，新しい多国間主義が必要であるとし，それには，地球公共財を提供する，力と原則の双方を活用する，世界の挑戦の相互連結性を認識する，権威と資源を有する制度を強化するといった，多様な条件が必要である，と指摘している[40]．翌 5 月に彼はジョンズ・ホップキンス大学においても，「新しい多国間主義」の必要性を強調し，地球的なリーダーシップと多国間主義とが，世界の問題解決の必要条件であることを述べている[41]．

同年 8 月には韓国済州島の平和フォーラムにおいて，潘は「東アジアにおける新しい多国間主義」と題する基調講演を行っている．彼は東アジアの国々は，イデオロギーの違い，歴史遺産の負担，領土や政治的紛争にもかかわらず，共通の歴史，価値，そして伝統に裏付けられた，特別なアジアの家族・共同体に属することを認識していると述べている．その上で，彼は東アジアにおける新しい多国間主義の支柱として，安全保障，経済，環境を挙げ，それぞれの分野での課題と協力体制の構築の必要性について持論を展開している．そのための国連事務総長としての役割についても言及している[42]．続いて彼は，同じ 8 月には，オーストリアで開催されたフォーラムにおいては，新たな多国間主義の根底には，信頼，協力，相互依存の精神がなければならないと述べ，個人間の，国家間の，そして国連という世界の最も多国間主義の制度に対する信頼がなければならないと訴えている[43]．

2009 年の年次報告書で披歴され，世界各地での講演で繰り返し主張された多国間主義は，その後の年次報告書では言及されていない．しかし，2015 年9 月の総会における演説では，「国連は粉々に崩壊した世界で誕生した．多国間主義は緊急に必要とされている．しかし，この新しい国連はその任務に対応できるかどうか，確信をもって言える人はいない」と述べ，国連の能力に

ついて懐疑的な見解も披歴している[44].

5. 事務総長の多国間主義の比較

　これまで，ガリ，アナン，潘事務総長の多国間主義に関する発言を検証してきた．彼らの言説には共通点とともに，かなりの差異を見ることが出来る．当然のことながら，歴代事務総長の発言は，時の国際情勢によって，基本的には規定されるであろう．同時に，事務総長の個人的経験と気質によっても大きく左右されている．本章で考察してきた，3名の事務総長は冷戦終結後に就任し，活動を展開した．

　それでは，冷戦後の世界情勢はどのように特定できるであろうか．まず，1990年代に入っての世界の状況は，グローバル化と地球規模の問題群の精鋭化によって特徴づけられよう．ガリ事務総長が指摘しているように，冷戦中は2極化によって，国連の掲げる普遍的な多国間主義は機能不全に陥っていた．グローバル化は単なる政治的現象ではなく，社会経済的そして文化的な現象であり，その進展は科学技術の驚異的進歩によって支えられてきたことには，異論はないであろう．政治・イデオロギーの対立の後退は，市民社会とビジネスに，より広い公共空間を与え，情報技術の普及によって，これらの活動は連携を強化し，組織化を促したといえる．また，紛争，温暖化，土壌の汚染，生物多様性への脅威，伝染病の蔓延，自然災害の頻発などの地球環境の悪化は，国家レベルでの対応のみで処理できず，グローバルな対策がますます求められるようになった．このような情勢を反映して，「グローバル・ガバナンス委員会」の報告書『地球リーダーシップ——新しい世界秩序をめざして』が1995年に公表されると，大きな注目を浴びるに至った[45].

　このような時代背景を考慮しながら，3名の事務総長の多国間主義を，互いに関連する次の3点に焦点を絞って検証してみよう．

(1) ポスト・ウエストファリア体制への傾斜

多国間主義は基本的に 3 カ国以上の国家関係である．国連の多国間主義は加盟国全体を包括する普遍的な多国間主義で，地域的多国間主義は認めるものの，国連の多国間主義を上位に位置づけている点は既に論じてきた．安全保障に関しては，集団的安全保障を掲げているが，現実問題として，個別的・集団的自衛権を認めていることと対をなしている．ブトロス・ガリ事務総長の多国間主義理解は，1993 年の東京講演に見られるように，極めて国家中心主義色彩が強い．しかし，1996 年の『民主化への課題』では，多様な非国家アクターの台頭とその役割をかなり重視するように変化している．

この流れをさらに推し進めたのが，アナン事務総長であったといえる．すでに見てきたように，彼は1999 年の「個人の主権」概念にあるように，国家に対して，市民社会やビジネスといった，共同体を対比させるのみならず，人間個々人の権利を正面に押し出している．潘事務総長は彼の任期の初めには，アナン事務総長の「地球的支持基盤」を継承し，2009 年には「新しい多国間主義」を標榜し，その構成要因の 1 つとして民間部門，市民社会，そして学界を動員することを挙げている．しかし，潘事務総長はその後，多国間主義に関しては多くを発言していない．ウエストファリア体制から，最も超越したグローバル・ガバナンスを主導したのはアナン事務総長であったといえる．

(2) 非国家アクターとの関係

1996 年に経社理は，NGO との協議的地位を大幅に緩和し，国際的な NGO のみならず，国レベルで活動する NGO との関係を強化する方針を打ち出した．その結果，経社理と協議的地位を獲得した NGO は，1995 年の 886 から，1996 年には1,041 となり，2000 年には2,050 と倍増している[46]．したがって，国連は市民社会の組織されたアクターである NGO との関係をより重視するという客観的な条件があったといえる．しかしながら，考察の対象である 3 名の事務総長と市民社会との関係をみると，アナン事務総長の積極的政策と

努力は傑出している．彼は市民社会だけではなく，ビジネスにも人権，労働基準，環境，腐敗防止といった原則を順守しながら営利活動をするように働きかけ，グローバル・コンパクトを誕生させたことはすでに見てきた．潘事務総長が2010年に，広報局にアカデミック・インパクトを創設し，高等教育機関との連携強化を目指し始めたことは，国連と学界とを結ぶ絆を強化するという意味で注目に値する．

(3) 事務総長の役割とヴィジョン

　国連事務総長の任務について，最も明確で強烈なヴィジョンを抱いていたのは，ダッグ・ハマーショルド（Dag Hammarskjold）事務総長であったと思われる．国連コンゴ作戦をめぐって，ソ連と対立したハマーショルドは，1961年5月にオックスフォード大学における講演で，国際公務員制度の独立性と，加盟国間に同意がない場合での，事務総長の積極的役割を主張している[47]．ガリ事務総長も事務総長の独立性を強く意識していたことは疑いない．その独立性が米国との軋轢を生み，アメリカが彼の再選を，拒否権を行使してまで阻止した要因といえる[48]．ただ彼の独立性へのこだわりは，ハマーショルドが唱えた事務総長一般，ないし国際公務員制度の独立性というより，ガリ個人の政策と立場に固持した傾向が強いといえる[49]．この関連で指摘すべき点は，ガリは『民主化への課題』の中で，総会，安保理，経社理，国際司法裁判所を検討しているが，事務局そして事務総長の任務については特に言及していない[50]．

　アナン事務総長は国連事務局と事務総長の役割をいかに考えていたのだろうか？　2005年のサミットに提出した『より大きな自由のもとに』と題する報告書のなかで，アナンは事務総長の主要な役割は，憲章第97条の「行政職員の長」と位置付けている．いかに事務局を効率よく運営するかを念頭に，職員の配置，予算，財政，透明性の確保といった改革案を承認することを総会に求めている[51]．2001年，国連とアナン事務総長にノーベル平和賞が授与されたが，アナンは受賞受諾講演のなかで，自らの任務については，国連が

直面する地球規模の問題に関して，より広い視点から披歴している．彼は21世紀においては，国家の枠組みを超えた，個人の尊厳と権利の重要性を強調し，「国家主権は人権の大量違反を隠すために使用されてはならない」と述べている．また，「私の事務総長の任期を通して，紛争予防，開発そして人権分野で，我々が行う全てのことの中心に人権を位置づけることを追求してきた」と語っている[52]．アナンはガリと同様に，国際問題解決に関して，アジェンダ・セッター（課題設定者）としても意欲的であったことは，彼の人間中心主義を追求したことからも明らかである[53]．またある論者は，アナンの戦略家としての資質をクルト・ワルトハイム（Kurt Waldheim）事務総長のマネジャー的注意深さと，ダグ・ハマーショルドの先見性とを兼ね備えた事務総長であったと述べている[54]．

潘事務総長の事務局および事務総長の任務に関しては，2011年6月21日総会において，彼の2期目の再選に際しての演説のなかで，次のように述べているのが注目される．「私は事務総長として，加盟国間の，国連システム内の，そして国連と国際的パートナーの豊かな多様性との間の調和者，橋渡し役として，努めたい」[55]．この「調和者」という用語は，憲章第1条4項の目的を意識したものと考えられる．ただし，憲章にある「諸国の行動を調和する」だけではなく，国際的な非国家アクターとの協働を意識した発言である点は重要で，前出の2009年に彼が唱えだした，「新しい多国間主義」を彷彿とさせる．しかしながら，潘は，事務総長は「行政職の長」という任務を第一義的に考えていることは明白で，それこそが米国をはじめ，安保理常任理事国が事務総長に求めた任務といえる[56]．彼の最新の年次報告書では「機構を強化する」の章で事務局の近代化，職員の移動の加速，情報技術の活用，職員の安全保障の問題といった事務局運営に関して詳細な報告がある．他方，マルティ・ステイクホルダー・イニシアティブとして政府，市民社会，民間部門，慈善団体，学界等との「パートナーシップ」強化についても検証している．具体的には，グローバル・コンパクトとアカデミック・インパクトをパートナーの例として挙げている[57]．

6. 多国間主義からグローバル・ガバナンスへ向けて

(1) グローバル・ガバナンス概念の登場と国連での意義

冷戦終結後の3名の事務総長の多国間主義について検証してきたが、彼らの多国間主義の認識と政策は、最初に掲げた国家中心の「多国間主義」の枠組みから大きく逸脱ないし、それを超えるものであることは明らかであるといえる。3名の事務総長すべてが、それぞれのニュアンスの濃淡はあるものの、非国家アクターとの協働を重視している。このような包括的国際協力のあり方は、多国間主義というより、グローバル・ガバナンスと呼び、その枠組みで考察した方がより適切であり、有効であると考えられる。

ガリ事務総長自身、『民主化の課題』のなかで、「グッド・ガバナンス」という用語を2度使用していて、ガバナンスの概念とは無縁ではない。すでに世界銀行は、1989年の報告書でアフリカの開発のためには「良い統治」が必要であると指摘している[58]。国際関係研究において、ガバナンスを最初にまとまった形で提案したのは、ジェムズ・ローズナウ（James N. Rosenau）であろう。彼は、ガバナンスを定義して次のように説明する。ガバナンスは政府よりも包括的な現象である。政府機構を内包するが、非公式な非政府機構をも包摂する。ガバナンスの概念は世界政治の研究に特に有効である。なぜなら、人類の問題という広い分野には、中核となる権威は明白に欠けているが、同時に、世界的生活において、ある程度の秩序や日常化された取極は、普通に存在するからである[59]。

しかしながら、ガバナンス概念を国連との関係で考察し、広く「グローバル・ガバナンス」概念を普及させたのは、すでに普及した報告書『地球リーダーシップ——新しい世界秩序をめざして』であるといえる。報告書はガバナンスを次のように定義している。

　　ガバナンスとは公的であれ、私的であれ、共通のものごとを管理する

多くの方法の総計である．それは，多様な利益を調整し，協調的行動が
とれるかもしれない，継続的過程である[60]．

アナン事務総長は，積極的にガバナンスの概念を年次報告書その他の文書
で使用している．1998年の年次報告書では次のように述べている．

　　良い統治とは，市民が生活に影響を及ぼす決定に参加し，そのことに
　よって自らの能力を高め，それが正当であるとみなす，政治的，司法的
　そして行政分野で，良く機能し，責任ある制度を創設することである．
　良い統治への支持は国連の開発関連の事業にとって，益々重要な要因と
　なっている[61]．

アナンは2000年の年次報告では「グローバル・ガバナンス」についても考
察し，ある場合には抜本的な制度改革が必要である．しかし，ガバナンスは
強制執行などの正式な制度，規則，機構を常に巻き込む必要はない．ガバナ
ンスは非公式な対話と協力によっても達成できる．それは政府間と同様に，
非国家アクターとの合意も内包することが出来る，と指摘している[62]．また，
アナンは自伝において，政府間機構である国連は，加盟国の特権を嫉妬深く
固持して，自己保全に最も焦点を置く組織へと流され，憲章前文にある「我
ら人民」という概念を忘れて，方向を見失ってきたと述べ，我々は安全，健
康，機会を必要としている個人の男，女，子供に，再度焦点を当てなければ
ならない，と主張している[63]．
　潘事務総長が2009年に「新しい多国間主義」を掲げて，国連の任務を考察
しようとしたことは，既に検証してきた．しかしながら，彼はその後，余り
多国間主義を標榜することは少なくなり，グローバル・ガバナンスという用
語はほとんど使用していない．次節において，その理由について考察したい．

(2) 多国間主義そしてグローバル・ガバナンスの危機？

2010年の国連総会の一般討論のテーマは「グローバル・ガバナンスにおける国連の中心的役割を再確認する」であった．多くの加盟国代表がそのテーマに関して発言をしているが，安保理改革，総会の活性化などに議論は集中し，広い意味でのグローバル・ガバナンスについての考察と内省はあまりなかった[64]．2010年以降，潘事務総長はじめ，国連では多国間主義やグローバル・ガバナンスといった用語をあまり使用していない．その理由の1つとして考えられるのは，これらの用語が頻繁に使用されて，概念が曖昧になった点があげられる．加えて，冷戦終結直後の多国間主義やグローバル・ガバナンス概念と政策が，中東の紛争，東欧における対立，アジアの地政学的変化などによって，挑戦を受けていることにも，原因があると考えられる．例えば，安保理における対立は冷戦中に比較すれば少ないが，シリアの内戦に関しては，殆ど有効な決議と行動を採れていない．

グローバル・ガバナンスを論じた研究者の間においても，その概念の適切性と実際性に関して疑問視する論調も目立つようになった．例えば，グローバル化とグローバル・ガバナンスに関する先駆的業績によって知られる，デイヴィッド・ヘルド（David Held）は「多国籍的と超国家的双方の地球的制度の現在のシステムの問題解決能力は，多くの分野において，我々が直面し，深刻さを増している危機に対して，効力がないか，責任を果たしていない」と述べている[65]．2016年5月に米国の外交評議会（CFR）は「グローバル・ガバナンスの危機——リチャード・ハースと評議会の評議員との対話」と題する会合を主催し，世界中のシンク・タンクの代表とCFRが発表した，核不拡散，テロ，気候変動，伝染病，大量移民，財政不安定，サイバー犯罪に関する報告書をもとに，グローバル・ガバナンスの現状について議論している．その中で，CFRの議長であるリチャード・ハース（Richard N. Haass）は，果たして「国際共同体」と呼べるものが存在するのか，という根本的な疑問を投げかけている．中東にもアジア太平洋地域にも，また欧州にもそのような実態はないと断言し，「規範を設定することにおける政府の役割についての思

想共同体は存在しないし，なにが規範であるべきかに関する共同体は，なおさら存在していない」と分析している[66]．

　国連開発計画（UNDP）の2013年の「21世紀へ向けてグローバル・ガバナンスを変容させる」と題する論文では，①財政，②安全保障　③保健，そして④移民，に関するグローバル・ガバナンスの実際を検証し，次の結論を導き出している．即ち，①グローバル・ガバナンスの不足を補うために，多くの機関が創設されたが，そのなかには時代遅れのものもあり，21世紀に適した機構改革をほとんど行ってきていない，②上記の4分野で，超国家的NGOが形成され，有効な活動を行っている，③新興諸国（BRICS）は，異なる，またはしばしば対立する立場を取り，国内問題に集中し，グローバルな指導力を発揮するのに躊躇している．このような状況において，国連は多国間主義の中心的役割を果たすべく，3点を提案している．①真に地球公共財を含む挑戦に対して，「包括的多国間主義」を採る，②多国間主義は，ガバナンスの異なったレベルでの調整を必要としているので，それに対応する，③国連がグローバルな秩序における競合的で異なる価値の間を仲裁するために，「権威の承認された源」となることである，と指摘している[67]．

　この報告書は，グローバル・ガバナンスにおける多様なアクターが登場しており，それぞれのアクター間の調整をすることが，普遍的な多国間主義を代表する国連の役割であると，結論している．そのためには，国連が他のアクターから認められる権威を有することが必要であるとも強調されている．果たして現在の国連は，そして事務総長に代表される事務局は，そのような任務を遂行するためのリーダーシップを有しているだろうか？　この問いかけに，肯定的に答えることは1990年代よりも，21世紀に入って，より困難になっているのではないだろうか．

おわりに

　事務総長による多国間主義の理解とその政策は，国連の展望と活動にかなりのインパクトを与えてきた．したがって，潘事務総長の2016年末の任期満了に伴い，2016年4月から，総会による事務総長候補者の聴聞会が開催されてきた[68]．憲章の規定では事務総長は安保理が勧告し，総会が任命する．安保理では拒否権があるために，5常任理事国すべてが受け入れることのできる候補者に限定され，しかも安保理から勧告される候補者は1名であったので，総会はその候補者を形式的に任命する事しか出来なかった．今回の実質的な手続き改正によって，総会で聴聞会に参加していない候補者を安保理が勧告することは，ほぼ不可能になり，事務総長選出過程における，総会の地位向上につながると考えられる．国連の民主化と透明性への一歩となることが期待される．ちなみに，次期事務総長は，東欧のローテーションとされ，特に女性候補者に強い関心が集まった．しかしながら，安保理は2016年10月6日，元ポルトガル首相で，2005年から10年間，国連難民高等弁官を務めた，アントニオ・ゲテレス（Antonio Guterres）を選出し，総会に氏の任命を勧告した．それを受けて，総会は同月13日議長の提出した決議案を拍手で承認し，全会一致でゲテレスを任命した．彼は2017年1月1日から5年間の任期で第9代目の事務総長として任務に就くことになる．政治家であり，国連を熟知しているゲテレスへの期待は大きいといえる．特に，急増する難民が世界の緊急の課題となっており，その問題について国連の先頭に立って活動してきたゲテレスへの評価が彼の勧告と任命に繋がったと考えられる．

　問題は，彼が国連事務総長という，世界で最も困難なポストにおいて，地球規模の問題群を解決に向けて，どれだけリーダーシップを発揮できるか，加盟国のみならず，市民社会，ビジネス，メディアに，どれだけの共感を育成し，グローバル・ガバナンスに貢献できるかである．事務総長は，国連の単なるマネジャーではなく，先見性のあるヴィジョンを提起することが求め

100

られている．新しい事務総長が，多国間主義とグローバル・ガバナンスを如
何に先導できるかは，国連全体の未来への試金石となろう．

* 本研究の一部に科学研究費の助成を受けたことに謝意を表します．科研テーマ：
「多国間主義の相克—平和活動における国連と EU」；研究課題 / 番号：2230053；
基礎研究（B）；研究代表者：大芝亮．2010 ～ 2012 年度．

1) John Gerard Ruggie, "Multilateralism: The Anatomy of an Institution," in John Gerard Ruggie, ed., *Multilateralism Matters: The Theory and Praxis of an Institutional Form*, Columbia University Press, 1993, p.8.

2) *Ibid.*, p.11. 多国間主義の概念の検証と類型化については，滝田賢治「多国間主義の再定義とアメリカ外交—協調主義と単独主義の相克」『国際政治』第 133 号（2003 年 8 月）を参照のこと．

3) Inis L. Claude, Jr., "Peace and Security: Prospective Roles for the Two United Nations," *Global Governance*, vol.2, no.2（September-December）1996, p.296.

4) Stephen Gill, ed., *Globalization, Democratization and Multilateralism*, Macmillan & UNU Press, 1997, pp.274-278.

5) Robert W. Cox, ed., *The New Realism: Perspectives on Multilateralism and World Order*, Macmillan & UNU Press, 1997, pp.xvi-xvi.

6) *Ibid.*, p.xviii.

7) コックスは「新しい多国間主義は，古い多国間制度の断片的な改革からではなく，底辺からの市民社会と政治的権威の改組の部分として形成される」と結論つけている．Cox, Reconsiderations, *Ibid.*, p.258.

8) 国連設立の前史である，1941 年 8 月の大西洋憲章，1942 年 1 月の連合国宣言については，八丁由比「大西洋憲章と多国間主義」『国際政治』第 133 号（2003 年 8 月）を参照のこと．国連の設立までの過程を知るには，Stephen C. Schlesinger, *Act of Creation: The Founding of the United Nations*, Westview Press, 2003 が有益である．

9) 例えば，1951 年にグアテマラに成立したジャコボ・アルベンツ・グッズマン（Jacobo Ardenz Guzman）政権は共産主義者であるとして，米国はその打倒を計画する．1954 年 6 月には中央情報局（CIA）支援の下，カステーヨ・アルマス（Castillo Armas）大佐率いる軍隊によって，グッズマン政権は打倒される．その直前に，グアテマラは安保理の緊急会合を要請するが，米国連大使カボット・ロッジ（Cabot Lodge）は第 52 条を引用して，案件は OAS へ付託するのが明白な手続きであると主張した．ハマーショルド事務総長はそれに対して，同条 4 項によって安保理は地域機関の活動によって，いかなることも制限されていないと反論

第 4 章　21 世紀へ向けての「国連」多国間主義　101

している．確かに，4 項は第 34 条，第 35 条によって，安保理の優位性を担保し
ているともいえる．しかしながら米国の OAS の枠組みを活用するという強い主
張は，事務総長と有力加盟国との摩擦を引き起こしたが，グアテマラの紛争は，
アルベンツ政権の崩壊によって事実上終焉し，単なる学問上の対立となったとい
える．Brian Urquhart, *Hammarskjold*, W.W. Norton & Company, 1972, pp.89-94.

10)　Thant Myint-U and Amy Scott, *The UN Secretariat: A Brief History* (*1945-2006*), International Peace Academy, 2007, pp.94-95 を参照のこと．

11)　ブトロス・ガリ『平和への課題』(1992) パラグラフ 17. ガリは *Foreign Affairs*
に寄稿した "Empowering the United Nations" と題する論文でも，同様の趣旨を
次のように述べている．「国家の基本的主権と完全性に対する尊敬は（国際関係
の）中核として不変であるが，数百年に渡る絶対的かつ排他的主権の教義はもは
や有効ではないし，理論的にそう認識されてきたようには実際は絶対的でもなか
った．」*Foreign Affairs*, Vol.71 (5) Winter/1992/93. pp.89-102.

12)　ブトロス・ガリ『平和への課題：追補』(1995)　パラグラフ 33.

13)　ガリは自伝の中では 1993 年を通して，講演や論文において，ソマリアにおけ
る様な紛争に対して「多国間アプローチ」のを必要性について真剣な議論を引き
起こそうと努力したと述べている．唯，ある程度の効果はあったものの，特にア
メリカの外交政策における多国間主義は国益を最優先とする多国間主義に止まっ
ていたと批判している．Boutros Boutros-Ghali, *Unvanquished: A U.S.-U.N. Saga*,
Random House, 1999, pp.112-113.

14)　Boutros Boutros-Ghali, "Remarks to the Foreign Correspondents Club, Tokyo,"
on 20 December 1993 in Charles Hill, selected and edited, *Papers of United
Nations Secretary-General Boutros Boutros-Ghali*, volume 2, Yale University
Press, 2003, p.904.

15)　*Ibid.*, pp.905-907.

16)　*Ibid.*, p.907.

17)　*Ibid.*, p.908.

18)　*Ibid.*, p.909.

19)　Boutros Boutros-Ghali, "Don't Make the U.N.'s Hard Job Harder," *The New York
Times*, August 20, 1993.

20)　UN, Boutros Boutros-Ghali, *An Agenda for Democratization* (A/51/761), 20
December 1996, p.1.

21)　*Ibid.*, p.25.

22)　*Ibid.*, p.26.

23)　*Ibid.*, pp.33-46.

24)　ガリ事務総長は，平和と開発に関する 2 つの報告書は安保理と総会によってそ
れぞれ要請されたものであたが，『民主化の課題』は，彼自身の平和，開発そし
て民主主義の相関関係についての信念に基づいて書かれたものであると述べてい

102

る．年次報告以外に，このような報告書を準備すべきではないとの，事務局スタッフの抵抗もあったことを明らかにしている．Boutros-Ghali, *Unvanquished*, op.cit, pp.318-320.

25) Kofi Annan, "Two concepts of sovereignty," *The Economist*, September 16, 1999.

26) International Commission on Intervention and State Sovereignty, *The Responsibility to Protect*, 2001. See "Foreword".

27) UN, A/54/1, para.9.

28) Kofi Annan, *We the Peoples: The Roles of the United Nations in the 21ˢᵗ Century*, UN, 2000. p.68.

29) *Ibid.*, p.7.

30) *Ibid.*, p.9.

31) Kofi Annan, "Global Compact," 31 January 1999 (in Jean E. Krasno, ed., *The Collected Papers of Kofi Annan: UN Secretary-General 1997-2006*, Vol.1 1997-1999, Lynne Rienner Publishers, 2012, pp.620-623.

32) 詳しくは，拙稿「国連と市民社会―事務総長の役割を中心に」横田洋三・宮野洋一編著『グローバル・ガバナンスと国連の将来』中央大学出版部，2008年を参照のこと．

33) Kofi Annan, R*eport of the Secretary-General on the Work of the Organization 2006*（A/61/1），para.195.

34) *Ibid.*, para.198.

35) *Ibid.*, para.200.

36) *Ibid.*, paras.214-217.

37) 潘事務総長の最初の年次報告書2007年版には「国連はその仕事を適切に遂行できるのは，パートナーと協力してのみであると想い出すのは重要だ．国連は，市民社会，財団，学界，メディア，労働組合，そして民間部門とより緊密な関係を形成する必要がある」と述べている．Ban Ki-moon, *Report of the Secretary-General on the Work of the Organization 2007*, paragraph 9.

38) Ban Ki-moon, *The Report of the Secretary-General on the Work of the Organization 2009*（A/64/1），Chapter I Introduction, paragraphs 5-10.

39) *Ibid.*, para.12.

40) UN, Press Release, Secretary-General SG/SM/12190 of 17 April 2009.

41) UN, New Center, 21 May, 2009 "Today's challenges require global leadership, new multilateralism," http://www.un.org/pps/news/sstory.asp?

42) UN, News Centre, Keynote Address to the Jeju Peace Forum: New Multilateralism in East Asia: "Building on Common Interest, Expanding on Common Ground" 13 August 2009.

43) UN, News Centre, Speech to the European Forum Alpbach Political Symposium: "Trust and Renewed Multilateralism" 30 August 2009.

第 4 章　21 世紀へ向けての「国連」多国間主義　103

44）　Ban Ki-moon, "Remarks at General Assembly High-Level Forum on Culture of Peace," 9 September 2015. 第 1 回国連総会の 70 周年を記念した式典においては，より肯定的に国連総会は多国間主義の 1 つのモデルであると指摘し，総会は「人々の真の議会と成った」と祝辞を述べている. Ban Ki-moon, "Remarks at Commemoration of 70th Anniversary of First UN General Assembly," 11 January 2016. 同じ日に，ブラッセルで開催された持続可能な開発目標の採択式典において，潘事務総長の特別顧問は事務総長のメッセージを代読し，そのなかで，2030 アジェンダの採択は「多国間主義，包括性そして，普遍性の勝利」であると宣言している.

45）　グローバル・ガバナンス委員会『地球リーダーシップ—新しい世界秩序をめざして』 NHK 出版, 1995. 英語版は，The Commission on Global Governance, *Our Global Neighbourhood*, Oxford University Press, 1995.

46）　前出拙稿「国連と市民社会」302 頁.

47）　Dag Hammarskjold, "The International Civil Servant in Law and in Fact," 30May, 1991 included in Andrew W. Cordier and Wilder Foote, eds., *The Public Papers of the Secretary-General of the United Nations, Vol. V. Dag Hammarskjold 960-1961*, pp.471-489.

48）　Boutros Boutros-Ghali, *Unvanquished, op.cit.* Chapter 8 "Defiance, Defeat, and Democratization," pp.254-335.

49）　Brian E. Urquhart, "The Evolution of the Secretary-General," in Simon Chesterman, ed., *Secretary or General: The UN Secretary-General in World Politics*, Cambridge+University Press, 2007, pp.26-27. ウルクハートによると，ガリは安保理との関係もそれ程重視せず，かれの「大使」を安保理に送るなどした. また，国連職員との関係も良好ではなかった.

50）　Boutros Boutros-Ghali, *An Agenda for Democratization*, op.cit., pp.46-54.

51）　Kofi Annan, *In larger freedom: towards development, security, and human rights for all: Report of the Secretary-General*（A59/2005）March 21, 2005, pp.46-47.

52）　Kofi Annan, "Nobel Lecture", Oslo December 10, 2001.（The Nobel Foundation website）

53）　Thant Myint-u and Amy Scott., *op.cit.*, pp.104-105.

54）　Kent J. Kille, *From Manager to Visionary: The Secretary-General of the United Nations*, Palgrave Macmillan, 2006, p.165.

55）　Ban Ki-moon, *Building a better future for all: Selected Papers of the United Nations Secretary-General Ban Ki-moon 2007-2012*, UN.

56）　John Bolton, *Surrender is not an Option: Defending America at the United Nations and Abroa*d, Threshhold Editions, 2008, See Chapter 10 "Electing the New Secretary-General: Ban Ki-moon is coming to town," pp.273-290. And see also "The UN's Invisible Man", *The Wall Street Journal*, July 14, 2009.

57) Ban Ki-moon, *Report of the Secretary-General on the Work of the Organization 2015*（A/70/1), pp.28-30.

58) World Bank, *Sub-Saharan Africa: From Crisis to Sustainable Growth*, 1989, pp.54-62. 良い統治の条件として，効率性，説明責任，法の支配，透明性の確保を挙げている.

59) James N. Rosenau and Ernst-Otto Czempiel, eds., *Governance Without Government: Order and Change in World Politics*, Cambridge University Press, 1992, p.7.

60) グローバル・ガバナンス委員会『前掲書』，28-29 頁.

61) Kofi Annan, *Report of the Secretary-General on the Work of the Organization 1998*（A/51/1) paragraph 114.

62) Kofi Annan, *Report of the Secretary-General on the Work of the Organization 2000*,（A/55/1), paragraph 19.

63) Cf. Kofi Annan with Nader Mousavizadeh, *Interventions: A Life in War and Peace*, Chapter 4 "A Peoples' United Nations: Reforming Global Governance and Restoring the Rule of Law" The Penguin Press, 2012.

64) より詳しくは拙稿「グローバル・ガバナンスにおける国連の役割」『国連研究』第 17 号　2016 年，32-33 頁を参照.

65) David Held and Charles Rogers, eds., *Global Governance at Risk*, Polity, 2013, p.4.

66) Council on Foreign Relations, "Crisis in Global Governance; A Conversation with Richard N. Haass and the Council of Councils," May 17, 2016.

67) Ngaire Woods, Alexander Betts, Jochen Prantl and Devi Sridhar, "Transforming Global Governance for the 21st Century," UNDP Human Development Report Office, Occasional Paper 2013/09, p.15.

68) UN, Resolution adopted by the General Assembly on 11 September 2015（A/RES/69/321). "Revitalization of the Work of the General Assembly".

第5章

核戦略理論の歴史
──展開の系譜と未来への指標──

金 子 　 譲

は じ め に

「核が近代科学技術の産み落とした今日の神とするならば，その合目的的な軍事的意義の正当性をめぐって展開された核戦略論議は，現代の神学論争である」[1]．今から四半世紀ほど前，世界が冷戦の重石から解放された直後，筆者は第二次世界大戦後の世界を二分した米ソの力比べの象徴であった核兵器の役割を上述のように総括した．米国の事例が示すように，技術の進歩が多様な核兵器の開発を促し，様々な戦略が考案されたにも拘わらず，遂にその存在を正当化する論理を人倫に合致した形で見いだすことができなかったからである．

　ところが，この間，米ソの間では緊張緩和（デタント）の雰囲気の下で核軍縮交渉が進展した．また，さらには冷戦の終焉という時代を画する大きな政治の事象に遭遇し，人々の意識の中から核戦争の危険が大幅に減退したために，核戦略が論理的に破綻したことなど誰も気に留めなくなっていた．多くの核兵器がなお存在したものの，米ソ（ロ）の関係はデタントを超え，協調の時代を迎えていた．こうして核戦争の恐怖に戦いた日々が急速に過去のものとなると，「第1の核時代」は静かに終熄したのである．

さて，21世紀を迎えた今日，紆余曲折を経ながらも米ロが核軍縮の成果を積み上げていったのと対照的に，地域大国を標榜する新興国の間で核兵器が拡散する事態が懸念されている．こうして「第2の核時代」の幕が開けたが，これら諸国の保有する核兵器が，嘗て世界を二分した米ソが保持した圧倒的な質・量の核戦力に比肩すべくもないことは明らかである．反面，そうであるならば，小さな核戦力で国家の安全保障を全うするために，国際社会の批判に抗して核保有を正当化する論理と自国の安全を確保する論理を融合させながら，大規模な核戦力を必要としない新たな核戦略のロジックを築き上げてゆくに違いない．

本章では，まず始めに，第1の核時代に中心的役割を果たした冷戦期の米国を事例に，核戦略の誕生から破綻に至る軌跡を辿ることにしよう．そして，次に，第2の核時代を迎えた今日，力の再配置を希求する新たな核兵器保有国がどのような核戦略を展開しようとしているのか，また，これによって21世紀の国際社会が如何なる問題に遭遇しようとしているのか，日本の安全保障の観点を交えて検討してみよう．

1．核戦略理論の誕生と展開

(1)　B. ブロディの警鐘

広島と長崎に相次いで投下された原子爆弾の惨禍を目の当たりにして『絶対兵器』[2]を編んだ B. ブロディは，この新型兵器の登場によって爾後の戦争の様相が一変する可能性を次のように指摘した．

第二次世界大戦で実証されたイタリア人戦略理論家 G. ドーエの唱える戦略爆撃（strategic bombing）の有効性は，今後も継承されるに違いない．何故なら，核兵器は敵の戦争遂行能力を一挙に破壊する力を秘めているからであり，その結果，戦略爆撃に核兵器を用いれば，戦争自体も短期間に終結することになるからである[3]．勿論，これに対して防御側も対抗手段を講じることだ

ろう．ナチス・ドイツのV-1ロケット攻撃に晒されるとともに，後の弾道ミサイルの原型となるV-2ロケットの脅威に直面した第二次世界大戦当時の英国の経験からは，次のように指摘することもできた．「長距離ロケットが防御を難しくもしたが，この精度を欠く単発の兵器体系はとても高価であった．他方，爆撃機に対しては迎撃機や高射砲が非常に有効となりえた．あらゆる型の航空機が速度や高度を伸ばしたことは，概ね攻撃側に有利に作用したが，それでも防御側に優位な実質的成果をもたらした（レーダー偵察・追尾や近接信管など）他の分野の技術進歩によって，少なからず相殺されたのである」[4].

けれども，核時代の戦争では防御が重要な役割を担うことは難しかった．核兵器の破壊力を見れば明らかなように，味方が撃ち落とす敵の運搬手段ではなく撃ち漏らすことになるそれが，戦争の帰趨を決定づけたからである．それ故，予防攻撃（preventive attack）[5]を道義的に排除する米国を例にとれば，安全保障計画にとっての最優先課題は，敵の攻撃を受けた後もこれに反撃するための報復戦力を確保しておくことであった．後の時代の戦略用語に倣えば，この第二撃力（second strike capability）の保持によって敵の攻撃を抑止することが肝要であった．

他方，攻撃面に目を転ずれば，合理的な国家目標の達成に，核兵器を用いた攻撃が介在する余地は存在しなかった．「これまで，軍事集団の主要目的は戦争に勝利することであった．しかしながら，今後，その主要目的は，戦争を回避することでなければならない」[6]．このように，核兵器の戦略目的を純粋に抑止手段と位置づけるブロディは，「米国と同じく一国の政治指導者のみならず軍事当局者が核兵器を自らの思考や計画に馴染ませてしまうことによって，全世界にとって最も危険な状況がもたらされる」[7]と警鐘を鳴らしたのである．

(2) 核戦略理論の誕生

科学技術の進歩によって巨大な原子核エネルギーの放出に成功したことは，人類が「人間の尺度」を超え，自ら制御の効かない「神の領域」に足を踏み

入れたことを意味した．他方，こうして手にした知識を忘却の彼方に封印することはできず，国家間の相互不信と敵意が交錯する状況の下では国際的な管理体制を築き上げることも難しかった．むしろ，原子核エネルギーが持つ大規模な破壊力は軍事目的の達成に適うと考えられたし，米国政府にとってはソ連の圧倒的な通常戦力を相殺する方策ともなり得た．こうしてブロディの警鐘とは裏腹に，米国では第二次世界大戦終結から1年も経ずして，共産主義の敷衍を企図するソ連との軍事衝突が引き起こす第三次世界大戦に備え，軍の中枢において核兵器の使用を前提に据えた統合戦争計画が練られ始めたのである．

　戦略地理的条件から，恐らく，ソ連は最初に西欧に侵攻し，ここに拠点を据えた後に米国への侵略を企てるに違いない．米国では1946年3月，統合戦争計画委員会（JWPC）が初の対ソ作戦計画（action plan）となるPINCHER計画の細部検討を開始した．そして，48年1月の緊急事態を想定したこの3カ年計画の中で，（西欧に侵攻する）ソ連の戦争遂行能力を殺ぐために核兵器の使用が示唆されたのである．そこではソ連の核兵器生産が56年以前にはあり得ないと評価されていたものの，この計画策定の時点では米国が保有する核弾頭も10発程度に過ぎず，容易に増産が進むとも考えられていなかった．加えて，核兵器の運搬手段となるB-29戦略爆撃機も150機ほどに限定されており，上空からの偵察手段を持たないこの時代，攻撃目標を細分化するための十分な情報収集を行うことはできなかった．その結果，こうした技術的限界と戦略爆撃の伝統が合体する形で，モスクワやレニングラード（今日のサンクトペテルブルク）を始めとするソ連の30都市（後に24都市に変更）が，核攻撃の対象となる都市・産業中枢と規定されたのである[8]．

　翌47年7月，統合戦争計画委員会はPINCHER計画を終了し，短期計画であるBROILERや長期計画であるCHARIOTEERへと移行していったが，後者は二義的なものとして間もなく終熄した．他方，前者についても，核兵器の使用を巡って蚊帳の外に置かれることになった海軍が強く反対したことや，核兵器の使用にも拘らず，通常戦力の不足によって戦闘の初期段階で西欧

諸国への支援を放棄せざるを得ないことが明らかになったために，遂に統合
参謀本部の了解を取り付けることができなかった[9]．

　このように，ブロディの警鐘は最初から無視されたのであるが，何故，こ
のようなことが起きたのか，核兵器を巡ってこの時代の人々が抱いた心象世
界について触れておかなければならない．当時の米国の軍事担当者の間では，
今日，我々が「核の敷居（nuclear threshold）」と呼んで核兵器と通常兵器を
峻別する道義的・心理的な障壁が稀薄であった．むしろ，核兵器は威力の大
きな通常兵器と見做されており，人道的見地から長期に亘って人体を蝕む放
射線効果などが考慮されることもなかったのである．もう１つの驚きは，核
兵器が戦争の帰趨を支配するわけではなく，敵の攻撃を遅延させる手段の１
つに過ぎないと考えられていたことである．既述したように，BROILER 計画
が統合参謀本部の了解を取り付けられなかったのは，第三次世界大戦の引き
金となるソ連軍の西欧への侵攻が，米国の核兵器の使用によっても食い止め
られないと評価されたからである．

　48 年 5 月，英国とカナダの担当者を交えた協議の結果を受けて，先の
BROILER を修正した HALFMOON が，計画目標の１つとして初めて統合参
謀本部の同意取り付けに成功した．この頃には米国が保有する核弾頭は 50 発
程度に増えており，運搬手段も B-29 から B-36 や B-50 など 500 機ほどの中
距離爆撃に更新されていた．その結果，この 49 会計年度中の対ソ戦争計画で
は，ソ連の侵攻に対抗する初期防衛線をライン河に設定する一方，ソ連の戦
争遂行能力の破壊や同国内での心理的撹乱を目的に，開戦 15 日後には英国，
沖縄，カイロ・スエズ地区に集結した爆撃機を用いた核攻撃が想定されたの
である[10]．

　だが，軍事的観点に立てば，ヨーロッパに展開する米国の通常戦力が強化
されたわけではなかったし，3 月には英・仏・ベネルクス 3 国がブリュッセ
ル条約に調印したとは言え，西欧諸国の戦力が急増する見込みもなかった．
他方，政治面では，北大西洋条約機構（NATO）の結成に向けて米欧 12 カ国
の調整が最終段階に入っていた．こうしてみれば，HALFMOON 計画は軍事

というよりも政治を優先した選択のように思われた.

　ところで，統合参謀本部の了解を取り付けたこの作戦計画も，核兵器を最後の手段（last resort）と位置づける H. S. トルーマン大統領の意向とは合致しなかった. 逆に，大統領からはこれに代わる非核戦争計画を策定し，また，核兵器の国際管理の可能性を検討するよう下命されたのである. だが，皮肉なことに大統領が定めた緊縮国防予算では，ソ連に対抗する大規模な通常戦力を構築することが難しかった.

　こうした最中，ベルリン危機が発生した. ソ連が行った封鎖に対し，一触即発の緊張の中で，米国は大規模な空輸作戦を展開した. このような差し迫った状況の下で，9 月に開催された国家安全保障会議（NSC）が，最終的な使用決定権限を大統領に付与することを条件に，米国が核兵器に依存する方針を提言すると[11]，「交渉か戦争かの二者択一」[12]に直面した大統領も，これに首肯せざるを得なかった. こうして米国のソ連に対する核兵器の使用が国家レベルで初めて承認されると，爾後，この方針が覆ることはなかったのである.

　この間，FLEETWOOD，さらには DOUBLESTAR と改称され，検討が続けられた短期計画 HALFMOON は，49 年 1 月には TROJAN へと更新された. そしてさらに，同年 12 月には NSC が前月に初めて呈示した対ソ政策指針に基づいて OFFTACKLE が計画された. また，これと併行して，48 年 8 月からは 57 年 1 月（当初は 56 年 7 月）時点の対ソ戦を想定した長期計画 DROPSHOT が統合参謀本部で練られてゆく. この策定過程において，49 年 9 月にはソ連の原爆実験成功の報が伝えられた. そのため，この作戦計画では，開戦の初期段階に 75 発ないし 100 発の核兵器を用いてソ連領内の核関連施設及び重爆撃機基地を敲くことが攻撃の第一目標に据えられる一方，核及び通常兵器を用いた攻撃によって，ソ連の石油・電気・鉄鋼生産施設を破壊ないしは麻痺状態に陥らせ，さらには，同国の政治中枢や情報システムをも破壊することが想定されたのである[13].

　他方，米ソ間で軍事衝突が起こった場合，ソ連もまた米国が核兵器を使用

するものと想定していた．事実，53年9月にはG. K. ジューコフ元帥の指揮の下，44,000名の将兵の上空で20ktの原爆を破裂させ，その破壊効果と人体に及ぼす影響を調査したことが伝えられている[14]．

(3) 2つの核戦略——作戦計画と宣言政策

トルーマン民主党政権の後を襲って D. D. アイゼンハワー共和党政権が誕生して1年を経た1954年1月，J. F. ダレス国務長官は「自由主義共同体のために（ソ連の）攻撃を抑止する方法は，自らの選択する場所と手段で力強く対応すること」[15]であると述べ，大量報復戦略（massive retaliation strategy）の採用を発表した．そして，朝鮮戦争の教訓から，ソ連に主導権を与える米国の皮相的な応急措置が結局は高価なものにつくとの判断に基づいて策定されたこの戦略を物理的に支えたのが米国の保有する核兵器であり，機動力の強化された戦略爆撃機であった．確かに，この頃までにはソ連も核弾頭の開発を進めていたが，運搬手段については米国本土を攻撃して帰還する能力を備えた爆撃機を持っていなかった．核の優位は米国の掌中にあった．加えて，核兵器は通常戦力の維持・強化に比べれば相対的に安価であり，その破壊力も巨大であった．こうして米国は事実上の核独占状態を背景に，この核の脅しによってソ連が企てる総ての紛争を抑止できると考えたのである．また，これに付随して，「敵の地上軍戦力との不均衡を考慮すれば，核兵器の介在のみがヨーロッパ地域での共産主義による大規模攻撃を速やかに食い止め得るのは明白である」[16]との戦略判断に沿って戦術核兵器を西欧に運び込んでゆくことになるが，いずれにせよ，ニュー・ルック（New Look）と通称されるこの戦略の根底には，50年代にソ連が米国との戦略的パリティを達成し得ないとの自信と矜持が潜んでいたのである．

ところで，この大量報復戦略の公表によって，米国は2つの対ソ戦略を持つことになった．1つは作戦計画と呼ばれる軍が策定する戦闘計画であり，その目的は戦争の勝利である．この戦略は機密扱いとされるために，通常，国民の耳目に触れることはないが，今日では冷戦初期の作戦計画が機密指定を

解除されている．既述したトルーマン政権時代の PINCHER や HALFMOON や DROPSHOT といったコード名を付された対ソ戦略がこれに該当する．他方，もう１つが宣言政策（declaratory policy）と呼ばれる戦略である．これは政府が自らの国防計画の妥当性を国民に示し，その支持を取り付けるために公表する戦略であるが，ここで強調されるのは戦争の勝利ではなく，（戦争を防止するための）抑止力の確保・強化である．

核兵器に固有の爆発力や熱輻射効果，放射線が引き起こす被害の甚大さや非人道性が着目され，核兵器を巡る人々のイメージが一変すれば，その使用を公言することは政治倫理的に難しくなる．だが，国際管理の道が閉ざされている以上，一方的にこれを放棄する危険も冒せない．宣言政策の中核を占める核抑止論は，核兵器を自国への攻撃を思い止めさせるための手段と位置づけることによって，その存在を合理化したのである．

さて，米国の対ソ宣言政策はこの大量報復戦略を嚆矢とするが，自らの戦略方針を公表することで，ソ連に対し，核戦争の危険を伴う軍事行動を自制するよう促した点も見過ごせない．そして，冷戦期を通じ，米国政府は宣言政策の公表を踏襲することになるが，もう一方の当事国であるソ連では軍人のみが戦略の策定に携わるとともに，全体主義社会では世論に配慮する必要がなく，それ故に宣言政策を持たなかったために，米国では断片的に漏れ伝わるその作戦計画に接する度に，ソ連が対米戦争の勝利を目指して核戦争の準備を進めているのではないかとの疑心暗鬼に駆られることになったのである．

2．核戦略理論の発展と崩壊

(1) 技術の進歩と戦略の進化——「まことしやかさ」の追求

宣言政策に盛られる「抑止力」を確保し，強化するためには，技術の進歩に合わせ，あるいは，これを先取りする形で，保有する核戦力が「張り子の虎」ではないことを敵に納得させねばならない．こうして米国では，「合理的

な政治目的を達成する手段として核兵器が使用されるかも知れない恐れを敵に抱かせることによって，抑止の信憑性（credibility）を高める必要がある」と考えられるようになった．その結果，戦略としての「まことしやかさ（あるいは論理的整合性）」を追求するほどに，端的には，想定される限定核戦争（limited nuclear war）において（彼我の損害を許容可能な範囲に収める）統率の取れた戦闘を遂行し勝利を収める図式を追求する中で，宣言政策はもう1つの戦略である作戦計画に似てゆくことになったのである[17]．

　1950年6月に勃発した朝鮮戦争を契機に軍事力の拡張に転じた米国では核弾頭の大量生産が始まり，53年までに凡そ1,000発の弾頭が貯蔵された．この間，52年10月にはさらに威力の大きな水爆実験にも成功した．これと併行して，技術の進歩は使用目的に合わせた核出力の調整を可能にし，弾頭の小型化と軽量化を実現した．

　50年代の技術の進歩は運搬手段についても目を見張るものがあった．56年初めには戦略爆撃機B-52が登場した．同じ年には高空を飛行するU-2偵察機も活動を開始した．しかしながら，この時代の最大の特徴は，宇宙空間の軍事利用が可能になったことである．

　57年10月にソ連が人工衛星スプートニクの打ち上げに成功したことは，戦略爆撃機に代わり，警戒時間を大幅に短縮する長距離弾道ミサイルの時代が迫りつつあることを意味した．「もしソ連が宇宙空間を軍事的に利用できるようになれば，彼らは何の警告も発することなく米国を破滅に追い込むことができるだろう」．米国ではミサイル・ギャップ論が急速に拡がっていった．

　だが，実際の長距離弾道ミサイルの実戦配備は米国の方が早かった．空軍では戦略爆撃機に加え，50年代末には初の地上発射長距離弾道ミサイル（ICBM）となるアトラスやタイタンの配備を開始した．海軍は60年代初頭に潜水艦発射弾道ミサイル（SLBM）を配備した．アイゼンハワー大統領が大量報復戦略の前提に据えた核優位はなお米国の掌中にあった．反面，前線基地などに展開する戦術核兵器を含めれば，米国が保有する核弾頭は20,000発に達しており，この頃にはソ連も5,000発の弾頭を保有していた．各軍が独自

の核使用計画を準備することは煩雑で危険であり，統制のとれた作戦計画を早急に作成する必要があった．

60年8月，アイゼンハワー大統領は戦略空軍司令官を戦略目標計画設定の長に指名するとともに，対ソ戦の初期段階を想定した国家戦略目標リスト（NSTL）及び統合作戦計画（SIOP）の作成を指示した．そして，戦略空軍を中心に各軍が協力して進めた作業の結果，攻撃の第1目標はソ連の戦略核戦力に，第2は主要な政・軍指揮中枢に向けられることになった．また，都市・産業の50％を9割の確率で破壊する方針が示された．こうして2,600カ所の軍事施設が目標に設定され，さらに，151カ所の都市・産業中枢を含む1,050カ所が希望ゼロ地点（DGZ）に据えられると，これを一挙に3,500発の核兵器で攻撃することが計画されたのである[18]．その結果，大量報復戦略を反映した最初の統合作戦計画SIOP-62は61年1月に発効した．仮にこの作戦計画が発動される事態に立ち至ったならば，24時間もしないうちに米ソ全面核戦争による大量殺戮が繰り広げられたに違いない．

61年1月に誕生したJ.F.ケネディ民主党政府が，前政権の戦略を踏襲するとは考えられなかった．ソ連との核戦争の勃発を危惧する大統領にとって，大量報復戦略は総てか無かの二者択一を米国大統領に迫る誤った戦略と映っていた．彼は，抑止が破れても一挙に全面核戦争にエスカレートしない限定核戦争の方策を模索するとともに，戦争勃発の際に現実的な対処手段となるべき通常戦力の強化に腐心していた．こうして62年2月には一方で戦略核交換の可能性を保持しながら，他方で通常戦力の役割を重視する柔軟反応戦略（flexible response strategy）の採用が公表された．また，6月には抑止が破れた場合の攻撃目標を都市（非戦闘員）ではなく，核戦力を始めとする軍事力に据える対兵力攻撃戦略（counter force strategy）が公表された．そして，この戦略を支えたのが，新型のICBMやSLBMや戦略爆撃機（戦略三本柱（nuclear triad）という）に加え，攻撃精度を高める偵察衛星の登場など，ソ連に先制攻撃を許さないための第二撃力の強化であった．

作戦計画に目を転ずれば，62年8月，SIOP-62に代わってSIOP-63が発効

した．この計画では攻撃目標リストからソ連と他の共産主義諸国が分離され，さらに，ソ連の戦略核戦力と都市も分離された．次に，核戦争を段階的に制御し，勝利に導くために戦時下抑止（intra-war deterrence）の概念が導入され，これを技術面で支える指揮・通信・統制（C³I）システムの防護の重要性が指摘されたが，このことは同時に，ソ連のそれを攻撃対象から外すことを意味した．相手の意思決定機関を潰してしまえば，核戦争を制御するための交渉ができなかったからである．その結果，ソ連の戦略核戦力，都市から離れた軍及び資源，都市近郊の軍及び資源，C³I，都市，がこの優先順位に従って攻撃目標に設定された．また，ソ連からの明確な戦略核攻撃の脅しがあった場合には，その戦略核戦力と都市から離れた軍及び資源を先制攻撃の対象とすることが定められ，目標に応じて多様な核弾頭が準備されることになったのである[19]．

　ところで，損害限定（damage limitation）能力の確保を重視した対兵力攻撃戦略は，米国が違法な予防攻撃を準備しているように見えるとの批判が起こったために，米国政府は 65 年 2 月，確証破壊戦略（assured destruction strategy）の採用で対応した．すなわち，ソ連の人口の 4 分の 1 乃至 3 分の 1，及び，ソ連の産業の 3 分の 2 を確実に破壊する第二撃力を確保することによって，米国はソ連の意図的な核攻撃を抑止すると宣言したのであるが，この戦略は核兵器を純粋に抑止に供することを謳った戦略と理解することができるだろう．だが，同時に，理由は何であれ，この宣言政策には作戦計画と同様に，抑止が破れた後にソ連が負うことになる死傷者や被害を「合理的に」数値化する気味の悪さが潜んでいたのである[20]．

(2)　核戦略理論の破綻

　米ソが保有する核弾頭は 60 年代末には米国が 29,000 発，ソ連が 19,000 発へと急増し，偶発戦争に繋がりかねない事故や誤認の危険を増していた．その意味で，1972 年 5 月に米ソが調印した戦略兵器制限条約（SALT-I）は弾頭自体の削減には触れなかったものの，ICBM と SLBM の発射基に保有上限を

設けたことで，また，同時に纏まった対弾道ミサイル・システム制限（ABM）条約が先制攻撃の危険を減じたことによって，両国関係の安定化に一定の役割を果たすことになった．そして，さらに，11月には第二次戦略兵器制限交渉（SALT-II）が開始されたのである．

だが，これによって新たな戦略策定の手が緩められたわけではなかった．69年1月に誕生したR. M. ニクソン共和党政府は，SIOP-63に基づく最小規模の作戦であってもソ連の被害が甚大となるために全面核戦争に発展する危険を回避できないと評価していた．限定作戦を遂行するためには戦略をさらに精緻化させねばならなかった．

その結果，検討が重ねられ，国家安全保障決定覚書（NSDM）-242が74年1月に大統領の承認を得ると，これを受けて3月にはJ. R. シュレシンジャー国防長官が新たな戦略の趣旨を議会に説明した．すなわち，米国が第二撃力を保持している限り全面核戦争は抑止されているが，投射重量の増大や個別誘導複数弾頭（MIRV）化などに見られるミサイル技術の進歩が限定核攻撃を可能にしているソ連の状況に鑑み，米国としては抑止が破れた場合の周到な選択肢を大統領に提供する必要がある．そして，この限定的核選択（limited nuclear options）を可能とする統制のとれたエスカレーション能力の確保が，結果的には抑止力の強化に繋がると説いたのである[21]．

米国は，より精確な戦略兵器，柔軟な目標選定，信頼度の増したC^3Iの開発が，合理的な政治手段としての戦略核戦争を遂行する選択肢を保持するための新たな技術的機会を提供すると確信していた[22]．米国は戦略核戦争の敷居（ラダー）を細分化するとともに，その総ての段階で対ソ優位を獲得することによって，カタストロフィの回避を図ろうとしたのである．その結果，74年4月にこの構想を作戦計画に適用するための核使用指針が国防長官の承認を得ると，76年1月にはG. R. フォード共和党政権の下で新たな作戦計画であるSIOP-5が発効した．この中では25,000カ所の攻撃目標が設定され，これがさらに核戦力，その他の軍事目標，政治中枢，経済・産業中枢に四分されると，作戦自体も段階的攻撃の目標に合わせて4通りに細分化されたの

である[23]．

　77年1月，就任して間もなくJ. カーター大統領はNSDM-242の再検討を指示した．そして，より精密な作戦計画の策定を目指して大統領が8月に発した大統領指令(PD)-18に基づいて核攻撃目標検討（NTPR），ICBM近代化，戦略予備の3分野の研究が進められると，この過程で，政府内ではソ連が米国のICBMを攻撃する能力と，数カ月の長期に亘る限定核戦争を遂行する能力を整えつつあるとの評価が固まっていった．米国にとっては，対米攻撃によって得られる利得が米国の反撃によって被る損失を相殺することができるとの幻想をソ連に抱かせないことが肝要であった．そのため，米国政府は79年1月に相殺戦略（countervailing strategy）を公表するとともに，80年7月に大統領が署名したPD-59に基づき，新たな核使用指針が作成された．攻撃の主たる目標は移動式を含むソ連の軍事力，及び，政治中枢に向けられた．後者は対都市攻撃と同様に戦争の初期段階から選択されるとは思われなかったが，ソ連の恐怖心を煽るために従前の戦時下抑止の考えを逸脱して採用された．同時に，後方支援能力や産業中枢の破壊が重視された結果，5万にのぼる攻撃目標リストが準備され，ミニットマン・IIIやMXやトライデント弾道ミサイルに加え，巡航ミサイルなどの高精度・低出力兵器，戦況に応じて即座に攻撃目標の変更を可能にするC^3Iを駆使し，また，運用計画の柔軟性を確保することによって，ソ連との長期限定核戦争を勝利に導くことが計画されたのである．

　けれども，技術の進歩が促した筈の戦略の進化にも拘わらず，遂に政治の延長としての合理的な核戦争遂行の図式を描くことはできなかった．

　81年1月に大統領に就任したR. レーガンは，歴代政府の努力にも拘わらず，米ソの戦略状況を直視すれば，互いの頭に銃口を突きつけ合う相互確証破壊（MAD）の状態を脱することができないと認識し，SIOPが想定するような段階的な核戦争の遂行は絵空事に過ぎないと考えていた．彼には核兵器が纏ってきた「まことしやかさ」の衣など見えなかった．目鼻を穿たれた渾沌（混沌）が死に至った故事に倣うのであれば，人間の管理能力を超えた非合理

的な存在を合理的に解釈しようと試みる核抑止の論理は，いずれ破綻する運命にあったのである．

　同時に，彼は MAD がもたらす不安定な状態を解消しなければならないと考えていた[24]．そこで彼が選択したのが，83 年 3 月に公表した戦略防衛構想（SDI）であった．その結果，静止衛星軌道上に配備する各種衛星と宇宙及び地上の迎撃システムを連繋させ，ソ連の核弾道ミサイルが米国（や同盟諸国）に到達する以前にこれを捕捉し破壊することを目指したこの構想は，ソ連との新たな軋轢の種になったが，それはまた，米ソが戦略核兵器の削減に臨む契機ともなったのである．

　こうして米ソの間では，戦後初の核軍縮交渉の成果として知られる 87 年 12 月の中距離核戦力（INF）条約を皮切りに，91 年 7 月には 10 年越しの交渉が実を結び，初めて戦略核戦力の削減を謳った第一次戦略兵器削減条約（START・I）が調印された．さらに 94 年 1 月，米ロは 5 月までに互いの戦略核兵器の照準を外すことに合意した．その結果，「核なき世界」からはなお遠い状態にあったものの，熾烈な核軍拡競争が急速に過去のものとなると，米国の核戦略が論理的に破綻したことには誰も気を留めなくなっていたのである．

3．21 世紀の核戦略理論

(1)　第 2 の核時代と新興国

　21 世紀を迎えた今日は「第 2 の核時代」と呼ばれている．米ソ（ロ）の熾烈な核軍拡競争が終止符を打ったのも束の間，地域大国の道を標榜する新興国に核兵器が拡散し始めたからである．インド，パキスタン，イスラエル，北朝鮮が好例であるが，著しい経済成長とともに大国の地位を確立した中国もこれに加えられるだろう．そして，こうした新興諸国が核兵器を保有する論理は冷戦期の米国とは異なり，それ故に，これを伝統的な核戦略の用語で説明することも難しくなっている[25]．そこでまず，米国との差異の源泉を詳

らかにし，これら諸国の核戦略の概要に触れることにしよう．

差異を巡る第1の要素は保有する核戦力の質と量である．米ロの間で94年12月に発効したSTART・Iでは，核弾頭の運搬手段となる戦略三本柱（ICBM，SLBM，戦略爆撃機）の総数を条約発効後7年で1,600基（機）に，戦略核弾頭の総数を6,000発（うちICBMとSLBM装着分は4,900発を超えない）に制限することが合意された．また，2009年12月にSTART・Iが失効したことを受けて，翌年4月に米ロが署名し，2011年2月に発効した新戦略兵器削減条約（New START）では運搬手段の配備上限を700基（機）（保有上限は800基（機））とするとともに，戦略核弾頭の配備上限を1,550発に制限することが合意された．こうして見ると，米ロの核軍縮は質・量両面に亘り大きな進展を遂げたと言えるだろう．

しかしながら，新興諸国が保有する核兵器が見通しうる将来に亘り，冷戦期は素より今日の米ロにも比肩すべくもないことは明らかである．また，核戦争を段階的に管理するための大規模な指揮・通信・統制システムや偵察能力の整備・運用には時間と費用を要するが，これが達成されるとも思われない．だが，核兵器には合理的な政治目的を達成する手段としての役割が見出せないと評価するならば，第二撃力の確保に集中することも有力な選択肢の1つとなるが，この場合には大規模な核戦力も攻撃の精度も不要となる．また，別の選択としては，核の敷居を極端に低く設定し，相手の不安を煽ることで政治的な譲歩を引き出す方策も考えられる．そして，この場合も敵の先制攻撃を回避する態勢の整備が不可欠となるが，この瀬戸際戦略には常に核戦争の危険が付き纏うことになる．

第2の差異は庇護すべき同盟国の有無に係わっている．新興諸国の核兵器が自国の安全保障に供されているのと対照的に，とりわけ，冷戦期の米国にとっては自由主義世界の結束を図る上でもソ連の脅威から同盟国を守るための戦略の構築が不可欠であった．その意味で，米ソの戦略核パリティがもたらすMAD状態を受け入れることはできなかった．何故なら，これでは核の傘（nuclear umbrella），あるいは，拡大抑止（extended deterrence）[26]が機能

しないからである．こうして冷戦時代，米国の歴代政府は核兵器が張り子の虎ではなく，同時に，核の優位が米国の掌中にあることをソ連に認めさせる戦略の策定に腐心したのである．反面，こうした能力を米国が保持しているならば，米国はソ連との間で戦略核戦争に至らない限定核戦争の遂行が可能であり，同盟国のみが核の戦場となる危険があった．このように核抑止を巡る解きようのない矛盾を前に，同盟政策は揺れ動いたのであるが，第2の核時代にあってはこうした問題が繰り返されることはないだろう．

(2) 新興国の核保有——核戦略の3つの類型

第2の核時代を象徴する新興の核保有国の核戦略は，保有する核戦力も概して小規模であるために，これまで「核戦力は保持するだけで抑止に供する」とする実存的抑止（existential deterrence）戦略と一括りにされてきた．しかしながら，核戦力を獲得した当初はともかく，時間の経過とともに，これら諸国の核戦略は安全保障環境の変化や技術レベルの向上，また，戦略文化の伝統を反映して変質してゆくものである．

そこでV. ナラングは，第2の核時代を特徴づける新興諸国の核戦略を核態勢（nuclear posture）に基づき以下の3つのパターンに分類した[27]．

第1は触媒戦略（catalytic strategy）であり，自国が保有する核戦力を大国からの介入支援を取り付けるための手段と位置づける戦略である．つまり，大国がある地域において核兵器が使用される危険を回避したいと望むのであれば，当該地域の核保有国を支援せざるを得ない状況を生み出すことで，結果としてこの核保有国は核兵器を使用することなく平和と安全を手にするという戦略である．この戦略は，抑止のシグナルを敵に対して送るというよりも，庇護の手を差し伸べる筈の第三者（米国が好例である）に向ける点に特徴がある．1960年代の後半から90年に至るイスラエルや80年代の南アフリカ，そして，80年代後半のパキスタンの戦略がこれに該当する．

第2は確証報復戦略（assured retaliation strategy）であり，核攻撃を受けた際に一定の核報復を敢行する戦略である．この戦略は敵の先制攻撃を凌ぐと

ともに懲罰を与えるために，小規模であっても残存力（survivability）の高い第二撃用の核戦力によって構成される．これには敵の防御網を突破する貫通力（penetration）や，敵に対して自国の能力（装備）を予め知らしめるための透明性も必要となる．また，懲罰的抑止を支える報復戦力は都市攻撃を想定するため，高い精度は必要なく，戦術核戦力も不要となる．中国とインドが核兵器の保有以来この戦略を継続しており，今日のイスラエルもこの戦略を選択している．

　これに対し，第3は非対称エスカレーション戦略（asymmetrical escalation strategy）であり，相手が敢行する通常攻撃に対しても核兵器の先行使用（first use）を明示する攻撃的な戦略である．この戦略は，敵の通常攻撃を思い止めさせることに主眼が置かれ，核兵器の数的優位を追求しない．また，核抑止の信憑性を高めるために，この戦略は先行使用の意図を明示するだけでなく，展開のパターンや核使用の条件など，その能力についても透明性を高めておく点に特徴がある．ワルシャワ条約機構軍の圧倒的な通常戦力の脅威に直面した冷戦時代のフランスや，98年の核実験以後のパキスタンがこの戦略を選択している．

　その結果，得られた結論を概述すれば以下のようになる[28]．非対称エスカレーション戦略を選択している国だけが通常攻撃を抑止することに成功している．これは相手が核の先行使用を恐れるためであろう．他の2つの戦略では核兵器が使用されるリスクが低いために，敵の大規模な通常攻撃さえも抑止できない．インドの選択する確証報復戦略がパキスタンの仕掛ける通常戦争を抑止できなかった99年5月のカーギル（Kargil）紛争が好例である．このことは第二撃力があっても抑止力としては不十分かも知れないこと，また，実存的抑止の考え方が成り立たないことを示している．反面，非対称エスカレーション戦略は，これを支える態勢を安全に管理することが極めて難しく，事故や偶発事態を招き易い．

おわりに——核と日本の安全保障

　第2の核時代を迎え，日本の安全保障は新たな課題に直面している．第1は，軍事大国の道を歩み始めた中国の存在である．同国が核兵器を保有したのは冷戦時代に遡るものの，その戦略的意義が問われ始めたのは著しい経済成長を背景に世界の大国としての地歩を築いたつい最近のことである．第2は，21世紀に入って急速に核兵器開発を進める北朝鮮の存在である．核を巡る国際的取り極めを無視する同国は，国際社会からの孤立の度を深める中でも核兵器開発の手を緩める兆しを見せていない．この両国の核兵器は，日本の安全保障に如何なる意味を持つのだろうか．その戦略を展望しながら影響を探ってみよう．

　中国の核兵器開発は1955年1月に毛沢東主導の党中央委員会が決定を下したことに端を発するが，これはインドやパキスタンのように通常戦争の敗北を契機としたものではなく，将来の核恫喝や核使用の脅威を相殺することを目指していた．こうして中国は確証報復戦略を選択したが，ナラングはその背景を次のように指摘している[29]．

　確証報復戦略の要諦は，敵の先制攻撃に対して報復戦力となる第二撃力を確保することにあるが，米国の圧倒的な戦力に対抗するために，中国は自らの核戦力の残存力と貫通力の強化に力を注いできた．例えば，81年8月に初めて地下サイロに配備した東風（DF)-5・ICBMの残存性を確保するために，中国は多くのダミー・サイロを建設してきたし，90年代以降はミサイルの固形燃料化や移動式化，さらには，SLBMの強化（094型Jin級戦略潜水艦とJL-2 SLBM）を進めている．また，貫通力の強化に関しては永年に亘りMIRV化を，また，最近では米国のミサイル防衛網を突破する超音速滑空飛翔体（hypersonic glide vehicle）の開発を進めていることが伝えられている．だが，こうした戦力については強化を急いでいないことに加え，（非対称エスカレーション戦略に移行する際に不可欠な）指揮統制システムや早期警戒システムの

向上に余り関心を払ってこなかった点に中国の戦略の特徴が見られる．初期の指揮統制システムでは中央軍事委員会主席が第二砲兵に直接命令を下す集中管理方式が採られたが，敵の先制攻撃の回避を目的にミサイルと核弾頭を分離して管理したために，ミサイル基地と弾頭保管基地のコミュニケーションが図られない状況が生まれていた．そして，今日もこの一元化された指揮態勢[30]に大きな変化が見られないことは，事故や偶発的発射の危険の減退を重視すると同時に，慎重な報復作戦を展開する意図が示されていると言えよう[31]．

　日本の安全保障の観点から中国の戦略の特徴は次のように纏められよう．中国は2015年末に断行した一連の軍改革の中で従前の第二砲兵をロケット軍と改称し，戦略抑止の中核を担わせることを明示したが，これによって確証報復戦略を転換した兆候は見られない．すなわち，第二撃力としての対都市攻撃戦力の確保を目指しているために，既述した米国の事例に見られるような硬化目標を破壊する対兵力攻撃戦力や核出力の調整を要する非戦略核戦力（端的には戦術核戦力）は不要なのである．その結果，中国の保有する核弾頭は250発程度に留まっている．他方，このことは同時に，これまで数的規制を中心に進められた核軍縮が成果を挙げ難くなったこと，また，小規模戦力の秘匿性を重視する観点から情報開示・交換が進み難くなったことを示唆している．もうひとつは，この戦略が「核の敷居」を高め，核戦争の危険を大幅に減退させる結果，逆に，核心的利益の確保を口実に，政治の延長としての通常戦争に訴え易くなることである．陸上戦闘よりも限定化が容易な（航空作戦を含む）海洋戦闘ではさらに強硬な姿勢を示すことだろう．いずれにせよ，中国は想定される様々な戦闘局面での勝利を期して多岐に亘る通常戦力の強化を図ってゆくと考えられるが，このパワー・プロジェクション能力の向上が，国際規範を逸脱した威圧的行動と相俟って，関係諸国の疑念と警戒を増幅することが予想されるのである．

　最後に，国際社会の制止を無視して核兵器開発を進める北朝鮮について触れておこう．ナラングによれば，北朝鮮は小規模で技術的にも限界のある自

国の核戦力を，良好な関係にある中国からの介入支援を取り付ける手段と位置づける触媒戦略を採っているが，中国が見限れば，孤立化した北朝鮮はより攻撃的な核先行使用態勢へと移行し，その結果，通常戦力面で優勢な米韓同盟との対峙において非対称エスカレーション戦略を選択する[32]．

2016年に入って繰り返される弾道ミサイルの試射は，水爆実験と称する核実験の強行と相俟って，中国の後ろ盾を失うことを見越した北朝鮮が非核国家への回帰と非対称エスカレーション戦略への移行の狭間で，前者の道を断ち切り，後者への傾斜を強めた顕れであるように思われる．しかしながら，現今の10発程度の核弾頭で構成される核戦力では米国による高精度の通常戦力を用いた先制攻撃を凌ぐことが難しい．そのため北朝鮮は早急に弾頭の数と威力を増やすとともに，弾道ミサイルの射程や精度の向上，また，再突入体（RV）の実験を通じ，これを固形燃料推進の移動式 ICBM や SLBM に搭載することで，米国の先制攻撃を封じる第二撃力の獲得を図ることになるのだろう．だが，軍事を優先し，国民生活に犠牲を強いるこうした政策では安定した国家の発展は望めない．むしろ，独裁体制の弱点であるチェック機能が全く働かない指揮命令システムや早期警戒システムの不備によって，誤った決定が下される危険が増すことだろう．

こうして日本を取り巻く東アジアの戦略環境を俯瞰すれば，戦略思考の非対称性と核軍縮の困難性の中で誤解や誤算が生じ，軍事力の行使に繋がる危険が増していることが理解される筈である．また，不可逆的に進行するグローバリゼーションの陰で頭を擡げる歪なナショナリズムに，対決型スタイルの政治が便乗する危険も高まっている．こうした中で少子高齢化の進む日本にとっては周辺海域の防護やミサイル防衛網の整備といった個々の案件への対応とは別に，国家間の対立を軍事問題に転化させないことが費用対効果の面からも肝要である．そして，戦後70余年に亘り培った非核平和国家の旗印を国際社会に向けて掲げ続けることこそ，長期的な日本の生き残りにとって現実的な選択となるのである．

第 5 章　核戦略理論の歴史　125

1)　金子讓「核抑止の論理的位相—核戦略理論の形成とその破綻」細谷千博・丸山
直起編（1993）『ポスト冷戦期の国際政治』東京：有信堂，105 頁.

2)　Brodie, B.（ed.）,（1946）, *The Absolute Weapon: Atomic Power and World Order*,
New York: Harcourt and Brace.

3)　Brodie, B., "Implications for Military Policy," in Brodie, B.（ed.）, *The Absolute
Weapon*, p.71.

4)　*Ibid.*, p.70.

5)　予防攻撃とは，臨戦態勢にない相手に不意打ちを仕掛けることであり，これに
対し，先制攻撃（preemptive attack）とは，臨戦態勢にある相手の機先を制する
攻撃を指す．技術の進歩によって，戦闘態勢を整えるための警戒時間（warning
time）が短くなると，両者の区別はつきにくくなるが，国際法では，一般的に，
前者は非合法，後者は合法と解釈されている．

6)　Brodie, B., *op.cit.*, p.76.

7)　*Ibid.*, pp.80-81.

8)　Ross, S.T. and Rosenberg, D.A.（eds.）,（1989）, *America's Plans for War Against
the Soviet Union, 1945-1950: Vol.5, The Limits of American Power*, New York:
Garland Publishing, Inc. を参照.

9)　Condit, K.W.（1979）, *The History of the Joint Chiefs of Staff: The Joint Chiefs
of Staff and National Policy, Vol.II, 1947-1949*, Wilmington: Michael Glazier,
pp.284-288 を参照.

10)　Ross, S.T. and Rosenberg, D.A.（eds.）,（1989）, *America's Plans for War Against
the Soviet Union, 1945-1950: Vol.7, From Crankshaft to Halfmoon*, New York:
Garland Publishing, Inc. を参照.

11)　1948 年 9 月 10 日の NSC-30 については, *Foreign Relations of the United States:
1948, Vol.1, Part 2*, pp.624-628 を参照.

12)　Truman, H.S.（1956）, *Years of Trial and Hope*, New York: Doubleday, p.128.

13)　Ross, S.T. and Rosenberg, D.A.（eds.）,（1989）, *America's Plans for War Against
the Soviet Union, 1945-1950: Vol.14, Long Range Planning: Dropshot*, New
York: Garland Publishing, Inc. を参照.

14)　Barrass, G.S.（2009）, *The Great Cold War: A Journey Through the Hall of
Mirrors*, Stanford: Stanford University Press, p.103 を参照.

15)　Secretary Dulles（January 25, 1954）, "The Evolution of Foreign Policy,"
Department of State Bulletin, Vol.30, No.761, p.108.

16)　Eisenhower, D.D.（1963）, *The White House Years: Mandate for Change 1953-
1956*, New York: Doubleday & Company, p.453.

17)　金子讓「核抑止の論理的位相—核戦略理論の形成とその破綻」を参照.

18)　Rosenberg, D.A.（1983）, "The Origins of Overkill: Nuclear Weapons and
American Strategy, 1945-1960," *International Security*, Vol.7, No.4, pp.3-71 を参

照.

19) Ball, D., "The Development of the SIOP, 1960-1963," in Ball, D. and Richelson, J. (eds.), (1986), *Strategic Nuclear Targeting*, Ithaca: Cornell University Press, pp.57-83 を参照.

20) ソ連との全面核戦争を「起こり得ること」と危惧したケネディが，周囲の不安を余所に，C. ケイセン国家安全保障担当次席補佐官の唱える「合理的な核戦争」の遂行に耳を貸したことについては，F. ケンプ（宮下嶺夫訳）(2014)『ベルリン危機1961ーケネディとフルシチョフの冷戦』(下)，東京：白水社，178-189頁を参照.

21) Schlesinger, J.R. (March 4, 1974), *Report on the FY 1975 Defense Budget and FY 1975-1979 Defense Program*, pp.4-5, 35-41 を参照.

22) Osgood, R.E. (1979), *Limited War Revisited*, Boulder: Westview Press, p.57 を参照.

23) Ball, D., *op.cit.* pp.57-83 及び Ball, D. (1981), "Counterforce Targeting: How New? How Viable?," *Arms Control Today*, Vol.11, No.2, pp.1-9 を参照.

24) Reagan, R. (1990), *An American Life*, New York: Simon and Shuster, pp.547-548 を参照.

25) Bracken, P. (2013), *The Second Nuclear Age: Strategy, Danger, and the New Power Politics*, New York: St. Martin's Griffin, p.8 を参照.

26) 米国で使用される「拡大抑止」という言葉には一般的に「通常戦力による抑止」が含まれるために，冷戦期の（西欧の）同盟諸国の間では「拡大核抑止（extended nuclear deterrence）」が用いられた.

27) Narang, V. (2014), *Nuclear Strategy in the Modern Era: Regional Powers and International Conflict*, Princeton and Oxford: Princeton University Press, pp.4-5, 15-21. を参照. この分類法は，核保有国の宣言政策ではなく実際の核兵器の配備状況（つまり態勢）に焦点を当てるために，それぞれの差異は作戦計画を想起させるものとなっている.

28) *Ibid.*, pp.10-12, 300 を参照.

29) *Ibid.*, pp.121-152 を参照.

30) SLBM を搭載する戦略潜水艦（SSBN）では事情が異なるが，冷戦期のソ連のように運用機会を限定することで管理していると考えられている.

31) 敵が発射した核ミサイルが自国の目標に到達する前に報復のためのミサイルを発射する（警戒時発射（launch-on-warning）という）政策を、中国が選択してこなかったとの指摘については、Zhao, T. and Logan, D. (2015), "What if China Develops MIRVs?," *Bulletin of the Atomic Scientists* (http://thebulletin.org/what-if-china-develops-mirvs8133 [accessed August 2016]) も参照.

32) Narang, V, *op.cit.*, p.305 を参照.

第6章

地政学，価値観，米外交の将来

杉 田 弘 毅

は じ め に

「米国はもはや世界の警察官ではない」[1]という，2013年9月のバラク・オバマ米大統領の発言は米国の対外政策を明示したものとして注目された．米国は第二次世界大戦参戦から2003年のイラク戦争に至るまでは，「自由と民主主義」の価値を世界に広めるとの標語と国益実現という本音の下で，「悪漢国家」を駆逐する軍事介入に出て行った．

しかし長引く「テロとの戦い」が生んだ国民の厭戦気分，7,000人の米兵の犠牲[2]と軍事費の増大，リーマンショックなどからくる「国内再建を優先する」という政策から，オバマは「世界の警察官」を否定し，軍事介入を抑制する方針に転じた．

ロシアがクリミア半島を併合したウクライナへの介入への報復も経済制裁を中心としたものにとどまり，中国の海洋での拡張行動や過激派「イスラム国」に対しても抑制された対応となっており，「弱腰」との批判を受けている[3]．

オバマの後を引き継ぐドナルド・トランプ第45代大統領も内向きである．今の世界を覆う人々の「怒り」や価値観を重視する傾向が，米国の軍事介入を難しくしている．イスラム世界を中心に介入がかえって反発を招く逆効果

128

が生じやすくなっているのだ.

2016年米大統領選でのトランプ現象やサンダース運動を見れば,白人中低所得層を中心とした「怒り」が,貿易の保護主義,安全保障での同盟国への負担移譲など,外国への支援よりも米国内を優先させる「米国第一主義」を勢い付かせていることが分かる.米国民の感情は米国を軍事介入がしづらい国へと変質させている.

抑制された米国の軍事介入は世界にとってどんな結果をもたらすのか,中国が大国として台頭する東アジア地域にとってどんな意味を持つのだろうか.そうした問題を探るのが,本章の目的である.

1.米軍事介入の歴史

まず米国の軍事介入の歴史を振り返ってみたい.大きく見て建国から19世紀末までの「孤立」,19世紀末から第一次大戦終了までの「介入」,第1次大戦終了から真珠湾攻撃までの「孤立」,第二次大戦からベトナム戦争までの「介入」,1970年代から1990年までの「孤立」,湾岸危機からイラク戦争までの「介入」,そしてオバマ政権誕生後の「孤立」という曲折を経てきた.

建国以来の孤立主義の原則を明確にしたのが1823年のモンロー・ドクトリンである.欧州の政治・軍事対立に介入しない方針を打ちたて,通商を盛んに行うことで経済の急成長をもたらした.中南米への進出も実現した.

国力の興隆とともに,孤立主義を捨て本格的な国際政治へ参入し始める.1998年の米西戦争で米国はフィリピンなどの領有を開始,99年には中国の門戸開放を要求し世界の主要プレイヤーとして躍り出た.セオドア・ルーズベルト大統領は「国際的な警察権力」を行使すると宣言し,海洋パワーとしての存在感を示した.第一次大戦では,民主主義の守護・伝播を掲げたウィルソン・ドクトリンの下で参戦した.

第一次大戦後の米国は再び孤立主義に転じたが,第二次世界大戦で孤立主

義から完全に決別し，世界での覇権確立に向かった．フランクリン・ルーズ
ベルト大統領は，安全は無償でなく，孤立主義は役立たない現実逃避である
と述べ，米国こそが世界を救済するという使命感を国民の間に植え付けた．
冷戦期最初の大統領であるハリー・トルーマンはトルーマン・ドクトリンで
自由と抑圧の2つの陣営に二分割した世界観を描き，ソ連と対峙していった．

　冷戦期の米国の軍事介入の最大のものはベトナム戦争である．ベトナムを
失えば東南アジア地域が次々と共産主義勢力に奪われるというドミノ理論が
信じられたが，ベトナムの敗戦がもたらした米社会の分断，経済の破たん，
そして対外戦争で初めて負けたという敗北感は，冷戦ドクトリンの根本的な
見直しを迫った．

　リチャード・ニクソン大統領は1969年，ベトナムからの撤退を発表し同盟
国の自助努力を呼びかけ，米中和解，米ソ緊張緩和を進めた．拡大し続けた
介入路線が内向き，「米国第一主義」に転じた．敵対国とぶつかるのでなく協
調路線をとることで米国の負担を減らし，国内再建に力を注ぐ方針に転換し
たのだ．

　ニクソン・ドクトリンで流動性を高めたのが中東だった．米国の中東戦略
の目標は，①ソ連の南下封じ込め②ペルシャ湾岸の石油確保③イスラエルの
安定——にあった．しかし米国は経済危機のさなか大掛かりな軍の投入はで
きない．このためイランとサウジアラビアという2つの親米王制国家を「代
理人」として使う2本柱戦略を構築した[4]．しかし，2本柱戦略は1979年に
破たんした．イランでのイスラム革命でイランを失い，ソ連のアフガニスタ
ン侵攻でソ連の南下という米国の悪夢を招いてしまった．さらにソ連はエジ
プト，イラク，シリア，リビア，南イエメン，ソマリアとの関係を深めたの
だった．

　中東の現実に直面してジミー・カーター大統領は，米国の国益を「代理人」
ではなく米国自らが守るとするカーター・ドクトリンを発表し介入の意思を
宣言した．次のロナルド・レーガン大統領は1980年代に内戦が悪化したレバ
ノンに米軍を派遣，さらにイラン・イラク戦争ではイランと軍事衝突してい

130

る．それでもこの間の介入は抑制されたものだった．

1990年の湾岸危機は54万人の兵力を派遣するというベトナム戦争以来の本格介入となった．湾岸戦争の勝利はベトナム戦争の敗北からくる国民の挫折感を払しょくし，冷戦後の世界新秩序の担い手としての米国の威信を高めた．米国の中東イスラム世界への介入を，永続的な戦争遂行へと変えたのが9・11同時テロだ．ジョージ・W.ブッシュ大統領はアフガニスタンのタリバン政権を打倒する戦争を終えた後，2003年3月にはイラクに侵攻してフセイン政権を倒し，親米政権を樹立させる企てを開始した．

ブッシュ・ドクトリンとして確立されたのが，2002年9月に発表された国家安全保障戦略[5]だ．それは①米国は大量破壊兵器を行使する危険があるならず者国家やテロ組織に対しては先制的に行動するという先制攻撃主義，②米国は国益のために独自に行動する用意があるという単独行動主義，③潜在的な敵対勢力を潰せる十分な力を持ち続ける，④自由と民主主義を世界へ拡大する——という4点に集約される．また2002年の「核態勢見直し（NPR）」[6]でもならず者国家の核能力破壊のための先制単独攻撃の選択肢を打ち出した．

しかしイラク戦争は，開戦の大義とされた大量破壊兵器がみつからず，アル・カイダとフセイン政権のつながりも証明されず，民主主義も根付かないという最悪の結果となった．逆にテロが吹き荒れ，イラクの2大宗派であるイスラム教シーア派とスンニ派の抗争も広がり内戦状態に突入した．この反省から米国は軍事介入から内向きに再び転じることになった．

2．オバマ・ドクトリン

バラク・オバマ大統領は，就任早々の2009年2月の演説[7]で「イラクはイラク人の手に委ねる」と宣言し部隊を撤退させ，アフガニスタンからも兵力の削減を急いだ．ブッシュ時代とは180度異なる政策である．

オバマは一方で，テロとの戦いを強化する方針を打ち出した[8]．無人偵察

第6章　地政学，価値観，米外交の将来　131

機や特殊部隊を使ったテロ容疑者殺害計画を遂行しビンラディンを殺害，市民の巻き添え犠牲が多発する無人機攻撃も強化していった[9]．イランの核開発計画の混乱を狙ったサイバー攻撃もオバマが強化している[10]．これらは地上部隊を派遣する作戦でなく，米国の軍事技術を駆使したお手軽な介入でもある．

オバマは2011年からアラブ世界全体で始まった「アラブの春」で民主化運動支持と安定維持の両方の目標の間で迷走した．エジプトでは民主化運動を支持しムバラク・エジプト大統領の退陣を促したが，イスラム主義の「ムスリム同胞団」の伸長を危惧して，軍部によるクーデターを黙認した．シリアではアサド大統領の退陣を要求したが，これを拒否したアサド大統領に何の手も打てず，シリアは内戦に突入し人道的な悲劇を生んだ．リビアでカダフィ政権打倒の反政府蜂起が起きた時も，北大西洋条約機構（NATO）軍による空爆でオバマは「背後から指揮する」として抑制主義を宣言した．

次に試されたのが，シリアで化学兵器の使用が確認された2013年8月だった．オバマはシリアでの化学兵器使用は米国による軍事介入を招くと警告したものの，結局攻撃を見送った．

オバマはこの年9月の国連総会演説でオバマ・ドクトリンと呼ばれる軍事介入の原則を説明した[11]．まず「冷戦は終わった．グレートゲームはもはやない」のだから，化学兵器の拡散阻止，テロリストの温床としないこと以外に，「シリアには米国の国益はない」と明言したのである．その上でオバマは，①米国の同盟国やパートナーを侵略から守る，②エネルギーの自由な取引を守る，③テロリストのネットワークを破壊する，④大量破壊兵器の開発を認めない，を挙げて，「これらが米国の核心的利益である」と宣言した上で，これらのために軍事介入を行うと説明した．

平和で繁栄する中東の育成，民主主義や人権促進という目標は，「米国の軍事介入では実現しない」とも断言し，そのための介入は否定している．虐殺されそうになっている人々を救うための人道介入については，国際社会と協調して行うと冷淡である．

132

オバマがさらに自らのドクトリンを説明したのが2016年4月号の米誌アトランティックのインタビューだ[12]。「キリスト教が改革で変わったように，イスラムが自ら近代化と調和し改革を実現しない限り，イスラムテロの問題を完全に解決することはできない」と語り，米国が個々のイスラム圏の事案に介入することへの抵抗感をあらわにしている。自らを「世界のすべての悲劇を解決する力が米国にはない，と認識している現実主義者」と定義するオバマは，「味方か敵か」という2元論に陥る地域紛争で米国が果たせる役割を信じていない。

中東に関して言えば，①中東はもはや米国にとって死活的に重要な地域ではない，②中東が仮に重要な局面があるとしても，米国が改善できることは少ない，③米国人は大規模な流血などの問題を見れば解決したがるが，それは往々にして米国が多大な犠牲を払う戦争につながる，④米国がそうした戦争に巻き込まれて権威や力を失うことは世界の利益にならない——という結論である。

オバマ・ドクトリンの適用は中東だけでない。クリミア半島を併合しウクライナ東部にロシアが干渉しても，ウクライナには上記の米国の核心的利益がないから，軍事介入は見送るという結論になる。実際対ロ経済制裁など抑制された対応となった。

3．オバマ・ドクトリンの限界

それではオバマ政権2期目の大きな課題である「イスラム国」問題ではこのドクトリンはどう適用されたのだろうか。

2014年6月に「イスラム国」は，シリアとイラクの一部を版図とするカリフ制国家の樹立を宣言し，イラクの首都バグダッドに迫る軍事攻勢で版図を広げる動きに出た。オバマ政権は「イスラム国」は米国が国の存亡を懸念するほどの脅威ではない，と認定した[13]。対米テロを行ったアル・カイダに比

べて，「イスラム国」はイスラム世界における領土の拡張を目的としている点がその理由だ．

　しかし，一方で「イスラム国」が世界第3位の原油埋蔵量を誇るイラクの原油を独占する事態は131頁に記述した米国の核心的利益の②に当たり，また親米のイラク政権は米国のパートナーであり，それを守ることは①に当たる．オバマは軍事介入を決断し，14年8月からイラクで，そして9月からはシリアで空爆を開始した．欧州諸国，アラブ諸国を参加させて，多国籍軍の空爆とし，国際協調の形をとった．空爆開始に当たって国民向けの演説で，イラクで働いている米国人の救出と「虐殺されそうな少数民族」の保護を挙げており人道介入の性格が強いこともアピールした[14]．

　世界への軍事介入はできるだけしないとの方針で出発したオバマは，暴力が吹き荒れる中東の現実に直面し，原則と現実の間の試行錯誤の末でドクトリンをつくっていった．しかし欠陥が多い．

　オバマはイランとの核合意を外交成果と位置付けている．イランをサウジアラビアとともに「代理人」として使うニクソンの2本柱戦略の復活を描いたという[15]．イランから「イスラム国」を打倒する地上部隊の投入を確保できるし，中東の抱える多くの問題が解決に向かう環境ができるとの読みだ．イラン外務省のガセミ報道官は「米国とイランは真剣に『イスラム国』と戦っている」「多くの点で利害が一致してきている」と述べ，これまで敵対してきたイランと米国の関係が変化したと指摘している[16]．

　しかし，この2本柱戦略の復活は，シーア派（イラン）対スンニ派（サウジ）という中東世界の歴史的なライバル関係の中では，やや夢想的でもある．実際，米国とイランの接近などを背景に，サウジは2016年に入りイランと断交しており，2本柱戦略は機能していない．

　2本柱戦略は双方の緊張の中でバランスをとり地域の安定を実現する，海洋大国の伝統的なオフショア・バランシング戦略（外海から均衡を図る）[17]でもあるが，米国が直接的に軍事介入する意思も能力もないことから，便宜的に現地の「代理人」を使うという戦略だ．平時は操り人形のように「代理人」

を使い，米国の国益が直接的に脅かされる時だけ，直接軍事介入で対症療法
をするというのは安直と批判された．

　オバマは抑制的な姿勢の一方で，「テロとの戦い」において無人機や特殊部
隊を駆使して，テロリスト容疑者を殺害する残虐な作戦を強化しており，矛
盾したメッセージを発している．中東の現場で起きていることは無人機作戦
による市民の巻き添え死であり，反米感情は静まらず，米国の活動への支持
も広がっていない．

　テロリストであると断定できなくても殺害目的の攻撃を行う識別特性攻撃
（シグネチャー・ストライク）は特に悪評が高い．イスラム教徒の若者たちが
何らかの肉体的訓練を行ったり，銃器を持ってトラックで移動していたりす
ることが偵察機からのライブ映像で分かれば，それはテロリストの疑いがあ
るとみなして攻撃するというものだ[18]．これでは誤爆は避けられない．

　中東はイラク，シリア，イエメン，リビアと次々と国家解体のプロセスが
始まっており，大量の難民が発生した．エジプトはシシ政権下で軍の独裁体
制に逆戻りし，ムバラク政権時代より人権弾圧はひどいと指摘されている[19]．
オバマはオバマ・ドクトリンの非介入主義について「馬鹿なことは二度とし
ないことだ」とまとめ，自らの賢さを主張した[20]．しかし中東溶解の事態，
それによって生じた膨大な市民の悲劇は，オバマ・ドクトリンの行き詰まり
の証左と言えよう．

4．地政学パワーの逆襲

　地球規模でみれば，米国の抑制的な介入原則が生む「空白」を，地政学戦
略をとるロシアや中国などの強権的国家が埋めることで，世界の基調だった
リベラル秩序が後退する事態を招いている．オバマ・ドクトリンは中国やロ
シアなどいわゆる地政学パワーに「米国はよほどのことがない限り軍事介入
しないのだ」とのメッセージを与えてしまったのだ．

ロシアの 2014 年のクリミア併合や 2015 年のシリアでの空爆開始, 中国の東シナ海進出の活発化や南シナ海の軍事拠点化などは, いずれもオバマ政権時代に起きたことである. ロシアと中国はイスラエル, サウジアラビア, エジプトなど米国の強固なパートナー国との軍事・政治・経済関係を築いており, 米国の「陣地」を侵食しているのだ.

冷戦後の世界は米国の一人勝ちと言える状況で, 米国の世界覇権が確立された. そこでは民主主義, 市場経済を 2 本柱として米国が頂点に立つリベラルな国際秩序, 非地政学の世界ができあがったはずだったが, ロシア, 中国が代表する地政学パワーはオバマ・ドクトリンを好機として逆襲に転じている.

プーチン・ロシア大統領は 2014 年, 15 年と 16 年と 3 回の筆者ら外国人記者とのインタビューで, 欧米主導の国際枠組みへの不満や中国との「過去にないレベルの相互信頼」など地政学的な思考を語り, 米秩序への挑戦を宣言している[21]. 例えば, クリミア併合を理由に主要国首脳会議 (G8) から排除された 14 年には, 「G8 はお茶を飲む会になってしまった. 実質的な議論はなされない」と述べ, リベラルな国際秩序の頂点に立つ G8 に背を向ける姿勢を明らかにした[22].

中国も現代版シルクロード構想である「一帯一路」やアジアインフラ投資銀行 (AIIB) の創設で, 中国中心の国際枠組み作りに精力的である. 経済面だけでなく安全保障面でも習近平国家主席が 2014 年のアジア相互協力信頼醸成会議 (CICA) で, 「アジアはアジア人が守る」と演説し, 米国抜きの安全保障観を打ち出している.

焦点となるのは中国とロシアによる「同盟化」だ. 中国, ロシアともに一国だけでは米国に対抗できない. だが, 中ロが一体化した場合は話が違う. これこそマッキンダーの地政学が言う「ユーラシアを制し世界を制するパワー」の出現であるし, 米国が恐れてきた「米国をしのぐ潜在的な敵対勢力」である.

中国, ロシアともに今のところは, 「同盟」を否定している. プーチンは「両国は他国に対抗するブロックはつくらない」と発言し[23], 中国側もロシ

アとの同盟よりも「ロシアを下に従える」意識が強い．両国ともにまずは米国との関係の改善を望んでいる．

しかし，ロシア外務省高官によると，両国は国際会議などで事前に打ち合わせをし，立場を調整しているという[24]．確かに国連安全保障理事会や国連総会での採決では，重要な問題について両国は同じ対応をすることが目立っている．また，ロシア製の武器やロシア産天然ガスの対中輸出合意から，関係は着実に深まっているとみるべきだろう．

オバマはリベラルな国際秩序への信頼を語るが，その秩序を担保するには「力の行使」が必要なのが国際社会である．米国は依然世界一の力を持つ．が，軍事力の行使に背を向ける姿勢であっては，理想とする秩序は作れずに逆に「力」をむき出しにする地政学パワーに追いつめられるという宿命にあるのだ．

5．地経学の戦い

米国も指をくわえて地政学パワーの伸長を眺めているわけではない．オバマは核兵器拡散，温暖化，感染症などグローバルな脅威に優先的に対応する方針を任期中示してきた．東と西を大洋に挟まれ外界からの侵略の危険が薄いという米国の地理的利点を考えれば，中国やロシアという地政学パワーの進出に対応を迫られるよりも，米本土が直接的に脅かされる核兵器，温暖化，感染症，世界的な経済恐慌を重大視するのは一理ある．

同時にグローバルな脅威に対抗する国際的な枠組み，それもリベラルな国際秩序に基づく枠組みをつくれば，米国が中心となることが可能となり，長期にわたって地球規模の覇権を維持することができる．

オバマは先述の米誌アトランティックのインタビューで，米国にはすべての問題を解決する力はないと述べた上で，「我々がインパクトを与えることができる分野を選ばなければならない」と述べ，それは国際規範づくりである，と結論づけている[25]．オバマの8年間の任期での外交的成果もこうした文脈

で解釈できる．イラン核合意は核兵器の拡散防止という国際規範の強化に向けた重要な一歩だし，環太平洋経済連携協定（TPP）の合意も，貿易だけでなく金融，医療，サービス，知的財産権など幅広い分野において，世界でもっとも経済発展が見込まれるアジア太平洋地域で自由な体制をつくることで，TPP原則を世界に広げて行く国際的枠組みづくりの一環である．

　もう1つ米国が地政学パワーに仕掛けているのが，地経学戦略だ．地経学とはその国の強みである経済力を使って国益を実現する戦略である．1980年代の日本の対米経済進出を称して使われだした言葉[26]だが，軍事力を中心とする地政学に比べてグローバル化の時代に，地経学は有用性が高まっている．

　米国の地経学戦略の成功例として分かりやすいのは，今世紀に入って米国で急激に生産量が増えたシェールオイルとシェールガスであろう．2011年には100ドルを超えていた原油価格は2016年8月には50ドルを割った低い価格で推移している．その大きな原因は米国のシェールオイルとシェールガスの生産で化石燃料が供給過剰となったことである．この結果，ロシアやサウジアラビア，イラン，ベネズエラなどの資源国経済に大きなダメージを与えた．エネルギーの最大輸入国である中国に対して優位な地位を得ることもできた．

　シェールオイルとシェールガスの生産は，米政府が戦略的な理由で始めたものではない．米国が持つ高度なエネルギー採取技術と私企業のダイナミックな挑戦のたまものだが，米政府は途中からこれらのエネルギー企業に好意的な姿勢をとり，中東から手を引き，同時に産油国パワーを削ぐという戦略に活用し出した．

　もう1つの例は金融制裁である．9・11後に米国が対テロ戦争遂行のために，米財務省に着手を命じた．国際金融の世界では顧客情報の非開示が原則だったが，米国内法を利用するなどして各金融機関に米国内での取引禁止の脅しをかけることで，米国が標的とする個人，企業，政府の金の流れを明らかにさせた[27]．

　アル・カイダや「イスラム国」の資金調達の封じ込め，北朝鮮の金政権の

資金源であるマカオの銀行の閉鎖、イラン銀行グループの国際金融市場からの締め出しなどで大きな効果を上げた。北朝鮮は金正日の個人資産が凍結されたことでパニックになったし、イランが核開発の制限に合意したのも金融などの経済制裁を逃れるためだった。アル・カイダが急速に影響力を失い、また「イスラム国」が領土を失ったのもこうした米国の金融面での締め付けがあったのだ。

　現在米国はロシアに対する金融制裁を科している。欧州や日本など先進国もこれに従っている。ロシアの新たな大規模エネルギー事業は金融機関の参画が不可欠だが、米国の金融制裁がこれを封じている[28]。ロシアは中国への天然ガスの輸出などで活路を見出そうとしているが、原油価格の下落もあり、2年連続のマイナス成長で困難な状況に陥っている。

　かつて反米姿勢で知られるベネズエラは原油安で3年連続のマイナス成長に陥り、反米勢力のヒーローだったチャベス前大統領の死去もあり、米国への挑戦的な態度は消えてしまった。オバマはキューバとの国交回復を果たしたが、キューバとしてはベネズエラという後ろ盾を失ったことも対米政策の転換の1つの理由だった。

　中国も新シルクロード構想「一帯一路」やアジアインフラ投資銀行（AIIB）、東アジア地域包括的経済連携（RCEP）などの経済圏づくり、そして人民元の国際通貨化、米国債の保持という地経学戦略で対抗している。ロシアもユーラシア経済同盟など自らの経済圏づくりを進めており、地経学戦略が今の世界での「戦い」の場面となっている。まさに「金融の兵器化」[29]である。

　こうした地経学、特に自由貿易圏づくりの動きの中では、圏域の中軸となる国である米国、中国、ロシアなどが求心力と決定力を持ち、2番手以下の国の発言力を弱めていく傾向がある[30]。アジア太平洋では米国中心の経済圏でも中国中心の経済圏でも日本がその発言力を弱めていく2番手の国の役回りを負うことになる。地政学、地経学の双方で大国中心の時代が到来していると言えるのだろう。

6. 感情と価値の世界

　グローバルパワーである米国の対外政策と地政学パワーであるロシア，中国の逆襲をみてきた．しかし，もう1つ21世紀に入ってから注目しなければならないのが，人々の感情，あるいは価値観がもたらす国際関係への影響である．端的な例が英国の欧州連合（EU）離脱の国民投票であり，米国のトランプ大統領の誕生である．EU に対する「怒り」，移民・難民の流入による伝統的な社会が破壊されるのではないかという「不安」が原動力となって英国は EU 離脱を決めた．その結果，EU の統合力は弱まり，欧州全体が国際社会において長期的なパワーの低下に苦しむことになりそうだ．

　それは米国が描く先進民主主義国が中心となってリベラルな国際秩序を確立していくという戦略をも揺るがす．「怒り」「不安」は英国だけでなく，欧州全体，そして米国でも対外関係に影響力を持っている．白人の「怒り」を背景に生まれたトランプ米政権の内向き志向を考えれば，米国の国際社会での地位低下は加速するとの懸念がある．中東イスラム世界でも「イスラム国」の伸長やテロの暴力は「怒り」の感情を反映している．

　かつてフランスの国際政治学者のドミニク・モイジは2009年に出版した『「感情」の地政学』[31]の中で中東を「屈辱の文化」，欧州・米国を「恐れの文化」，アジアを「希望の文化」と区分けして，それぞれの国・地域の発展，さらには国際関係への影響を分析した．

　それから10年もたっていないが，中東は依然「屈辱」あるいは「怒り」が基調であるし，欧州も「恐れ」「不安」がますます強まっている．というより世界中がこうした否定の感情に覆われている．暗転を象徴するのはブラジルだ．2009年にリオデジャネイロが五輪招致を決めた時に，ブラジルは BRICS の一国として高成長率を続ける「希望」の国だった．だが，今はマイナス成長の連続に陥った．五輪前の世論調査では50%が開催に反対している[32]．巨額の費用を五輪に投じるよりも市民生活に回すべきだ，という怒りの表明だ．

リオ五輪は1964年の東京開催や2008年の北京開催と同じ，途上国から先進国への飛躍を象徴する五輪と位置付けられるが，ブラジルは先進国入りする前の段階で経済の低迷時期に突入してしまい，国民は五輪に希望を見いだせないのだろう．

　世界を覆う「怒り」「不安」の底流にあるのは，グローバル化し流動化する時代に，自分，あるいは自分たちのグループが正当に評価されず，見下され，その結果屈辱感にさいなまされている，という感情だ．「自分は何なのか」「何が自分の誇れるものか」というアイデンティティ，帰属意識の危機である．アイデンティティを突き詰めて考えてみれば，価値観の問題に到達せざるを得ない．価値観の揺らぎ，ぶつかり合いが世界を不安定にしているのだ．

　感情や価値観はこれまでも国際政治を動かしてきたが，21世紀の特徴としてグローバルに発達したメディア，個人が情念を発散できるSNSが，「怒り」「不安」を瞬時に国境を超えて届け，共鳴板として何倍にも増幅して政府の対外政策に影響を与えている．「アラブの春」も「イスラム国」への欧米の若者の参加も，トランプ現象もすべてこのメディア，SNSという共鳴板があったからこそ起きた現象なのである．

　米国がいかに合理的な世界戦略やドクトリンを描こうとも，それをひっくり返す力を持つのが，人々が持つ感情であり，その奥にある「価値観」であろう．これらが果たす役割を分析しなければ，今の世界，米国の将来戦略を見通すことはできない．感情や価値観は国際政治のハードポリティクス，特に地政学では重視されない．地理，人口，資源などその国が持つ要素が国家の運命を決めると考えられがちだ．だが，地政学の祖マッキンダーはそうした運命論に陥っては「世界地理の単なる奴隷」になると述べ，歴史と伝統，あるいは国家の運命を変える「理想」や「勇気」の重要性を説いている[33]．

　先進民主主義国，地政学パワー，イスラム世界，欧米のイスラム教徒と順番に，感情と価値観の問題を見てみたい．

(1)　先進民主主義国

2008 年米大統領選でのオバマの選出は，希望を復活させる機会になると期待を集めた．しかしオバマ時代の米国で起きたことや，2016 年大統領選での共和党トランプ候補の予想外の当選をみると，米国，特に依然多数派である白人の労働者階層はますます「恐れ」「不安」のカテゴリーに陥り，「怒り」を基に，政治行動に出ていることが分かる．

トランプ現象とは 1960 年代から進む米国のリベラル化，その後に起きたグローバル化に対する不満派の受け皿であった．それは最初，キリスト教保守派として表れ，オバマ政権になってからは小さい政府を志向するティーパーティー（茶会）派だった．共通するのは米国の価値観の破壊への怒りである．世論調査では米国が「間違った方向に進んでいる」との答えは過去 2 年間で常に 6 割を超えており[34]，米国民の基調が「不満」であることが分かる．世界への関与を減らすべきだというのも 6 割近い[35]．

こうした米国民の意向を反映した「米国第一主義」，つまり米国再建に専念すべしという要求は，米国の外交・安全保障政策を介入主義とは真逆に向かわせることになる．国際関与派であるヒラリー・クリントンでさえも，2016年大統領選の期間中に TPP 反対を表明せざるを得なくなるなどその影響を受けている．

欧州はもっと「不安」と「怒り」が充満している．欧州連合（EU）からの脱退を決めた英国の国民投票は 52％対 48％という差がついたが，英メディアの分析では，離脱に票を入れたのは，50 歳以上の中低所得層の白人だった．これに対して若者，高学歴，高所得層が残留派だったという[36]．

離脱派が勝った理由は，①英国の法律よりも EU 法が優先する事態への反発，② EU 内での人の移動の自由が東欧やイスラム系の移民の流入を招く，③大陸欧州と対峙する英国という国の価値が消えることへの危機感——が上げられている．ここでは，「怒り」「不安」，そして大英帝国という過去の栄光への誇りや価値観が重要だったことが分かる．

英国だけでなく，フランス，ドイツ，オーストリア，ポーランドでの極右政

党の伸長は，EU に搾取されているとの不満や移民への恐怖，それぞれの国の文化が奪われるという恐れを背景にしていることは，米国や英国と同じだ．

　米欧と同じ先進民主主義国である日本でも，「不安」が国民感情の基調である．「失われた 25 年」で経済成長時代の終わりは明白なのだが，成熟国家への転換もできていない．8 月に発表された世論調査では，日本人の 4 割が将来を悲観し，その最大の理由は急速に進む高齢化と人口減少に対して有効な対策が提示されていない，となっている[37]．世界での民主主義の今後の普及についても 47％が今とさほど変わらないと答えており[38]，民主主義に対する自信が損なわれているのだ．中国，韓国の追い上げはナショナリズムと戦後レジームへの懐疑的な見方を拡大した．ヘイトスピーチや核武装論は，日本をかつての「平和と繁栄」の国から，「不安で方向性が見えない国」に変えている．外交的にも日米同盟への不信感，中国との敵対関係という不穏な情勢を生んだ．

　先進民主主義国では表現の自由，民主主義，市場経済という価値観に基づくシステムが機能し，その結果国が繁栄し個人の幸福感が得られれば，満足，希望の感情となる．しかし今こうしたシステムは壁にぶつかり，その価値観は弱まっている．これらの国はグローバリズムの恩恵を味わい，その勝者であるのに，移民の流入が職を奪い社会秩序を破壊するという不安から，門戸を閉ざしている．自由民主主義というアイデンティティ，価値観を自ら否定しているのだ．

　自由民主主義の先進国である米国と英国が，中東を民主化すると宣言して始めたイラク戦争は失敗に終わり，その荒廃したイラクから「イスラム国」（IS）が生まれた．IS や IS に刺激を受けたイスラム教徒が起こすテロの嵐を目の当たりにすると，米国の対外介入の伝統的原則である「自由民主主義の世界への伝播」は幻に終わった，との苦い思いが湧いてくる．

　トランプ現象の過程で浮き彫りになった黒人と白人の対立は，米国の民主主義が人種対立という構造問題を解決できていない事実を如実に物語る．リンカーンの奴隷解放宣言，1950 〜 60 年代の公民権運動，少数派優遇政策を

はじめその後のさまざまな人種融合政策への疑問が頭をもたげる．中国政府は米国に民主化の遅れや人権問題を指摘されると，米国の人種差別を挙げ，「米国は他国の政治を批判できない」と反論するが，まさにその言い分が成り立つような状況である．

民主主義陣営の内向き傾向は多くの国際的な問題からの退却といった状況を生む．その結果生じる「空白」を埋めているのは，本章で何度も指摘してきた地政学パワーである．

(2) 地政学パワー

それでは地政学パワーであるロシアと中国における感情と価値観はどうだろうか．冷戦の終わりとソ連崩壊という屈辱の後，ロシアは民主主義と市場経済導入で欧米に追いつこうとした．しかし，うまくいかなかった．さらに北大西洋条約機構（NATO），欧州連合（EU）の拡大でロシアはますます孤立し追い詰められる屈辱感を味わった．こうしたロシア人の屈辱，怒りを背景に登場したのが，「強いロシア」を掲げるプーチンである．

プーチンはNATO拡大や米ミサイル防衛の配備反対など欧米の東への拡大を拒否するとともに，グルジア内戦への派兵やクリミア併合など旧ソ連の版図の回復を思わせる拡張的な行動に転換し，中東にも進出する戦略をとった．冷戦後のリベラルな国際秩序から地政学モードへ世界を変質させたわけだが，こうしたプーチンをロシア人の7〜8割が支持している．

プーチンはソ連崩壊を「地政学的破局」と呼び，ロシアの近代化，大国化に功績のあったピョートル大帝を英雄視するナショナリストである．同時にロシア正教会を財政的に支えて，ロシア人の精神的なアイデンティティを強化する政策も続けている．東方正教会のリーダーとしてロシア正教を据える政治力を発揮し，石油と天然ガスを売るだけの資源国家ロシアではなく，誇るべく独自の宗教を持つロシアのアイデンティティを作り上げるのに成功した[39]．冷戦で社会主義という価値観を失ったロシアに，正教という新しい価値観を根付かせているのだ．

144

　中国は「怒り」をバネに復興を果たそうとしている．かつての大帝国がアヘン戦争以降に欧米支配に転落した屈辱感は，他の民族には容易には想像できない．1978 年に鄧小平が始めた改革・開放路線は経済成長を実現し，リーマンショックで先進国がおびえた時には，一国だけで大型の財政出動を行って世界経済を救った．屈辱から栄光への軌跡は，世界帝国の願望を助長することとなった．

　2015 年初夏に始まった中国の経済不調とその後の「新常態」経済は中国をスローダウンさせた．それでも「一帯一路」シルクロード構想や AIIB に世界の注目が集まるのを見ると，中国は依然「希望」を放射していると言える．国際的な世論調査では，中国人の 6 割近くが現在の生活に満足していると答え，実に 7 割近くが 5 年後の将来を楽観している[40]．この楽観は先進民主主義国や中東では考えられない．インド人も同様の楽観を示しており[41]，新興国が持つ将来性はその資源や経済とともに，国民感情が支えていることが分かる．

　中国は自由民主主義でなくとも国家と人々を豊かにする新しい道を提示したことで，新たな価値観，アイデンティティを得た．自由民主主義とは異なる道に惹かれるアフリカやアジアの国々との結び付きを深めている．中国はAIIB や一帯一路構想で，欧州との関係も強めている[42]．英国の EU 離脱で統合力が弱まった EU は，中国にとって攻めどころであろう．

　一方で，南シナ海を中心にした威圧的な海洋進出は周辺国や米国とぶつかり，2016 年 7 月の仲裁裁判所判断で明らかになったように，米国が中心となる国際規範の壁にぶつかっている．TPP もそうした中国排除の一例だろう．報道の自由を求める動きや少数派の権利主張，民主化の動きに天安門事件以来なかったような強権的な対応をする習近平政権に対する国民の不満も否定できない．中国が今後停滞する可能性は「中所得国の罠」など大きい．そうなれば「強く大きくなる」という価値観は否定され，「不安」そして「怒り」が表面化しやすい．

　こうした豊かさだけを追うモデルの限界を感じてか，習近平主席は「中国

第6章 地政学，価値観，米外交の将来 145

の夢」という価値観を掲げた[43]．豊かさの追求を捨てることなく，大帝国の復活というナショナリズムにも立脚し，そして競争的，鋭角的な欧米とは異なるアジア的な「調和社会」において個々人が夢を実現していくという考えである．安定を築く政治制度，豊かな経済，そして精神的な価値も持つ超大国として浮上することで米国に対抗し二極時代，さらに将来の中国一極時代への道筋を描いているのだろう．

(3) イスラム世界

　イスラム世界では価値観をめぐる激しい突き上げが起きている．激動の時代には価値観が重要な問題となることは世界で共通している．中東イスラム世界はまさに激動下にあるだけに，人々はその価値観であるイスラム教に意味を見出す傾向が強い．

　7世紀に始まったイスラム教はアフリカ北部，欧州南部，アジアの南部まで支配下に入れる世界帝国を築いた．ウマイヤ朝，アッバース朝と続くアラブ・イスラムの絶頂期である．この頃は欧州が中世封建時代で政治，経済，文化，科学の面で遅れていたこともあり，イスラム世界は最先端を走った．しかし，その後は近代化に遅れをとり，20世紀に入ってからは西欧帝国主義によって植民地化された．そして第二次大戦後はイスラエルとの戦いの敗北，社会主義の導入やアラブ民族主義による統治の失敗，ペルシャ湾岸の王制石油国家と欧米の結託，そしてようやく訪れた民主化運動「アラブの春」も挫折するという，いわば失敗の連続が続いた．イラク戦争で米国に政権を潰されるという屈辱もアラブ世界は受けた．怒りがたぎらない方が不思議だろう．

　アラブ・イスラム世界の失敗と屈辱の末に新たな魅力を持って再登場してきたのが，価値観，アイデンティティとしてのイスラム教だ．かつてのカリフ制帝国が築いた栄光の歴史，欧米にもアジアにもない独自性，そして生活のすべてを律する権威を持つイスラム教こそが，帰属できる力となって浮上したのだ．

　アラブではないが，ペルシャ人の国イランが1979年の革命で親米の王制を

打倒した革命でイスラム教シーア派聖職者の指導体制を確立した．また，これもアラブではないが，アフガニスタンでは1980年代の内戦でイスラム戦士がソ連を追放した．これらの革命，戦いを勝ち抜いた価値観，アイデンティティはイスラム教だった．イスラムに準拠すれば，超大国やその庇護にある王制を打倒できるという成功モデルが示されたのである．

　特にイランは米国とソ連という両超大国との関係を冷却化させたにも関わらず，イスラム教を軸にした国家づくりに成功したことで，イスラム教徒のあるべき姿をアピールした．エジプトとイスラエルの平和条約締結などアラブ世界がイスラエルとの戦いを放棄し融和姿勢に動く中で，イランがイスラム革命の伝播を目指したことは，アラブ世界の気概のなさに対比して，イスラム大衆には極めて魅力的に映ったのだった．

　現在暴力面だけが取り上げられる「イスラム国」(IS) は，アラブ世界の価値観，アイデンティティをめぐる屈辱の歴史の凝縮として現れたととらえることができる．IS が言うカリフ制はかつての栄光である7〜8世紀のウマイヤ朝から取ったものだし，奴隷制や略奪的な結婚など時代錯誤的な支配は，当時の時代を絶対視する歪んだ思想の表れだ．イスラム教を利用して支配を図る手法は，イスラム教に帰属意識を求める人々に受け入れられる余地があるのだ．IS が壊滅状態になったとしても，イスラム教徒のアイデンティティ探しの動きは終わることなく，次の IS が出現していくのだろう．

　欧米はアラブ世界に民主化と市場経済が地域と人々を発展させると教えてきた．しかし，イラク戦争で明らかになった米国の帝国主義的な支配思想，そして現在の欧米の政治・経済の低迷をみると，民主主義や市場経済は明らかに魅力を失っている．イスラム教が相対的に価値を高める環境にあるのだ．

　さてこのイスラム教世界の混迷は欧州への移民・難民の流れを生み，欧州の右傾化，英国の EU 離脱と EU 分裂，そして米国ではトランプ大統領の誕生という動きの原因の1つとなった．その結果生じた欧米の孤立・保護主義的な外交姿勢は，リベラルな国際秩序を揺さぶり，冷戦後進んできたグローバリズムに転機をもたらした．

(4) 欧米のイスラム教徒

　欧米で育ったイスラム教徒の若者たちが中東に出向いて IS に参加する現象
や，西欧諸国でテロを起こすいわゆるホームグロウンテロも，価値観が影響
を与えている．ニューヨーク市警が2007年にホームグロウン・テロリストを
調査した報告書[44]によると，イスラム教徒の若者がテロ犯となる道は，①目
立たない生活を送る「過激化前」段階，②イスラム過激主義について関心を
持つ，③イスラム過激主義を深く信じるようになる，③強い信念を持ちテロ
に参加する——の4段階のプロセスを進むという．

　①の段階ではイスラム教徒ゆえの貧困や差別という過激化に陥りやすい環
境がある．②のイスラム過激主義について関心を持つ契機は，イスラム教徒
であることを理由とした失職や移動の制限，疎外，差別，イスラム教徒が巻
き込まれ犠牲になる国際紛争の発生，親族の死亡など個人生活での悲劇が上
げられている．③の深く信じるようになる段階では，事態の改善のために「行
動が必要であると確信する」わけだが，ここでは同じような心情を持つグル
ープとの交流や「精神的な指導者」による勧誘や教唆が重要な意味を持つ．こ
こで出会ったグループはそのままテロの実行グループに発展していくという．

　イスラム教徒であることが引き金となり，そしてイスラム教徒であるとの
価値観，アイデンティティに染まり，同じ意識を持つ仲間との交流が始まり，
それがテロを起こす精神的な支えになっていくという，価値観の凝縮過程が
テロへのプロセスであるとの分析だ．聖戦（ジハード）という具体的な選択
肢もそこでは提示されていく．中東イスラム世界では，欧米に対する抵抗の
礎としてのイスラムの価値観があるのだが，欧州のイスラム社会でも価値観
が核となってテロが起きている．

　西欧社会は自由民主主義の本来の姿として，イスラム教徒の若者を包摂す
べきであるのに関わらず，既に見てきたように経済の低迷や他者による文化・
社会の変質，そして実際に起こるテロを恐れて，イスラム教徒を排除してい
る．この現実がニューヨーク市警報告書の描くテロのプロセスを選ぶ若者を
拡大再生産していると言える．2015年末からフランスやブリュッセルで起き

たテロは，実行犯が信仰深くないとの分析もある[45]．しかし，その場合でも
アイデンティティ，つまり自らが帰属でき誇れるものとして「イスラム」が
出現する意義は変わらない．

　「怒り」や「不安」が充満する国際政治の中で，米国ができることは限られ
ている．「世界の警察官ではない」とのオバマ発言は批判されたものの，軍事
介入も解決策にはならない．「怒り」の震源とでも呼ぶべき中東イスラム世界
で，イスラム教の啓蒙が進み，民主主義との両立が実現するまで，あるいは
人口構成が変化して「怒り」の担い手である膨大な数の若者が熟年となるま
で待つしかないとも言える．

7．3層の世界と米外交の将来

　本章の最後に今後の米国の対外政策を考えてみたい．地域的に見れば，中
東の重要度は減じた．エネルギー自立を果たした今，ペルシャ湾岸の石油は
かつてと意味を変えている．イスラエルの安全保障は依然重要課題だが，弱
体化したアラブ諸国がイスラエルを攻撃する力はないだろう．今後はアジア
重視戦略をとり続けるとみられ，世界戦略の中で中東はテロの温床とさせな
いことが最大の課題である．

　ヒスパニック系やアジア系が増えて米国の人口構成が急激に変わり，人種
的少数派が政策に対しても影響力を増す中で，「米国はかつて欧州系の白人が
主導したような他国を先導するような外交・安全保障政策に関心がない」と
指摘する有力者[46]もいる．2016年大統領選挙でも中東に米軍を大量に投入し
て地上戦を行うべきだと唱える有力候補は1人もいなかった．世論も長期の
大規模覇権を支持していない[47]．米国にとって死活的な脅威が出現しない限
りは，新たな大規模介入は難しいのではないか．

　今の世界を分析するには3層に注目する必要がある．3層とは，米国が得
意とするグローバルな秩序・枠組みづくり，中国，ロシアといった地政学パ

ワーの伸長とそれに対する米国の防戦，そして人々の「怒り」「不安」の感情
と価値観が力を振るう層である．この3層の世界での米国の対外政策につい
て分析してみたい．

(1) 分岐点のイラン

　まず，グローバルな秩序・枠組みづくりだが，そのテストケースであるイ
ランを取り上げてみよう．イランは今の世界で「希望」が基調の数少ない国
の1つである．イスラム革命，イラン・イラク戦争，そして核兵器開発疑惑
で40年近く国際社会から孤立してきた．2015年7月にようやく核合意に達
し国際社会への復帰を果たしつつある．

　人口8,000万人，その中でも30歳未満が6割を占める「若者大国」，天然
ガスの埋蔵量は世界1位，石油は4位という資源大国でもある．ユーラシア
大陸の中央部に位置しインド洋にも面しており，潜在力は大きい．イラン人
が「ようやくわれわれの出番が来た」と喜んでいても不思議はない．

　イランはイスラム教シーア派勢力者の指導体制という，欧米の自由民主主
義とは異なる価値観，アイデンティティを掲げる．長い国際社会からの孤立
の底流には「イスラム」を国家の基軸に据えるという異質性があった．イラ
ンにとっては異質性を捨てることなく，正面から国際復帰を果たしていく道
は，誇りそのものであろう．

　イランの核合意に米国はいくつもの期待を込めた．まずイランの核開発を
制限し平和利用だけに限る方式が確立できれば，1960年代に日本やドイツの
核兵器保有を阻止できたのと同じ効果が期待できる．つまり核兵器保有の潜
在国に対し，原子力の平和利用だけを認める先駆けとなる．核兵器保有の潜
在国とはサウジアラビアやエジプトなど中東の大国であり，韓国，インドネ
シアやベトナムなどアジアの国々もそうだ．核兵器の拡散阻止は米国の最優
先課題の1つであり，グローバルな秩序・規範づくりは前進する．

　イランを中東の地域大国として認める今回の合意は，中東の秩序の組み替
えともなる．これまでのサウジアラビアやエジプトを親米国として使ってい

た枠組みから新たにイランを組み込む．イランは「イスラム国」の壊滅に欠くことができないパートナーであり，ISや移民・難民の大量流出の元凶であるシリアのアサド政権後の政体づくりでも助けになる．

　米国との関係改善をもって初めてイランが国際政治・経済に完全復帰し，繁栄と安定を獲得できれば，米国の力を改めて確認できる．中国やロシアなど地政学パワーではなく，米国というグローバルパワー，リベラルな国際秩序の頂点に立つ超大国と関係を持たなければ，国家を飛躍させられないという現実は，世界にアピールするものがあるはずだ．

　イランが核合意で得るものは大きい．イスラム教聖職者の指導体制が国際社会から認知されることは，その民族的な誇りを大いに高める．シーア派でありペルシャ人であるという点で，他のスンニ派主導のアラブ諸国とは異なるが，「イスラム」という価値観が認知される点で，中東全体を良い意味で刺激する．

　一方でイランは波乱も抱える．核合意・経済制裁解除がもたらす景気回復にはイラン人が過剰な期待を抱いているだけに，失望に急激に転じる懸念が大きい．米国内の反イラン感情を依然根強く，イラン敵視政策に転換する可能性も捨てきれない．そうなれば，米・イラン関係は暗転しイランによる核開発の再開，米国の軍事的圧力が加速するという悪夢の再来となる．先述した通り，イランを取り込むことでサウジアラビアが反発し地域情勢が不安定化しているのも事実だ．

(2)　西進する中国

　地政学パワーとの攻防という面で考えるべきは中国の動向，それも西への伸張だろう．AIIBや一帯一路構想への力の入れ方は中国がユーラシア大陸を制覇する覇権国を目指していることが良く分かる．原油価格の下落やウクライナ情勢をめぐる欧米の制裁に苦しむロシアをジュニアパートナーとし，米国が撤退し「空白」となった中東との関係を築き，さらに英国のEU離脱で亀裂が入った欧州に金融・貿易面で接近している．太平洋への拡張は，世界

最大の力を持つ米海軍がにらみを効かせているから，実際は難しい．西への拡張に当面は専念するのだろう．

中国は人権，政治体制，少数派の待遇，台湾・チベット・新疆の独立問題などを抱える．経済の原則が加わり，果たしてこうした対外拡張の余裕はあるのか，との指摘が聞かれる．しかし，依然 6 〜 7％の成長を遂げている中国は，今後 10 年は対外拡張を続けるだろうとの見方が一般的だ．

米国にとっては，ユーラシア大陸に米国に匹敵する力を持つ国が出現するのは，まさに国家戦略上の悪夢である．北大西洋条約機構（NATO）や日米同盟の結束強化，インドの取り込みなどで対応するのだろうが，そうした方法では中国の伸張を止めることはできないだろう．

さて，米国の中国への対応に関して 2 つの考え方がある．オフショア・バランシング戦略と，地域に軍事的プレゼンスを維持・強化して中国と向き合う戦略である．

オフショア・バランシング戦略は，米軍の配置を続けて中国と対峙することは建設的でなく，また時間の経過とともに不可能となるとの判断から生まれたものだ．この地域に米軍の軍事的プレゼンスを残せば，中国との衝突の危険性を高めてしまう．このため，アジアにおける中国の覇権を米国が認め，軍事力をアジアから徐々に撤退させて地域の安全保障維持の責任を日本，韓国，中国に任せるという内容だ[48]．

これに対して米国の安保専門家たちの主流が支持する「アジア重視」は，旧来の安全保障同盟を確認し，また米軍のプレゼンスも最大限に生かし，中国の軍事的拡張を抑えていく内容だ．その背景にはリベラル秩序の担い手として，非民主的な国際体制を描く中国との覇権争いに敗北してはならないという意志とともに，発展するアジアから閉め出されてしまえば，経済的利益も失ってしまうという危機感がある．

131 頁に説明したオバマ・ドクトリンの言う，①米国の同盟国（日本，韓国，オーストラリア）がこの地域にあり，北朝鮮という不安定な核兵器・化学兵器保有国は④の大量破壊兵器の使用・拡散が現実となる恐れがあるから，

簡単に撤退すれば，米国の国際的な権威の失墜は決定的になる．一方で中国と比べて相対的な国力の低下傾向から逃れられない米国は，その埋め合わせのために，同盟国，特に日本に一層の防衛力の拡大と役割の肩代わりを求めてくるはずだ[49]．

しかし，米国は太平洋方面では中国の拡張を止められても，その西進にブレーキをかける手立てはない．新シルクロード構想など中国の西への拡張はかつての大帝国の復活という，まさに「中国の夢」という価値観が投影されているだけに対抗は難しい．

(3) 民主主義は復活するか？

最後に注目したいのは人々の「怒り」，そして価値観の面だが，自由民主主義陣営が民主主義と資本主義をいかに再活性化できるかが焦点である．自由民主主義陣営が自らの価値観に自信を持てなくなっているのは2つの分野である．1つは，民主主義という政治システムがそれぞれの国が抱える問題を解決できていないという意識が深まっている．もう1つは資本主義が富の不均衡を生むばかりで経済を活性化できない，という不信感だ．

米国は経済状況だけを見れば，先進国の中でもっとも良好であるのだが，所得の推移を見れば中間層が縮小し富裕層が富をため込む不均衡が明らかになる．トランプ現象は白人男性が抱く少数派は優遇策でいつも得をしているという「怒り」の表明であり，一方で黒人側には白人警察官による無抵抗の黒人射殺に対する「怒り」が充満している．本来はこうした不平等感や人種対立，行き過ぎた銃社会の弊害は，民主主義の政治システムの中で解決すべきなのだが，少数派の様々な権利擁護団体や全米ライフル協会（NRA）のような強力なロビイ団体が存在し，政治システムが機能するのをマヒさせている．

こうしたさまざまな問題が米国から「希望」を奪い，将来への「不安」，他者への「怒り」を生んでいる．今の米国の政治状況は共和党・民主党，保守・リベラルといった政治の既存の対立ではなく，富裕層対中低所得層，エリート対非エリート，国際派対国内派といった分け方が妥当であろう．前者が現

状に満足し，既存のシステムを守り，そして将来に希望を抱いているのに対して，後者は現状への不満・怒り，既存のシステムの破壊，そして将来を悲感しているのだ．そして本来世界に誇るべき米国の価値観から輝きを奪い，他の価値観であるイスラム教，あるいは中国が代表する専制主義が勢いを増す口実となっている．

欧州においてもギリシャ経済危機で露わになった EU 内部の南北対立や移民・難民に対して国境を閉ざす動きは，先進民主主義が本来持っているはずの，異質のものを包含するという寛容さは，ナショナリズムに屈服している事態を明らかにした．米国と並んで民主主義の優等生であるべき英国民が衆愚的な宣伝に煽られて EU 離脱を選択したのは，その最たるものだろう．先述した米国の満足派対不満派の対立は欧州でもみられるし，日本でも同じ状況がうかがえる．

先進民主主義の旗手である米国が，経済の好転を契機に「希望」を回復できるかどうかの正念場を迎えている．さまざまな調査では経済の好転が自信や将来への希望を生みだすとの結果がでているし[50]，ベトナム戦争やドル危機に見舞われた 1970 年代から 90 年代には見事に立ち直った成功体験からも米国が再生を果たす可能性は小さくない．そうなれば，米国は安全保障や経済システムでグローバルな統治システムをつくる主導権を握り，自由民主主義の価値観が世界で再び魅力を取り戻す機会が訪れる．長年世界の人々の価値観を調査している「世界価値観調査」は依然，民主主義が普遍的な人間の願望であることを示しているのだ[51]．

そのためには経済，政治，そして対外関係でオバマよりはるかに構想力と熱意，そして政治家としての技能を持った大統領の誕生が不可欠となろう．果たして第 45 代大統領のトランプはその能力を持っているのだろうか．

おわりに

2016年11月8日の米大統領選挙でトランプの当選が決まった．経済・貿易面での保護主義，安全保障面での孤立主義，そして多文化主義に背を向ける姿勢は，米国が自由民主主義の旗手であることを放棄したように見える．そして，米国が中心となるリベラルな国際秩序はさらに後退し，中国，ロシアを代表とする地政学パワーの一層の伸張を招きそうだ．

トランプを大統領にしたのは，「忘れられた人々」，つまり，学歴がそれほど高くない白人低所得労働者，その中でも男性であるとされる．この層の実質所得は過去20年にわたり減り続けている．彼らは急速に進む高度情報化社会についていけない．女性や黒人は少数派優遇策（アファーマティブ・アクション）で支援されているが，多数派である白人男性にはそうした助けはないから，怒りをたぎらせる．

米国の欧州系白人，そして敬虔なキリスト教徒が守ってきた伝統的価値観の崩壊にも怒りは向かう．多文化主義は歴史の必然であるのだが，少数派が代表する文化や権利に敬意を表するよう求めることは，白人男性，特に他文化との共存経験がない「忘れられた人々」は「息苦しい」と感じてしまう．少数派が原理主義的な権利主張をしており，白人は他人種や異性についての軽い冗談も今や言えない，というわけだ．

こうしたさまざまに積み上げられた「怒り」「不満」を背景にしてトランプは大統領の座をつかんだ．選挙公約中は「嘘」もたくさんついたが，発言が事実かどうかでなく，有権者の怒りへの共鳴を優先する手法は，まさにポピュリズム（大衆迎合主義）である．

一方で対抗馬のクリントンはエリートの代表と目され，グローバル化がもたらした格差社会，多文化主義の結果である「息苦しさ」を解決するどころか，助長するとみられた．米国民が抱く問題の解決策を示せなかったのである．民主主義が課題解決に役立たないとなれば，その魅力は失われる．トラ

ンプの大統領就任は民主主義の危機である.

トランプが率いる米外交はどうなるのだろうか. トランプはオバマが言った「米国は世界の警察官ではない」を引き継ぎ,「米国第一主義」を掲げる実利主義者だ. そのためにはロシアや中国との取引もするだろう. その結果, 過激派組織「イスラム国」への軍事作戦や中東の安定化には効果があるかもしれない.

しかし, トランプの実利優先の姿勢は, リベラルな国際秩序の中心を担うという責任の放棄につながる. ロシアや中国との取引は, 自由, 民主主義, 法の支配といった自由民主主義の価値観を世界に広げるという原則を損なうことになる. 例えば, ウクライナ問題はトランプとプーチンが「イスラム国」作戦で協力を進める中で, トランプ政権がロシアのクリミア併合やウクライナ東部支配を認めていく可能性がある.

アジアを見れば, 尖閣諸島に対する日米安全保障条約上の防衛義務や南シナ海の「航行の自由」作戦など, 中国への対応も同じ理由でソフトになるのではないか. 環太平洋連携協定（TPP）からの離脱宣言で, 米国の雇用に悪影響を与える可能性があるとの理由が中国に圧力をかけるという戦略的目標より優先されるとなれば, 自由民主主義諸国は米国の指導力を期待できない.

トランプのイスラム嫌いの言動も, 自由民主主義世界とイスラム圏の和解・協調を難しくする. 反イスラム感情が広がる欧米で暮らし, 不満をため込んだイスラム教徒の若者が, イスラムの価値観に一層引きつけられ, 聖戦（ジハード）という手法に走る懸念は強まる.

長期的に見れば, 米国は圧倒的な軍事・経済力に加えて科学技術・教育の先進性, そして何よりも国民が持つ進取の気運は, 大国間の競争の中で優位性を持ち続ける. リベラルな国際秩序は, 中国やロシアなど地政学パワーが描く強権的で独善的な影響圏域秩序よりも, 魅力があり持続可能であろう. このため, 米国が再び世界システムをより壮健なものに変えていく力を持ち続けるのは確かだ.

しかし, オバマに始まりトランプ当選で極まった感のある, 内向きの対外

政策は，米国民の他文化と接したくないという感情，自らの伝統を守りたいという価値観を背景にしており，長期的な傾向と言える．米国が国際主義に転じる日はすぐにはやってこないだろう．むしろ英国の欧州連合（EU）離脱決定と同様に，「怒り」の感情が充満し，政治が解決するどころか煽って短期的な利益を上げるという国家システムの劣化は内向きに拍車をかけるのではないか．その間，地政学パワーは派手な行動に出て，イスラム主義は民主主義に対抗する思想として訴求力を増す．世界の混乱が深まるのは必至と言えよう．

1) オバマ米大統領のシリア情勢をめぐる米国民向け演説，The Whitehouse, 2013 年 9 月 10 日.

2) The economist, *A dangerous modesty*, 2015 年 6 月 6 日.

3) 2013 年 9 月 2 日のマケイン上院議員の発言など.

4) 2 本柱政策については，Howard Teicher and Gayle Teicher, Twin Pillars to Desert Storm, William Morrow, 1993（邦訳：アメリカの堕落—中東政策をめぐる野心と嫉妬，毎日新聞社，1993 年），三上陽一，ペルシャ湾岸へのアメリカの関与，政策と海洋（「海洋国家としてのアメリカ」千倉書房，2013 年）などが参考になる.

5) 米国家安全保障戦略，The Whitehouse, 2002 年 9 月 20 日.

6) 米核態勢見直し，Department of defense, 2002 年 1 月 8 日.

7) オバマ大統領イラク演説，The Whitehouse, 2009 年 2 月 27 日.
http://www.whitehouse.gov/blog/09/02/27/Responsibly-Ending-the-War-in-Iraq/

8) オバマ大統領が無人機攻撃などでテロとの戦いを強化している点についての包括的な分析は，Obama's foreign policy: Ending the War on Terror, edited by Michelle Bentley and jack Holland, Routledge, 2014 に詳しい.

9) New AmericaFoundation, *Drone wars Pakistan*,
http://securitydata.newamerica.net/drones/pakistan-analysis.html

10) Sanger, David E. (2012), *Confront and Conceal*, New York: Crown.

11) オバマ大統領国連総会演説，The Whitehouse, 2011 年 9 月 24 日.
http://www.whitehouse.gov/the-press-office/2013/09/24/remarks-president-obama-address-united-nations-general-assembly

12) Goldberg, Jeffrey (2016), *The Obama Doctrine*, The Atlantic, April 2016.

13) Cronin, Audrey Kurth, *ISIS is not a Terrorist Group*（「Foreign Affairs」March/April 2015 所収），フランシス・フクヤマ，「イスラム国」過剰反応誤った対応招く，読売新聞 2015 年 2 月 22 日.

14) オバマ大統領演説，The Whitehouse，2014 年 8 月 7 日．

http://www.whitehouse.gov/the-press-office/2014/08/07/statement-president

オバマ大統領 ISIL に関する演説，The Whitehouse，2014 年 9 月 10 日．

http://www.whitehouse.gov/the-press-office/2014/09/10/remarks-president-barack-obama-address-nation

15) 筆者の本政府当局者とのインタビュー，東京で，2015 年 4 月．

16) 筆者とのインタビュー，テヘランで，2016 年 7 月．

17) Douthat, Ross, *The method to Obama's Mideast mess*, The International New York Times, 2015 年 3 月 30 日．

18) Inside Obama's Drone Panopticon, The Guardian, 2015 年 4 月 15 日．

http://www.theguardian.com/us-news/2015/apr/25/us-drone-program-secrecy-scrutiny-signature-strikes

19) The economist, *A dangerous modesty*, 2015 年 6 月 6 日．

20) Luce, Edward, *The return of exceptionalism*, Financial Times 2016 年 8 月 14 日．

21) プーチン大統領と筆者ら世界の主要通信社代表との会見，2014 年 5 月 24 日，2015 年 6 月 20 日，2016 年 6 月 17 日，すべてサンクトペテルブルグで．

22) Ibid. 2014 年 5 月 24 日．

23) Ibid. 2014 年 5 月 24 日．

24) 筆者のロシア外務省高官への取材，東京で，2015 年 12 月 22 日．

25) Goldberg, Jeffrey (2016), *The Obama Doctrine*, The Atlantic, April 2016.

26) Luttwak, Edward (1990), *From Geopolitical to Geo-economics, Logic of Conflict, Grammar of Commerce*, The National Interest.

27) Juan C. Zarate (2013), *Treasury's War*, New York：Public Affairs.

28) 筆者の元米エネルギー省当局者インタビュー，2015 年 6 月，東京で．

29) Eurasia Group publishes Top Risks 2015,

https://www.eurasiagroup.net/media/eurasia-group-publishes-top-risks-2015

30) World Economic Forum (2015), *Global Risks 2015*, Geneva: World Economic Forum.

31) ドミニク・モイジ (2010)『「感情」の地政学』東京：早川書房，櫻井祐子訳．英著は Moisi, Dominique (2009), *The Geopolitics of Emotion*.

32) 朝日新聞 (2016 年 7 月 20 日)，『リオ五輪，ブラジルで半数「反対」』，

http://www.asahi.com/articles/ASJ7N2F1DJ7NUHBI00F.html

33) ハルフォード・マッキンダー『デモクラシーの理想と現実』(1985 年，原著は 1919 年) 東京：原書房，曽村保信訳．

34) Rasmussen Reports (2016), *Right Direction or Wrong Track*,

http://www.rasmussenreports.com/public_content/politics/mood_of_america/right_direction_or_wrong_track

35) Pew Research Center（2016）, *American wary of global involvement*, http://www.pewresearch.org/fact-tank/2016/05/05/key-findings-on-how-americans-view-the-u-s-role-in-the-world/ft_16-05-04_apwtakeaways_global-2/

36) 山下英次（2016）「イギリス人はなぜ EU からの離脱を決断したのか？」（『国際金融』1287 号）8 頁.

37) 言論NPO（2016）「世界のデモクラシーは後退したのか？」 http://www.genron-npo.net/future/archives/6333.html

38) Ibid.

39) 中村逸郎（2013）『ろくでなしのロシア』東京：講談社.

40) Pew Research Center（2014）, *People in Emerging Markets Catch Up to Advanced Economies in Life Satisfaction.*

41) Ibid.

42) Calder, Kent E., *Prospects For the China-Europe Relationship and Global Implications*, 笹川平和財団（東京）での 2016 年 8 月 24 日の講演.

43) 習近平（2014）「中華民族の偉大な復興の実現という中国の夢」（『習近平　国政運営を語る』北京：外文出版社.

44) The New York City Police Department（2007）, *Radicalization in the West*: The Homegrown Threat.

45) Malik, Kenan, *The jihadist among us*: The International New York Times 2016 年 3 月 30 日.

46) 筆者のヒスパニック系政治組織 Mi Familia Vota のベン・モンテロソ代表とのインタビュー，ワシントンで，2013 年 1 月.

47) The Wall Street Journal, *Support for Sending Troops to Fight ISIS Splits by Party*, 2015 年 6 月 25 日.

48) クリストファー・レイン，パックス・アメリカーナの終焉後に来るべき世界像，外交 Vol.23 所収，2014 年 1 月.

49) Krepinevich, Andrew F., 米国戦略予算評価センター所長の講演，笹川平和財団で，2015 年 5 月 20 日.

50) Pew Research Center （2016）, *Views on National economies Mixed as Many Countries Continue to Struggle.*

51) World Values Survey（2015）, Findings and Insights, http://www.worldvaluessurvey.org/WVSContents.jsp

第7章

「台頭」中国の国際イメージ

土 田 哲 夫

はじめに——中国「台頭」と世界

　新興国の「台頭」により，21世紀の国際政治はどのように変容するか．本書全体を通底するこの問題設定を受けて，本章では「台頭」する中国（中華人民共和国）と世界との関わりについて，イメージという点から接近してみたい．すなわち，中国は世界でどう見られているか，中国自身は自国と世界との関係をどう認識しているか，について検討を行うものである．

　今日の中国が，広大な領域と巨大な人口，国連常任理事国の地位，国際社会での強固な自己主張，GDP世界第2位の経済力，増強を続ける軍事力などにより，国際政治における巨大なパワーであることは疑いを得ない．中国の経済成長率は，以前より低下したとはいえなお6~7%台と西側諸国を凌駕しており，2030年までには米国を抜いてGDP世界1位の経済大国になると予測されている[1]．かくして，21世紀は「中国の世紀」になるとか，中国は新たな「超大国」になりつつある，という見方もされている[2]．

　では，「台頭」する中国は，国際社会とどのような関係にたつのだろうか．これまで，どのように国際秩序に対応してきたのだろうか．1970~80年代，中国は西側との関係を改善し，さらに「改革開放」以来，自由主義国際経済

160

にも積極的に参加し，経済発展をなしとげた．また1990年代以降，中国の持続的な高成長は，世界経済の成長にも大きく貢献してきた．2001年のWTO加盟以後，中国経済の成長はさらに加速化し，世界経済におけるその比重も巨大なものとなった[3]．国際経済の面のみならず，中国はアジア，ユーラシアでの地域協力の推進，国連PKO活動への積極的な参加など，国際的活動をいっそう積極化している[4]．また，2014年11月には北京でAPEC首脳会議を，2016年9月には杭州でG20首脳会議をホストとして開催するなど，国際的な会議外交の経験も積んできた．中国が社会主義市場経済を掲げつつも，なお共産党の独裁支配下であることを考えると，西側主導の国際秩序への驚くべき柔軟で積極的な参加と適応ぶりといえよう．

だが，最近の中国の対外政策はきわめて野心的で強硬であり，国際社会との摩擦も目立ってきている．周知のように，東シナ海，南シナ海の島嶼，岩礁の領有権をめぐり，中国は一方的な主張をもとに実力を行使し，現状改変，実効支配の確立，さらには海域一帯の支配を図っており，周辺諸国との関係が悪化し，さらにアメリカ，オーストラリアなども強い懸念を示している[5]．南シナ海領有権問題では国際仲裁裁判所の判決が下り，中国の行動と論拠を否定すると，中国政府は同判決を無効だ，認めないと拒絶した[6]．国際法，国際世論よりも国益を，法よりも力を重視する中国の姿勢は，国際社会に大きな困惑と懸念を生み出した[7]．

このようななかで，中国の国際イメージは悪化しているように感じられるが，それは歴史的問題と領域紛争を抱える日本からの見方にすぎないのか．その他の世界各国は中国をどう見ているのか．また中国の人々は自国と世界をどのようにみているのか．いったい中国は世界とどう折り合おうとしているのか[8]．中国は，はたして「国際的な尊敬」を得られる大国になれるのだろうか．

以下では，「台頭」する中国と世界との関わりについて，(1)中国は世界各国においてどう見られているか（世界の中国イメージ）を簡単に確認した後，(2)中国の人々は自国を，そして世界をどう見ているかについて，項目別にデー

タを整理して検討し，その特徴と変化をみていきたい．

1．世界各国で中国はどう見られているか

　日本での中国イメージの変化については，内閣府（旧総理府）が長年行ってきた「外交に関する世論調査」のデータが知られている．その2016年1月調査の結果（2016年3月発表）によると，日本人の中国に対する親近感はさらに悪化し，否定的評価（「親しみを感じない」「どちらかというと親しみを感じない」）が83.2％，肯定的評価（「親しみを感じる」「どちらかというと親しみを感じる」）はわずか14.8％と，調査開始以来最低をマークした（図1）．図から読みとれるのは，1978年から1988年（改革開放初期）までは肯定的評価が60〜70％台，否定的評価が10〜20％台と日本人の多くは中国に好意をもっていたのが，天安門事件のあった1989年に急落し，以後2003年まで肯定・否定とも40〜50％台で伯仲したが，やがて2004年以後，日中関係の悪化とともに否定的評価が定着し，2014〜16年には否定的評価が83％もの高さに至っていることである．

　これほど極端ではないが，アメリカ人の中国イメージもこの30年あまりの間に，肯定的評価から否定的評価へと変化している．図2は，ギャラップ調査による1980〜2013年のアメリカ人の中国観を示す．これによれば，1980年代（改革開放初期）は，アメリカ人の中国への見方は好意的で，肯定的評価がおおむね40〜60％をしめたが，天安門事件のあった1989年以後，急激に低下し，以後，中国への否定的評価が50％台，肯定的評価が30〜40％台という傾向が定着している．

　より広い範囲の世界的な調査はどうだろうか．

　イギリスBBCは，「ある国の世界における影響力」を肯定的にみるか，否定的にみるかという質問調査を世界各国で行っている．それによると，調査の始まった2005年には各国での中国に対する肯定的（positive）評価は48％，

図1 日本人の中国に対する親近感の変化（1978〜2016）

出所：内閣府大臣官房政府広報室，世論調査報告書（2016年1月調査）
http://survey.gov-online.go.jp/h27/h27-gaiko/zh/z10.htm

図2 アメリカ人の中国に対する評価の推移（1980〜2013）

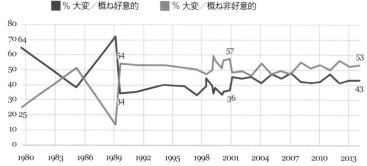

出所：Andrew Dugan, "Americans View China Mostly Unfavorably", http://www.gallup.com/poll/167498/americans-view-china-mostly-unfavorably.aspx.

否定的（negative）評価は32％と約半数が中国に好意的であり[9]，その後も小幅な動きはあったが，2012年にも中国への肯定的評価は50％を示していた[10]。だが，2013年に大幅に下落し，肯定的評価は42％（前年比8％減），否定的評価は39％（前年比8％増）となり[11]，さらに2014年には肯定的評価は35％，否定的評価は49％と完全に逆転，すなわち世界の調査対象の約半数が中国に

否定的イメージを抱くようになった．中国はまた，2005～2014年の十年間の長期追跡対象11カ国（オーストラリア，カナダ，中国，イギリス，ドイツ，フランス，イタリア，ロシア，インドネシア，メキシコ，米国）中，評価の下げ幅が最大となった[12]．表1に，BBC調査による主要5カ国及びEUの評価の変化を示した．

表1 BBC調査による主要国・地域の評価の変化（2005／2014）

（％）

国・地域		2005	2014	変化
イギリス	評価値	23	37	+14
EU	評価値	32	16	-14
日本	評価値	29	16	-13
アメリカ	評価値	-18	-11	+9
ロシア	評価値	0	-20	-20
中国	肯定的評価	48	35	
	否定的評価	32	49	
	評価値	16	-14	-30

注）日本とEUについては2005年ではなく2006年の数値（原表の注）
　　「評価値」は，ある国の世界への影響力に対する肯定的評価（positive rating）（％）
　　と否定的評価（negatibe rating）（％）の差を表す．中国についてのみ，肯定的評価
　　と否定的評価のそれぞれの数値を示し，他は省略した
出所："Negative views of Russia on the Rise: Global Poll"BBC, 2014.6.4, p.6,
　　http://downloads.bbc.co.uk/mediacentre/country-rating-poll.pdf

次に，より広い範囲で世界各国の対外イメージ調査を行っている米国のピュー研究所（Pew Research Center）のデータを見よう．2015年6月23日発表の世界40カ国調査によると[13]，平均すると55％が中国に好意的（favorable），34％が中国に非好意的（unfavorable）見方をしており，中国の世界におけるイメージはおおむね肯定的であった．各国別のデータをみると，中国に対する評価の高いのは，サハラ以南のアフリカ（ガーナ80％，エチオピア75％，ブルキナファソ75％，タンザニア74％等），アジア・イスラーム地域（パキスタン82％，マレーシア70％等），中南米（チリ66％等），ロシア（79％）などである．逆に，中国に非好意的なのは，日本（89％），ベトナム（74％），ついでヨルダン（64％），トルコ（59％），ドイツ（60％）等となってい

る．いわゆる「アジア・アフリカ・ラテンアメリカ」で中国の評価が高いのは，毛沢東時代以来の「第三世界」重視の外交と広報の産物であろう．また，中国にもっとも否定的なのが日本とベトナムというのは，領域紛争，歴史的問題などの影響を示している．トルコがイスラーム諸国では例外的に中国に否定的なのは，新疆ウイグル自治区の民族問題の影響であろう[14]．また，中国の人権状況に関する評価は全般的に低く，とりわけ欧米，日本，韓国でそうであるが，イスラーム地域，アフリカ，ロシアではそうでもない．

このように，全般的には中国に好意的評価が示されたが，それは中国の躍進する経済への評価に結びついているようだ．現在，どの国が世界の経済的指導国（world's leading economic power）であるかという質問への答えは，アメリカをあげるものが51％（前年比7％増），中国をあげるものが26％（前年比2％減）であったが（ただし，カナダ，ドイツ，フランス，ロシア，オーストラリアでは中国が1位），中国は将来アメリカを追い越すか（またはすでに追い越しているか）という問いに対する答えは，世界全体で48％の高さで，決して追い越さないという否定的評価の35％を大きく上回っている．

また世代的に見ると，世界のほとんどの国において若い世代が中国に好意的評価を示した．たとえば，アメリカの全体的な中国への好意的評価は38％，非好意的評価は54％と中国イメージはよくないようだが，18〜29歳の米国青年は55％が中国に好意的，50歳以上は27％が好意的と，世代的に大きく異なっており，今後の趨勢に影響を与えるだろう．以上の傾向は，中国がアメリカに取って代わるかという質問への答えにも現れている．ただし，若い世代ほど親中国的という傾向の例外は韓国で，全体として61％が中国に好意的，37％が否定的であるなかで，18〜29歳の青年は54％が中国に好意的，50歳以上は68％が好意的と，若い世代は年上の世代ほど「親中」ではなくなっている．

なお，ピュー研究所の2016年調査では，これほど広範な国・地域を対象とせず，先進国を中心とした16カ国が対象で，イスラーム諸国やアフリカ，中南米，ロシアなどが含まれなかったため，より中国に否定的評価が多くなっ

ている．中国に好意的なのは，ギリシャ（57%），オーストラリア（52%）で，他方，非好意的評価では日本が突出して高く（86%），ついで西欧諸国（フランス・イタリア61%，ドイツ60%）等となっている[15]．日中の相互感情の悪化，相互不信については，特に注目され，最新の調査結果が発表されている[16]．

以上から，世界における中国のイメージは，地域・国別に大きな違いがあり，欧米・日本などでは否定的評価が多く，かつ悪化しているが，他方，イスラーム諸国，アフリカ，中南米，ロシアでは中国はより肯定的にとらえられている．中国経済の躍進と大国としての発展という将来性は世界で広く評価されており，とりわけ若い世代ほど中国に好意的イメージを抱いていることは，中国にとって有利な条件であろう．ただし，中国の国際戦略において重要な先進諸国や隣接諸国において，否定的イメージが強まっているのは，大きな問題と考えられる．

2．中国は世界と自己をどう見ているか——前提的説明

では，中国の人々は自国と世界との関係，とりわけその国際的「台頭」をどのように見ているのか．

(1)　歴史的前提

ここでまず指摘しなければならないのは，海外の国際政治・経済の議論では，中国を近年「台頭」してきた新興国の代表とみなすことが多いが，これは中国自身の自己認識とはかけ離れているということである．すなわち，中国は自らは古くからの大国であり，地大物博，富裕強大な文明国であると考える．それが，近代になって西洋諸国の侵略により没落し，弱体化し，屈辱的地位に陥ったが，中国共産党の指導下，革命をなし遂げ，中華人民共和国の建国以降，復興をとげ，さらに強大国として発展しようとしている，とい

うのが中国の公定解釈である．すなわち，〈中華の繁栄→近代の没落→中共革命による復興，発展〉という三段階の歴史解釈であり，中国は弱小国から急に「台頭」したのではなく，本来，富強の大国であるべきものがその地位を回復，「復興」したというのである．

たとえば，現行の中国憲法（1982年公布「中華人民共和国憲法」，1988，93，99，2004年改正）の「序言」（前文）は，以下のような歴史解釈を記している．「中国は，世界で歴史が最も悠久な国家のひとつである．中国各民族人民は，輝かしい文化を共同して創造し，光栄ある革命の伝統を有している」．だが，「1840年以降，封建的中国は，半植民地的かつ半封建的な国家へと徐々に変わっていった」．「1949年，毛沢東主席を領袖とする中国共産党が中国各民族人民を指導し，長期の苦難に満ち曲折した武装闘争及びその他の闘争を経た後，ついに帝国主義，封建主義及び官僚主義の統治を覆し，中華人民共和国を建てた」[17]．

また，中国共産党総書記・国家主席習近平（1953～）は，有名な「中華民族の偉大な復興という中国の夢」を提示した演説でこう語っている．

　　　　中華民族は五千年を超える連綿と続く文明の歴史を持ち，豊かで奥深い中華文明を築き，人類文明の進歩に不滅の貢献をしてきた．」「われわれは，いっそう努力を積み重ね，勇往邁進し，中国の特色ある社会主義事業を引き続き前進させ，中華民族の偉大な復興という中国の夢の実現に向けて引き続き努力・奮闘していかねばならない[18]．

世界に冠たる栄光の伝統文明というイメージは中国では当然視され，高校歴史教科書においても，「中国というこの東洋の古い文明国は，かつてきわめて長い間，世界の先頭を歩んできた」と叙述される[19]．

(2)　資料──『環球時報』「中国民意調査」

では，指導者の発言や公式見解以外に，中国の人々は全体として，どのよ

うな「自国と世界」に関する意識をもっているのか．中国人の対外意識調査としては，海外のメディアや調査機関等によるものもあるが，ここでは中国において行われた対外意識調査として，『環球時報』社の環球輿情調査中心が，2006年度より継続的に行っている調査データを使い，検討していきたい．

　『環球時報』は中国共産党機関紙『人民日報』系列の環球時報社の新聞で，ウェブサイト「環球網」も運営する．国際時事問題についてのナショナリスティックな報道で知られている．

　同社環球輿情調査中心は，2006年以後，毎年末に「○年度中国人如何看世界調査」を実施し，その結果を公表している．調査方法は，通常，北京，上海，広州等主要5～7大都市の18歳以上の市民への電話調査であり，継続して質問されている項目も多いので，この間の中国人の意見の変化を知る上で有用である．この年末の調査の他，より特定のテーマに絞った調査も随時行われている．2011年の調査結果は，環球輿情調査中心主編（2012）『中国民意調査』（北京：人民日報出版社）に収録され，また続編として，『中国民意調査』第2輯（人民日報出版社，2013），同第3輯（人民日報出版社，2014），同第4輯（人民日報出版社，2015）が刊行され，それぞれ2012，2013，2014年の調査結果を収録している．この4冊のほか，「環球網」所載の民意調査報告も利用し，データを補充した．

　調査データの信憑性についてだが，環球輿情調査中心の公表データ自体は，一定の代表性，信頼性があると考えられる．各調査の方法，対象数，回答の世代，男女，地域的な相違も公開されている．また時間的にも変化しており，中国社会の意見を反映するものとして利用可能だと判断した．もちろん，現代中国の大枠である「党の指導」や「国家利益」第一などは大前提として，調査も回答も結果の発表も行われている．また，中国のメディアは中国共産党の指導下にあり，一般国民はテレビ，新聞など党・政府監督下の公式メディアによる報道を通じて，各種の情報を得て，意見を形成する．党系列の調査機関の調査なので，回答者は政治的なリスク回避のため，党・政府の公式見解やメディアの主流意見に沿った回答をする可能性もある．特に，国内の

社会問題，生活問題など身近な問題ではなく，一般人には縁遠い国際問題については，そのような傾向が強くなるかもしれない．このような調査の特徴，中国における世論調査の限界を承知した上で，中国と世界に関わる意識について最も詳細な情報を伝えるものとして，『環球時報』社の調査データを利用した．

中国人の世界との関わりに関する意識や態度は，独自の特徴を持つとともに，その時々の状況によって変化もするだろう．以下で論じる時期に，世界と中国に関わりどのような大きな出来事があったのかのイメージをつかむため，2009年から2015年に，「その年のもっとも印象が強かった出来事」として，中国の回答者があげたものを表2に掲げよう．

表2 「その年のもっとも印象が強かった出来事は何か」への回答（2009〜15年）

調査年	出来事	％
2009	「世界金融危機に連携，対処したこと」	45.8％
2010	「釣魚島の［漁船］衝突事件により中日関係が落ち込んだこと」	60.2％
2011	「日本の東海岸でのM9.0の大地震と福島原発事故」	67.0％
2012	「日本政府の釣魚島国有化による中日緊張」	69.5％
2013	「中日釣魚島紛争の常態化が世界の注目を集めたこと」	58.5％
2014	「マレーシア航空MH370便の失踪」	63.8％
2015	「中国の大軍事パレード」	62.3％

出所：2009年 「本報挙行2009年度中国人如何看世界調査 最喜歓美法澳新日」環球網, 2009
年12月31日, 2頁. http://world.huanqiu.com/roll/2009-12/675497.html
2010, 2011年 環球輿情調査中心主編（2012）『中国民意調査』北京：人民日報出版社,
399頁, 29頁.
2012年 環球輿情調査中心主編（2013）『中国民意調査』第2輯, 人民日報出版社, 67頁.
2013年 環球輿情調査中心主編（2014）『中国民意調査』第3輯, 人民日報出版社, 97頁.
2014年 環球輿情調査中心主編（2015）『中国民意調査』第4輯, 人民日報出版社, 4頁.
2015年 「環球輿情調査中心 "中国人看世界" 調査顕現大国公民視野」環球網, 2015年
12月30日. http://world.huanqiu.com/exclusive/2015-12/8284959.html

3．世界における中国の位置

(1) 中国は「発展途上国」か

最初に，中国の人々が世界における自国の位置をどう考えているかを見て

いきたい.

　歴史的には，中国は先述のような歴史的な大文明国という意識も持ちなが
ら，それにもかかわらず，中国は帝国主義の侵略に長い間苦しめられた「半
植民地」だった，という強烈な被害者意識を持ち，また中華人民共和国建国
後は米国など西側と対立する社会主義国として，さらに 1960 年代以降は米ソ
の双方と敵対し，独自の道を歩む国として，帝国主義，覇権主義と敵対する
「第三世界」と自己規定してきた．たとえば，1974 年 2 月 22 日，毛沢東はザ
ンビア大統領との会談で「3 つの世界」論を提起し，その中で「われわれは
第三世界だと考える」といい[20]，同年 4 月 9 日，鄧小平は国連会議で毛沢東
の「3 つの世界」論を敷衍し，「中国は社会主義国であり，また発展途上国で
もある．中国は第三世界に属している」と述べた[21].

　今日でも，中国の公式見解では，「中国は世界最大の発展途上国である」(国
務院刊行小冊子)[22] とか，「最大の発展途上国として，発展途上国との団結と
協力を強めることは，中国外交の基本的立脚点である．中国は永遠に発展途
上国のよきパートナーであり，よき兄弟である」(中国国連大使) という言説
が見られる[23].

　しかし，中国は単に経済力，軍事力，国連安保理常任理事国の地位等の客
観的指標[24] から見て世界第 2 位の大国であるに留まらず，近年，より意識的
に自らを「大国」とみなして外交政策や戦略や論じることも多くなってきた．
国際政治学者による議論では，1990 年代以来，中国の「国家利益」追求外交，
「大国」としての台頭の条件，責任などが盛んに論じられている[25]．2000 年
代には，TV ドキュメンタリー「大国崛起」などの影響もあり，社会的にも
「大国」意識が浸透していった[26].

　さらに，近年，中国政府及び指導者は，外交政策において，大国としての
立場を前提に，米・露との大国間協調によりその利益と威信を増進させよう
としているようにみえる．

　2013 年 3 月 23 日，習近平はモスクワ訪問時の演説において，「中ロ関係は
世界で最も重要な二国間関係」だと発言し[27]，アメリカに対しても，繰り返

し，「中米の新型大国関係の建設」を推進したい意向を表明してきた[28]．また，2016年1月19〜23日の習の中東三カ国訪問の際には，『人民日報』の評論は「中国の特色ある大国外交は世界中をカバーする」，「中国の特色ある大国外交を全方位に展開する」と自賛した[29]．同年3月8日には王毅外交部長は記者会見で，習近平体制発足後，「中国外交は伝統的基礎を引継ぎ，積極進取，開拓前進を図っている．……我々はまさに中国の特色ある大国外交の道を歩み出しているのだ」と語った[30]．この間，習近平は2015年9月28日，国連での演説で，「中国は引き続き広大な発展途上国と共に立つ」，「中国の国際連合での1票は永遠に発展途上国に属す」と言い，従来の立場との微妙な相違を示していた[31]．すなわち，中国は発展途上国と同一陣営にたち，発展途上国のために国連で投票すると宣言するが，自らが発展途上国であるとは明言していない．むしろ，中国は発展途上国を国連外交など国際政治の場において，利用すべき同盟者，被保護者とみなしているようにみえるからである[32]．

このように中国の歴史的大国性，社会主義国家としての特色，「発展途上国」としての公式規定，近年の世界強大国化，途上国利用戦略と，中国の自己認識や対外関係は複雑で，揺れ動いている中，一般の中国人は，自国をどのような国とみなしているのだろうか．

2014年8月，中国主要15都市で行った調査で，「中国はいまどのような国か」と尋ね，発展途上国，準先進国，先進国という選択肢を提示したところ，発展途上国だという答が81.7%，準先進国が8.5%，先進国が5.7%，わからないという答が4.2%だった．この質問への回答の推移（2010〜14年）は表3の通りである．

表3 「中国はいまどのような国か」への回答（2010〜14年）

(%)

調査年	2010	2011	2012	2013	2014
発展途上国	78.4	75.0	79.5	79.1	81.7
準先進国	12.3	14.1	12.7	11.0	8.5
先進国	5.8	6.3	5.3	7.2	5.7

出所：環球輿情調査中心主編（2015）『中国民意調査』第4輯，北京：人民日報出版社，230頁．有効回答数2218

第7章　「台頭」中国の国際イメージ　171

表3のデータの始まる2010年は，中国のGDPが日本を抜いて世界第2位になった年であり[33]，その後，さらに中国の発展と強大化が進み，2015年の中国GDPは日本の約2.67倍，米国の61.2％になったが[34]，中国ではなお約8割の回答者が，自国を「発展途上国」とする旧来の公式規定を踏襲しているのである．

(2)　中国は「世界的強国」になったか

つづいて，中国の国際的な大国ないし強国としての「台頭」についての調査である．

『環球時報』社が2011年12月に北京・上海・広州等7大都市，15歳以上の普通市民を対象に行った「中国人看世界」調査データ（有効サンプル数1,460）の分析によると，「中国はすでに世界強国になったと考えるか」に対する返答は，「そうだ（世界強国だ）」が14.1％，「まだ完全にはそうなっていない」が51.3％，「違う」が33.4％であった[35]．2014年には，「そうだ（世界強国だ）」が34.9％，「まだ完全にはそうなっていない」が46.6％，「違う」が16.6％と，81.5％がともかく世界的強国だと答えている[36]．

これを，2006年以来の変化で見ると，下記の表4のようになり，中国の国力増大にもかかわらず，「そうだ（世界強国だ）」と答えた比率は高くなく，2008年の26.8％が例外となっている．ただ，2014年はすでに世界強国だとするのが，34.9％と3分の1を超える高さであり，また「そうだ」と「まだ完全にはそうなっていない」の合計はずっと60〜70％台が続いたのが，2011年以降連年高まり，2014年は81.5％の高さに至っており，「世界強国」意識が

表4　「中国はすでに世界的強国になったと考えるか」への回答推移（2006〜14年）

(%)

調査年	2006	2007	2008	2009	2010	2011	2012	2013	2014
そうだ	20.0	18.4	26.8	15.5	12.4	14.1	17.4	16.5	34.9
まだ完全にはそうなっていない		55.7	43.7	58.4	52.8	51.3	54.0	51.7	46.6
違う	23.9	21.7	20.1	25.7	34.1	33.4	28.3	30.9	16.6

注）空欄はデータ欠．以下の各表も同様
出所：環球輿情調査中心主編（2015）『中国民意調査』第4輯，北京：人民日報出版社，18頁

172

定着し，強まっていると見ることができる．

また，2014年8月のやや表現が違うが同様の調査で，「現在の中国の国際的地位をどう考えるか」という質問に対し，回答は，「グローバルな影響力を持つ超大国」が21.1%，「アジア地域で影響力ある超大国」が25.3%，「比較的大きな影響力ある大国」が36.5%，「並の影響力の普通の国」が10.6%，「いかなる影響力もない国」が2.4%，「わからない」が4.1%だった[37]．つまり，中国人の半数近くは，中国をグローバルまたは地域的な超大国と考え，また8割以上がとにかく大きな影響力を持つ大国と是認しているのである（前三者合計82.9%）．

では，中国は世界強国のどのような条件をすでにもっていると考えられているのか．

2006年の調査では，政治外交的影響力をあげたのは46.7%，軍事力は46.6%，経済力は39.6%だった[38]．だが，2007年以降は，「経済力」を挙げるものが最大で44〜56%を占め，次は「政治外交的影響力」で，おおむね40%台を占める．他方，中国の軍事力強化は国際的に注目ないし懸念をよんでいるが，中国人の自国の「軍事力」に対する評価は2006，08年を除くと大体30%台である．この問いに対する回答の変化を表5にまとめた．

表5　中国は世界強国のどのような条件をすでに有するか（2006〜14年）

(%)

調査年	2006	2007	2008	2009	2010	2011	2012	2013	2014
政治外交的影響力	46.7	51.3	44.9	45.5	42.1	40.8	36.1	36.2	46.0
軍事力	46.6	37.6	48.2	32.7	29.9	36.0	38.3	34.5	36.7
経済力	39.6	52.3	55.8	49.8	47.0	44.0	49.2	51.2	55.4
文化的影響力		26.6	28.7	36.8	32.9	34.0	34.9	27.1	35.9
何もなし		8.3	7.2	9.7	12.2	12.9	9.7	12.9	11.8

出所：環球輿情調査中心主編（2015）『中国民意調査』第4輯，北京：人民日報出版社，20頁

それでは，中国が世界強国に向かっていくとして，そう遠くないうちに最大の覇権国アメリカに追いつけるのだろうか．2010年の調査では，「中国は総合国力においてあと何年でアメリカに追いつくと思うか」という問いに対

し，回答は，10〜20年必要が19％，20〜30年必要が18％，30年以上必要が約30％，永遠に追いつかないが約10％だった[39]．それが，2014年5月の調査では，「中国はどのくらいの時間で世界一の経済になれると思うか」の問いへの回答は，5年以内が21.9％，5〜10年が21.8％，10〜20年が16.9％，20年以上が16.9％，永遠に不可能が6.0％となった．すなわち，4割の回答者は10年以内に経済で世界一になれるとし，6割は20年以内にそうなると考えている[40]．総合国力と経済力の違いはあるが，中国人は2010〜14年の4年の間にさらに自信をつけ，過半数の者が，中国はそう遠くない将来，アメリカに追いつき，追い越し，世界一になると楽観的に見ていることがわかる．

(3) 中国の国際イメージの阻害・促進要因

次に，中国の国際イメージを損なっているものは何だと，中国の人々自身は考えているだろうか．

2014年調査での回答は，一部官僚の汚職腐敗54.2％，環境汚染36.5％，国民の非文明的行為36.0％，製品の劣悪・偽造30.7％などとなっており，官僚の汚職・腐敗が連年，トップを占めている．このほか，中国製品の問題をあげる回答は，かつては4割ほどを占めたが，年々低下し，他方，近年増加しているのは，環境汚染と「国民の非文明的行為」（海外旅行客のマナーの問題等）で，どちらも中国国内でも関心が高く，また海外での悪評を抑えるべく，注意が喚起されている[41]．

ただし，明らかに中国の国際的評価を低下させている要因のはずだが，全く出てこないものもある．回答の選択肢に入れられていないのであろう．すなわち，中国の強硬な対外行動，特に領土問題での実力行使または威嚇，過剰なナショナリズム，貿易摩擦，国内の人権弾圧，チベット・新疆などの民族問題である．

他方，その年の出来事で最も中国の国際イメージを向上させたと考えるものは何か，という質問への回答は，奇妙なものが多い．以下に2012〜15年の回答の上位三項目をあげる．

2012 年

①「わが国初の航空母艦「遼寧」正式就役. わが国海軍は空母時代に入る」
44.6%

②「神舟 9 号有人宇宙船と深海探査艇蛟龍の成功」 33.1%

③「新たな任期の中央指導集団に平穏に移行したこと」 26.2%[42]

2013 年

①「釣魚島問題で日本に強硬な立場を取り, 東シナ海防空識別圏を設置し,
国家主権を擁護したこと」 48.1%

②「神舟 10 号有人宇宙船と嫦娥 3 号月探査機の発射成功」 41.3%

③「18 期 3 中全会が改革を推進する一連の政策を打ち出したこと」
28.6%[43]

2014 年

①「習近平国家主席の世界四大洲 18 カ国歴訪」 34.3%

②「中共が腐敗撲滅に尽力し, 腐敗が明らかに減少したこと」 31.4%

③「中共 18 期 4 中全会が依法治国を提起したこと」(%不明)[44]

2015 年（順位のみ. %不明）

①「中国の大軍事パレード」

②「人民元の IMF 通貨バスケット入り」

③「アジア・インフラ投資銀行成立協定調印, 米国の同盟国が続々と加
入」[45]

中国の国際的イメージを高めた出来事として, 宇宙開発の成果や国際経済
機構での主要国地位獲得, AIIB 設立などをあげるのは理解できることだが,
領土・海域問題での中国の強硬政策や新航空母艦の配備, 軍事パレードによ
る軍事力の示威は, 国際社会での中国イメージに否定的な影響しか及ぼして
いない. それにも関わらず, 強硬政策や軍事的示威が国際的地位向上に役だ
っていると誤信されているのは, 軍事強国こそが世界的大国だという帝国主
義時代のような国際政治観が抱かれている（あるいはそう誘導されている）こ

との表れではないかと憂慮される．このほか，中国共産党の指導部や政策への支持表明や称賛が回答に入っているのは，まさに「中国の特色がある」ところであろう．

(4) 中国発展の見通しと猜疑心

次に，中国の人々は，将来の発展の見通しとその国際環境をどのように考えているのだろうか．

表6に「将来の中国の国際環境はどのようになると考えるか」との問いへの回答の推移をまとめた．これをみると，中国国民は，おおむね中国の発展にとって今後も国際環境はよくなると楽観的にとらえており，上2つの楽観的回答の合計は常に8割以上であり，2009，2014年には85〜86％に達する．ただし，その間の2010年から12年にかけて，悲観的な見方が広まったことが見て取れる．

表6 「中国の将来の国際環境の変化に対する見方」（2009〜14年）

(%)

回答 \ 調査年	2009	2010	2011	2012	2013	2014
ますますよくなる	36.1	26.9	25.4	24.2	28.0	32.0
全般的にはよくなるが摩擦も多くなる	50.7	57.2	55.3	56.9	54.5	53.6
全体として大きな変化はない	8.3	11.4	12.4	11.7	11.9	10.2
ますます悪くなる	3.8	3.5	4.0	5.5	3.0	2.6
わからない	1.1	1.1	2.9	1.6	2.7	1.7
楽観的回答（上二者合計）	86.8	84.1	80.7	81.1	82.5	85.6

出所：環球輿情調査中心主編（2015）『中国民意調査』第4輯，北京：人民日報出版社，28頁

一方，2011年の調査で，「21世紀は中国の世紀になるだろうと海外の学者が言っているが，このような中国賛美の言論にどのような態度をとるか」という問いに対する回答は，下記の通りだった．「冷静．中国自身まだ問題が多い」54.9％，「警戒．外国のメディアや組織は恐らく中国称賛によりその目的を達成しようと意図している」22.9％，「うれしい．中国の発展が国際的に認められたことを表わしている」16.2％，「その他」1.4％，「わからない，何と

176

もいえない」4.5％．このように，8割近くの回答者は，冷静または警戒的態度を表明した[46]．素直に喜ばず，何か背後に目的があるのだろうかという見方は，歴史的あるいはイデオロギー的な被害者意識，西側への猜疑心によるものだろう．

　次に，「西側は現在，中国の発展を封じ込めているか」という問いへの回答の推移を表7にまとめた．この質問への回答は，2009年には，「明らかな封じ込めを行っている」が31.3％，「封じ込めの意図があるが，明白な行動は取っていない」が47.4％で，合計78.7％が西側の封じ込めの行為または意図を信じていた．2010～12年には，「明らかな封じ込めを行っている」が4割以上，西側の封じ込めの行為か意図を信じるものがほぼ8割近くと，対外猜疑心はピークに達した．その後，2013～14年には，「明らかな封じ込めを行っている」は30％台に低下し，西側の封じ込めの行為か意図を信じるものも76％ほどに低下し，対外猜疑心がやや緩和されたことを示した．ただし，2015年にも，78.2％の回答者は，西側は中国封じ込めの行動や意図を持っていると見なしている[47]．

表7　西側は現在，中国の発展を封じ込めているか（2009～14年）

(%)

調査年	2009	2010	2011	2012	2013	2014
明らかな封じ込めを行っている	31.3	41.4	45.3	43.3	35.8	37.8
封じ込めの意図はあるが行動はない	47.4	40.2	34.6	36.2	40.7	38.3
そう言う人がいるだけだ		8.3	5.3	7.9	8.4	8.7
ない．我々自身の感覚に過ぎない	5.9	8.5	8.4	8.1	9.5	

出所：環球輿情調査中心主編（2015）『中国民意調査』第4輯，北京：人民日報出版社，25頁

　さらに，2010年の調査で，「中国は外国の軍事的脅威を受けているか」との質問に対する回答は，「中国は時に軍事的脅威を受ける」が44％，「中国は常に軍事的脅威を受けている」が22％であり，回答者の3分の2が外国の軍事的脅威があるとみなしていた[48]．また，2014年8月の調査でも，「今後5年の間に中国の領土と主権が脅威を受けることがあると思うか」に対する答は，「大きな脅威を受けることがあるだろう」が13.0％，「一定の脅威を受け

ることがあるだろう」が55.0%,「脅威を受けることはあり得ない」が27.3%,「わからない」が4.8%だった[49].

そして,人々は「外国の脅威」論から自国の軍事力強化を支持するよう誘導されている.2011年の調査で,航空母艦「遼寧」の建造は,「領土の保護,保全,外国の海からの中国侵入防止」に役立つ(77.8%),「中国の軍事科学技術の発展と軍の建設」に役立つ(75.2%)と期待が表明された[50].また,中国の国防費予算は連年増大し,2013年には10.7%増額されたが,これに関し,回答者の50.1%は「理にかなった増額だ」と是認し,28.7%が「もっと増額するべき」と答え,合計8割近くが軍事予算拡大を支持した.他方,「増額は抑えるべきだ」という回答は12.7%,「わからない」は8.5%だった[51].

このように,中国では,自国が国際的に孤立し,西側によって「封じ込め」られている,自国の領土・主権は軍事的脅威を受けているという脅威感が強い.中国はすでに国際政治経済システムに深く統合され,「封じ込め」ようとしてもできるものではない.また核大国である中国に対して,伝統的な意味での領土侵略をする国があるとは考えられない.だが,それにもかかわらず,公定の歴史記憶のゆえか,脅威認識は根強く保持されている.

それが,近年の中国の軍事力強化と強硬外交を支える国民心理的基礎となっているのだろうが,それは対外緊張をかえって高め,自国の安全を阻害し,相互の脅威感をかえって高めるだろう.おなじみの安全保障のジレンマに陥っているのである.

4.中国と外国との関係認識

(1) 中国にとって重要な二国間関係は何か

次に,中国人の二国間関係に関する意識をみてみよう.

中国では,どこの国・地域との関係が重要だと考えられているのか.表8にその回答の推移をまとめた.

178

表 8 「中国にとって最も影響の大きい二国間関係は何か」への回答推移（2006〜15 年）
(％)

調査年	2006	2007	2008	2009	2010	2011	2012	2013	2014	2015
中・米関係	78.0	85.2	75.6	81.3	76.8	76.6	74.6	74.5	72.3	69.4
中・日関係	48.7	48.2	35.0	21.4	29.2	21.5	38.8	38.6	27.1	28.6
中・露関係	19.8	22.0	23.4	21.3	20.5	20.6	18.7	25.6	30.4	24.9
中・欧関係	13.2	13.6	16.1	19.9	7.3	8.0	5.6	6.7	5.8	7.4
中・アフリカ関係	6.2	3.3	7.3	6.4	1.7	1.8	1.4	2.1	2.4	

出所：2006〜14 年：環球輿情調査中心主編（2015）『中国民意調査』第 4 輯，北京：人民日報出
版社，5 頁
2015 年「環球輿情調査中心“中国人看世界”調査顕現大国公民視野」環球網，2015 年 12
月 30 日，http://world.huanqiu.com/exclusive/2015-12/8284959.html

中国にとって最も重要な外交相手はアメリカであることは，多くの人が認めることであり，その比率は 2007 年には 85.2％に達した．だが，2010 年以後，7 割台中頃に低下し，2015 年はついに 7 割を割った．その次には日本との関係が重要だと評価されてきたが，比率は 2006〜07 年の半数近くから年々低下し，最近は 27〜28％程度である．第 3 がロシアで，その比率は 2 割程度で停滞していたが，2013 年以後，上昇傾向にあり，2014 年には日本を抜いて3 割を越えた．

(2) 米中関係への認識

現在，中・米関係に影響を与える最大の問題は何か，への答えは，2011 年調査では，「米国が戦略的に中国を封じ込めること」が最大で 37.1％，次が台湾問題で 33.1％，ついで貿易摩擦 22.6％，南海問題 13.9％などだった[52]．この質問への回答の変化を表 9 に掲げた．

伝統的に，中国とアメリカとの関係の最大の問題は台湾問題だった．よく知られているように，かつて 1970 年代に中国が各国と国交正常化をする時の条件は，台湾は中国の不可分の領土であることを認め，台湾にある中華民国政府との国交を断絶することだった[53]．いまでも，米国の台湾への武器売却をめぐり，米中間で台湾問題が争点になることもあるが，その比重はかつてよりはずっと小さく，中国の経済発展，海洋進出，世界的パワーの拡大によ

表 9 「中・米関係に影響を与える最大の問題は何か」への回答推移（2006〜14 年）

(%)

調査年	2006	2007	2008	2009	2010	2011	2012	2013	2014
台湾問題	70.8	73.0	51.8	32.7	35.5	33.1	22.4	20.3	22.5
経済・貿易摩擦	40.0	37.0	54.7	53.3	23.1	22.6	24.1	19.5	15.7
米国による戦略的封じ込め		28.6	27.7	27.7	36.4	37.1	46.0	31.6	32.7
環境問題				26.9	7.6	3.1	3.7	3.1	3.8
南シナ海問題						13.9	17.9	5.0	16.0
人民元の為替レート問題						23.7	18.9	18.1	14.2
釣魚島問題								34.3	26.7

注) 複数回答. 選択肢は変化し, 追加されている

出所：環球輿情調査中心主編（2015）『中国民意調査』第 4 輯, 北京：人民日報出版社, 9 頁

って, 米中関係の争点はさまざまな領域に広がっている. すなわち, 2006〜07 年は中米関係の最大の問題は台湾問題だという回答が 7 割で最も多く, 2008〜09 年は経済・貿易摩擦を挙げるものが 50% 強で最大だったが, 2010 年以後は 2013 年を除き, 「米国による戦略的封じ込め」が最も多くなっている. 2013 年は「釣魚島［尖閣諸島］問題」が新たに選択肢に入れられ, いきなり 1 位となった. これは, 『環球時報』社も回答者の相当部分も, 尖閣問題を単なる日中紛争としてではなく, 米中関係の中でとらえていることを示している. なお, 2015 年の調査で, 米中関係で最大の問題として回答者があげたのは「南シナ海問題」が最も多く, ついで「台湾問題」「世界秩序の争い」「釣魚島問題」「イデオロギーの争い」が続いたと報じられているが, その比率 (%) は明らかにされていない[54].

　2014 年 12 月には「オバマ政権成立後 6 年の間に中米関係がどのように変わったと思うか」が質問された. これへの回答は,「何も変化なし」が 40.6%,「より緊張している」が 29.4%,「より緊密になった」が 21.7% だった. また, 中米関係の今後の展望についての問いに対しては,「見通しはよい」が 59.9%,「見通しはよくない」は 27.4%,「わからない」は 12.6% で, 6 割以上が今後の米中関係を楽観的に見ていることが示された[55]. 2015 年 12 月にオバマ政権 7 年間の中・米関係の変化について質問したのに対する回答も, ほぼ同傾向であり,「何も変化なし」が 42.3%,「より緊張している」が 28.2%,「より

180

緊密になった」が20%，また中・米関係の今後の展望については，楽観的な答えが5割以上，「見通しはよくない」は3割近くだった（正確な％非公表）[56]．

(3) 中国と周辺諸国の関係

　中国と周辺諸国との関係で，最も重要なものはどの国との関係か（複数回答），との問いに対する回答は，2011年調査では，中露関係54.0%，中日関係35.5%で，2009年に中露関係の重要性が初めて中日関係を抜いたあと，この差は開き続けている．ついで，東南アジアとの関係が15.6%，朝鮮半島が11.3%，インド11.0%，パキスタン5.3%などとなった[57]．この質問への回答の10年来の変化は，表10の通りである．

表10　「中国と周辺諸国との関係で最も重要なのはどの国との関係か」への回答推移
　　　（2006〜15年）　　　　　　　　　　　　　　　　　　　　　　　　　　　　（%）

調査年	2006	2007	2008	2009	2010	2011	2012	2013	2014	2015
中露関係	51.5	54.0	38.9	48.5	49.0	54.0	53.9	62.0	67.9	59.4
中日関係	60.2	62.2	47.5	42.1	36.9	35.5	40.7	36.5	35.4	32.1
朝鮮半島		6.7	15.6	15.4	21.3	11.3	12.8	14.9	8.5	
中印関係		12.9	8.1	17.2	14.2	11.0	9.1	10.9	9.9	
東南アジア		7.7	14.3	16.2	10.6	15.6	17.8	13.1	12.5	

出所：2006〜14年：環球輿情調査中心主編（2015）『中国民意調査』第4輯，北京：人民日報出
　　　版社，7頁
　　　2015年：「環球輿情調査中心"中国人看世界"調査顕現大国公民視野」環球網，2015年12
　　　月30日　http://world.huanqiu.com/exclusive/2015-12/8284959.html

　前にあげた「中国にとって影響の最も大きい二国間関係は」への回答でも，日本はほとんどの年でアメリカに次ぎ第2位だったが，その比重は低下し続け，2014年にはロシアに抜かれていた．また，この周辺諸国の中での重要性認識では，日本を最も重視すべきだという回答は，2006〜07年には6割もあったのが2008年以後下がり続け，2009年にはロシアに抜かれ，2013〜15年には，ロシアの半分近くにまで低下した．この間，中ロの政治的関係は緊密になったが，日中関係は尖閣問題その他で緊張し，また日本経済の停滞と政治の混乱が続き，中国政府やメディア，学者達がロシア重視，日本軽視・批

判の態度を公にし続けたことなどが原因であろう.

中国対外戦略におけるロシアの位置については,習近平主席は 2013 年訪ロの際に,「中ロ関係は世界で最も重要な二国間関係であり,しかも最も良好な大国関係である」とこれを持ち上げ[58],2014 年にはプーチン大統領に対し,「中ロ双方は,引き続き相互の政治的支持を強め,協力のレベルと範囲を向上させ」,軍事を含む各分野での共同行動をしなければならないと呼びかけた[59].西側主導の世界秩序に不満を持つ中国にとって,ロシアは頼もしい同盟者でもある.

ロシアと日本の位置づけに関し,中国の国際政治学者はこうコメントする.陸南泉(中国社会科学院名誉学部委員)は,「中ロ関係は究極的には戦略的協力パートナーシップ関係なので,中日関係の位置づけとは異なる.両国の対外政策の相互依存度はますます高まり,経済的にも中日の貿易額は中ロ間をはるかに超えているが,発展の潜在力からみると中ロが一段上だ」と,中国の外交戦略にとってロシアと日本では位置づけが違うのだと強調する[60].また,金燦栄(中国人民大学国際関係学院副院長)は,「ロシアと比べると,日本は次第に世界大国でなく,単なる地域大国であることを明白に示すようになっている.格が違うのだから,関心度も異なるのだ」という[61].また,2014年にロシアの注目度が日本を超えた理由として,金燦栄はロシアの西側との対決等をあげている[62].確かに,同年の調査では,「2014 年にロシアがもっとも深い印象を与えたのは何か」という問いへの回答は,「西側の「制裁」への反撃」が最大の 30.4% をしめ,続いて「ロシアのクリミア編入条約署名」が 28.7% だった[63].ただし,2014 年 3 月の調査で,「ロシアのクリミア出兵を支持するか」の問いへの回答は,支持が 46.1%,反対が 34.5%,わからないが 19.4% であり,意見は分裂している.さらに,ロシアの出兵を支持した者にその理由を尋ねると,「ロシアの行動は,西側のロシア利益侵犯への正当な反撃だから」が最大(78.5%),ついで「ロシアの行動は,戦略的に中国への圧力を分散させるから」が 48.9%,「クリミアはもともとロシアのものだから」が 45.7% であった[64].中国回答者の半分弱を占めるロシア軍事行動支持

182

者も，必ずしもロシアのクリミア領有論を支持するのではなく，もっぱら中国の国際戦略上の利益から支持している，と判断できる．

(4) 日中関係に対する認識

次に，日中関係について，中国の人たちの見通しはきわめて悲観的である．日中関係の展望についての中国人の見通しを尋ねた調査結果（2011～15年）を，以下に表示する（表11）．

この間，2010年9月の尖閣漁船衝突事件，2012年9月の日本政府による尖閣諸島の一部国有化を契機に，日中関係は極度に悪化し，数年間にわたり深刻な状況に陥った．中国政府の強硬な態度，軍事的威嚇だけでなく，中国各地で民衆の激しい反日運動が行われたことも，われわれの記憶に新しい．この前後の中国人の対日観はどうであったのか，尖閣紛争に関しどのような見方がされていたのかについても，興味深い調査データが存在するが，詳細は別の機会に譲る．

表11 「この先1年の中日関係はどうなると考えるか」への回答推移（2011～15年）

(%)

調査年	2011	2012	2013	2014	2015
顕著に改善する	4.4	4.4	2.0	3.3	
ある程度改善する	20.0	19.4	13.1	19.1	
基本的に現状維持だ	57.3	38.1	36.0	44.1	（4割以上）
悪化するだろう	11.7	33.1	32.7	20.2	
さらに悪化するだろう			10.1	6.4	
わからない	6.6	5.0	6.1	6.8	

出所：2011年調査，2012年12月調査（有効回答数N＝1404）　環球輿情調査中心主編（2013）『中国民意調査』第2輯，北京：人民日報出版社，49頁
2013年12月調査（N＝1512）　環球輿情調査中心主編（2014）『中国民意調査』第3輯，同上，106頁
2014年12月調査（N＝1515）　環球輿情調査中心主編（2015）『中国民意調査』第4輯，11頁
2015年12月調査（N＝1530）「環球輿情調査中心"中国人看世界"調査顕現大国公民視野」環球網，2015年12月30日　http://world.huanqiu.com/exclusive/2015-12/8284959.html

(5) 東南アジア・朝鮮半島・アフリカとの関係認識

中国は1990年代以降，東南アジア諸国との関係を改善し，特に2000年代

第7章 「台頭」中国の国際イメージ　183

以降はその取り込みに力を入れたが，2010年代に入って，南シナ海の領土，領海紛争により，次第に関係が悪化した．2010年には，「島嶼問題で中国が最も警戒すべき国」として中国の回答者があげるのは，米国47.7%，日本40.5%と日米で9割近くを占め，ついでベトナム3.6%が続くが，その他の国は0.5%以下であった[65]．すなわち，東シナ海をめぐる日本との紛争とその同盟国アメリカに対する警戒心が突出しているが，まだこの時期，中国人の多くは南シナ海の諸島・岩礁をめぐる東南アジア諸国との紛争を意識していない．

　それが，2012年の調査では，「南シナ海の領土紛争は中国と東南アジア諸国との関係の重大な影響要因だ」という論点に58.3%が同意した[66]．さらに，2014年に「中国と東南アジア諸国との関係に影響を与える最大の問題は何か」との問いへの回答は，「南シナ海の領土紛争」が54.6%，「アメリカなど外部勢力の介入」が46.7%，「東南アジア諸国が中国脅威論に同調すること」21.8%，「貿易摩擦」13.2%，「わからない」が7.3%だった[67]．関係悪化の原因認識には自分勝手なところがあるが，ともかく，南シナ海紛争による東南アジア諸国との関係悪化が半分以上の人々の間で，認識されるようになったのである．

　次に，南北朝鮮との関係について．中国と朝鮮半島との関係を重視するという回答は，2008～10年には15～20%程度であったのが，2014年には8.5%と大きく低下した．もっとも，韓国との関係の見通し評価は高く，2014年には，「今後，関係はさらに緊密となるだろう」という回答が51.6%と前年より22.5ポイントも上昇，「変化なし」が37.9%，「関係はさらに緊張するだろう」は僅か7.3%だった．他方，北朝鮮との関係の見通し評価は低く，2014年の調査への回答で最も多いのは「特に変化なし」だったが，「関係はさらに緊張するだろう」が38%を占めた[68]．

　中国の国家，企業，華人一体となったアフリカ進出は，世界的に注目されているところである[69]．では，中国の人々はアフリカにどのようなイメージを持っているのか．「アフリカのどのような面に注目するか」の問いへの回答は，2006年には，「経済的困難と戦乱」48.1%，「資源の豊富さ」49.7%，さらに「自然景観」が3分の1近くで，「中国・アフリカの伝統的友誼」はおよ

そ4分の1だった．中国人にとって，アフリカの豊富な資源と自然は注目されるものの，経済的には貧しく政治的には戦乱が多い遅れた地域というネガティブなイメージが持たれていたのである[70]．

これに対し，2014年の調査では，回答は「中国とアフリカの伝統的友誼と経済協力」が37.6％と1位，「経済的困難と戦乱」が35.7％と2位，3位は「資源の豊富さ」で30.8％，ついで自然景観18.9％となっている．「中国とアフリカの伝統的友誼と経済協力」は，いかにも中国政府の言説及びメディアの宣伝内容を繰り返しているようにみえ，その成果と言うこともできよう．それでも，同年の回答で，「何にも注目しない」と，無関心を露骨に表すものも8.1％存在した[71]．

おわりに——「愛国」と「出国」

以上，本章では，世界各国における中国イメージの国や地域毎の相違と，その時系列的変化について，BBC，ピュー研究所の調査結果を使って概観した後，中国人の国際認識について，中国共産党系列の『環球時報』社の調査データを利用し，とりまとめてみた．

そこからわかるのは，中国はめざましい経済発展と軍事的強大化を経ても，海外の見方に比べて自国の世界的地位の向上を認識することに慎重であったこと，だが，この数年は国民世論においても，「大国」ないし「世界的強国」意識が強まっていること，しかし西側の「封じ込め」にあっているとか，外国の侵略の脅威にさらされているという被害者意識もなお残存していること，二国間関係では対米関係が最も重要だという共通認識が持続しているが，対日関係の重視度は低下し，対ロ関係が戦略的に期待されていることなどであった．

最後に，中国の対外認識・態度の複雑さを示す2種類のデータを紹介しよう．

1つは，本章「はじめに」でも言及した2016年7月の南シナ海国際仲裁裁判所判決についての世論調査である．この判決が出た後，『環球時報』の環球興情調査中心は，7都市及び海南省で本件について緊急調査を行った．対象は，18歳以上の市民で，有効回答1,423．回答者の学歴は大学・専門学校以上が6割近いという．この調査で，「南海問題」に注目しているか，の問いへの回答は，「比較的注目している」が58.7％，「非常に注目している」が30.8％で，関心度はきわめて高い．次に，「中国政府の南シナ海仲裁裁判問題についての参与せず，受け入れず，承認せずの態度」に対して「支持する」は88.1％だった．また，この仲裁裁判は，「米国が背後で主導し，地域の平和と安定に重大な脅威となっている」及び「これは中国の南海領土主権と海洋権益に対する侵犯である」と認める回答者は6割以上であり，さらに，「米国はなぜ南シナ海問題で圧力をかけ続けるか」の問いへの回答は，「その覇権主義のため」が70.1％，「中国の平和的台頭阻止のため」が66.3％であった．そして，「中国政府が南海で島嶼建設を進めるのを支持する」が95.2％，「中国政府が，中国の対外環境改善のために南海諸島の主権主張を放棄することは支持しない」が9割近かった，という．「環球網」も同様の内容のオンライン調査を行ったが，その結果はさらに強硬な「愛国」論で，「中国政府の南シナ海仲裁裁判問題についての態度」を「支持する」が，96.3％，「中国の提起した南海九段線要求」支持が97.5％，「中国の南海の島嶼建設を支持する」が99.2％となっていた[72]．

　ここから見えるのは，是非曲直を問わず，とにかく中国の領土だ，国益だと信じるもののためには国際世論に抗しても頑なに守ろうとし，政府の主張を擁護する「愛国主義的」国民の姿である．「愛国主義」は，社会主義イデオロギー凋落後の現在，中国における絶対的な価値であり，「自分は愛国だ」と認める者が98.1％，「中国社会ではいっそう愛国主義を発揚すべきだ」と考える者は96.6％という状況である[73]．

　だが，あまり「愛国主義的」にも，共産党・政府擁護の模範的人民にも見えないような調査データも存在する．

186

以下の表12は，中国の人々に「どの国が一番好きか」を尋ねて得た結果である．

表12 「もっとも好きな国はどこか」への回答推移（2008～14年）

(%)

調査年	2008	2009	2010	2011	2012	2013	2014
中国	34.35		60.10	60.56	56.68	61.62	67.59
米国	20.22	13.1	7.45	6.89	9.03	6.88	5.39
フランス	6.85	8.1	3.69	3.95	4.66	3.27	2.63
オーストラリア	3.11	6.7	3.29	3.58	3.27	2.64	2.90
ドイツ	1.74		1.19	1.01	1.71	1.94	1.66
日本	5.48	5.1	1.55	0.93	1.59	1.17	1.66
スイス	1.00		2.31	2.15	2.28	2.59	1.45
イギリス	3.92		1.59	1.16	1.24	1.48	1.35
韓国	2.74		1.44	1.71	1.71	1.09	1.47
シンガポール	3.61	6.5	1.46	1.85	1.81	1.63	1.00
カナダ	2.86		1.95	2.09	2.42	2.76	0.73

出所：2008年：「中国人看世界初顕大国心態」環球網　2008年調査（月日未詳）
http://www.huanqiu.com/2008ending/ending-2.html　p.2
2009年：「本報挙行2009年度中国人如何看世界調査　最喜歓美法澳新日」環球網，
2009年12月31日　http://world.huanqiu.com/roll/2009-12/675497_4.html
2010～14年：環球興情調査中心主編（2015）『中国民意調査』第4輯，北京：人民
日報出版社，2015年，30頁

奇妙なのは，この調査は，外国ではどの国が好きかという人気度ではなく，中国と海外諸国を含めてどの国が好きかと尋ねているので，「中国が好き」という答えが最多数を占め，かつその傾向が強まるという，「愛国度」検査のような趣を持つことである．だが，それにもかかわらず，中国ではなく外国を一番好きな国だとあげる回答者が相当いるということは興味深く，たとえば，2008年には「中国が好き」が34％程で1位だが，それはすなわち，中国以外を選んだ者が全体の3分の2近くを占めたということであり，またアメリカが一番好きという者が5分の1も占めていたのである．

2009年の調査数値で，中国の比率がどうだったのかは「環球網」では公表されなかったが，この年，日本の人気度は全体では諸外国中の5位（5.1％）にすぎないが，20歳以下の青年では突出して1位（12.3％）だったという[74]．

但し，その後の「愛国主義」的空気の強化によるものか，一番好きな国で

は 2010 年以後, 中国は常に 6 割以上を占め, 外国はいずれも 1 割未満に転落した. 外国の中では, 欧米先進国が圧倒的で, アジア・アフリカ・ラテンアメリカの「発展途上国」や旧社会主義国が好きというのはほとんどいない. 2015 年の調査結果の詳細は未公表だが, 外国の中ではアメリカが相変わらずトップであったという[75].

では, 中国の人々が行きたい外国はどこだろうか. 表 13 をみてみよう.

表 13 「もし出国の機会があれば, 最も行きたい外国はどこか」への回答推移

(%)

調査年	2010	2011	2012	2013	2014
行きたい国なし	21.22	19.75	21.38	25.99	27.51
米国	18.98	18.41	18.01	15.93	18.26
オーストラリア	7.99	7.31	6.40	6.16	7.57
フランス	10.45	11.46	10.24	8.35	6.73
日本	3.84	3.02	2.98	2.40	3.57
韓国	3.32	3.61	4.10	3.20	3.50
スイス	3.82	2.99	3.66	3.61	3.06
カナダ	4.35	4.93	4.77	3.88	2.91
シンガポール	3.46	3.69	3.10	2.41	2.34
イギリス	4.32	3.43	3.75	4.83	2.26

出所：環球與情調査中心編『中国民意調査』第 4 輯, 北京：人民日報出版社, 2015 年, 31 頁

これを見ると, 回答者の 8 割近くはいずれかの外国に「出国」したいと考えている. 中国でいう「出国 (chuguo)」は, 観光旅行から留学, 移民まで, 中国を出て海外に行くことをすべて含む用語である. 希望の行き先はアメリカが常に最大で, オーストラリア, カナダなど英語圏で 3 分の 1 を占め, ついでフランス, その次が日本・韓国などとなり, 「好きな国」と同様, 欧米先進国志向が顕著である. 中国当局が対外戦略上, 重視するロシアやアフリカはこの表に現れない[76]. もっとも, この調査だけでは, 回答者が短期の旅行を念頭に置いて答えているのか, 留学や移民を考えているのかはわからない.

だが, より直接的に「移民」志向について尋ねた調査結果もある. すなわち, 2011 年 8 月, 「もし経済的条件が許せば, 国外への移民を考えるか」を尋ねた. 回答は, 「考えない」66.9%, 「考える」30.2%, 「未定, 何ともいえ

188

ない」2.9%だった[77]. 移民意向では，地域・年齢・学歴の相違が大きく，沿岸部の広州市では 37.8%，上海市では 35.2% が移民を考えると回答したが，ラサ，成都，長沙，西安など内陸部ではより低かった．また，年齢別では，18〜29 歳は 39.6% が移民を考えると回答，他方 50 歳以上は 16.7% と低い．学歴別では，大学学部卒・修士以上は 36.0% が移民を考えると回答，初級中学卒及びそれ以下では 19.0% と低い[78].

　どちらも，中国国民の姿である．体制によって情報が統制され，また言論の自由が未確立の環境のもと，回答者は党・政府や官製メディアの喧伝する「正しい」答のある問題については公定解釈通りの回答を行う傾向がある．だが，それ以外の，より私的な問題については，人々の本音，より柔軟な姿勢を見ることができる．

　中国の「世界的強国」化が進み，国内でも権力による社会統制が強まっているかに見えるなか，実は人々は国家の枠にとらわれずに，自由に国境を越えて行き来し，自らの目で世界を見ようとしているようである．

1) 丸川知雄氏は 2026 年，厳善平氏は 2028 年頃に中国の GDP が米国を抜くと推定している．丸川知雄（2013）『現代中国経済』有斐閣，27 頁，厳善平・湯浅健司・日本経済研究センター編（2016）『2020 年に挑む中国―超大国のゆくえ』文眞堂，20 頁.

2) 「超大国」と銘打った現代中国論も多数出版されるようになった．日本の研究では，例えば，中国研究所編（2010）『中国年鑑 2010 特集 超大国への飛翔？』中国研究所，天児慧編（2015〜），シリーズ『超大国・中国のゆくえ』東京大学出版会（既刊 4 巻．未完），など.

3) 胡鞍鋼「「中国脅威論」から「貢献論」へ」（関志雄・朱建栄等編（2011）『中国が変える世界秩序』日本経済評論社）.

4) 増田雅之（2011）「中国の国連 PKO 政策と兵員・部隊派遣をめぐる文脈変遷―国際貢献・責任論の萌芽と政策展開」『防衛研究所紀要』第 13 巻第 2 号，増田雅之（2015）「国連 PKO の現場で中国兵士が激増中　これから何が起こるのか」NEWS ポストセブン，2015 年 12 月 15 日，http://www.news-postseven.com/archives/20151215_368653.html　2016 年 9 月 28 日アクセス．その他，本章で利用したウェブサイトはいずれも 2016 年 9 月 28 日に最終確認した.

5) 「中国，実効支配へ強硬 南シナ海西沙にミサイル配備」『日本経済新聞』2016年2月18日，など.

6) 「中華人民共和国外交部関於応菲律賓共和国請求建立的南海仲裁案仲裁庭所作裁決的声明」2016年7月12日 http://www.mfa.gov.cn/nanhai/chn/snhwtlcwj/t1379490.htm 判決前の7月5日には，中国前国務委員戴秉国は，仲裁裁判判決は紙くずにすぎないと発言した.「戴秉国：南海仲裁案判決"不過是一張廃紙"」BBC中文網 2016年7月6日 http://www.bbc.com/zhongwen/simp/china/2016/07/160706_china_philippines_dai_bingguo

7) 『NEWSWEEK』日本版 特集「中国と国際社会」2016年7月26日号.

8) Dingding Chen, "Does China Care About its International Image?", The Diplomat, 2014.6.12, http://thediplomat.com/2014/06/does-china-care-about-its-international-image/

9) "Negative views of Russia on the Rise: Global Poll" 2014.6.4, p.5, http://downloads.bbc.co.uk/mediacentre/country-rating-poll.pdf

10) "Europe less, China more popular in global BBC poll",11 May 2012, http://www.bbc.com/news/world-18038304

11) "Views of China and India Slide While US's Ratings Climb: Global Poll", 20130522, http://www.worldpublicopinion.org/pipa/2013%20Country%20Rating%20Poll.pdf；「BBC民調：中国国際形象八年来最差」BBC中文網，2013年5月22日 http://www.bbc.com/zhongwen/simp/world/2013/05/130522_bbc_poll_country_influence

12) "Negative views of Russia on the Rise: Global Poll" BBC, 2014.6.4, p.5, http://downloads.bbc.co.uk/mediacentre/country-rating-poll.pdf

13) "Global Publics Back U.S. on Fighting ISIS,but Are Critical of Post-9/11 Torture", Pew Research Center, June 23, 2015, http://www.pewglobal.org/2015/06/23/global-publics-back-u-s-on-fighting-isis-but-are-critical-of-post-911-torture/

14) 水谷尚子（2015）「ウイグル人の反中武装レジスタンス勢力とトルコ，シリア，アフガニスタン」（石井知章・緒形康編（2015）『中国リベラリズムの政治空間』勉誠出版）.

15) "As Obama Years Draw to Close, President and U.S. Seen Favorably in Europe and Asia", Pew Research Center, June 29, 2016, http://www.pewglobal.org/2016/06/29/as-obama-years-draw-to-close-president-and-u-s-seen-favorably-in-europe-and-asia/

16) Bruce Stokes, "Hostile Neighbors: China vs. Japan. View each other as arrogant, violent; disagree on WWII legacy", September 13, 2016. http://www.pewglobal.org/2016/09/13/hostile-neighbors-china-vs-japan/

17) 国務院法制辦公室編（2007）『中華人民共和国憲法』北京：中国法制出版社，2

頁；引用は，高橋和之編（2012）『新版 世界憲法集』第二版，岩波書店，525-526頁（高見澤磨訳）による．

18) 習近平「在第十二屆全国人民代表大会第一次会議上的講話」（2013 年 3 月 17日），習近平著・日文翻訳組訳（2014）『習近平 国政運営を語る』北京：外文出版社，39 頁）．

19) 人民教育出版社歴史室編（2003）『全日制普通高級中学教科書（必修） 中国近代現代史』北京：人民教育出版社，第 1 章冒頭，上冊，1 頁．

20) 中華人民共和国外交部・中共中央文献研究室編（1994）『毛沢東外交文選』北京：中央文献出版社，600-601 頁．

21) 太田勝洪・朱建栄編（1995）『原典中国現代史 6 外交』岩波書店，165-168 頁．

22) 中華人民共和国国務院新聞辦公室編（2014）『中国的対外援助（2014）』北京：人民出版社，「前言」．

23) 「常駐聯合国副代表王民大使在 77 国集団第 35 届外長年会上的発言」（2011.9.23），中華人民共和国常駐聯合国代表団 HP http://www.china-un.org/chn/zgylhg/jsyfz/kccfz/t861707.htm

24) 中国国家統計局編（2016）『中国統計摘要 2016』（北京：中国統計出版社）200頁は，1978 年から 2014 年までの「中国主要経済指標と主要工農業産品生産量の世界ランキング」推移を載せ，中国がいかに世界一に近づいているかを誇示している．2014 年のランキングは以下の通り．国内総生産 GDP（2 位），1 人あたり国民所得（100 位），輸出入額（1 位），外貨準備高（1 位）．主要工業産品生産量では，粗鋼（1 位），石炭（1 位），原油（4 位），発電量（1 位），セメント（1 位），化学肥料（1 位），綿布（1 位）．主要農産品生産量では，穀物（1 位），肉類（1位），綿花（2 位），大豆（4 位），落花生（1 位），アブラナ（2 位），サトウキビ（3 位），茶葉（1 位），果物（1 位）．

25) 閻学通（1996）『中国国家利益分析』天津人民出版社，閻学通等（1998）『中国崛起—国際環境評估』天津人民出版社，金燦栄等（本田朋子訳）（2014）『大国の責任とは—中国 平和発展への道のり』中国僑報社 など．

26) 青山瑠妙（2007）「中国民衆の対米イメージ」（高木誠一郎編（2007）『米中関係：冷戦後の構造と展開』日本国際問題研究所）．

27) 習近平著・日文翻訳組訳 前掲書，304 頁．

28) 2013 年 6 月 7 日発言（習近平著・日文翻訳組訳 前掲書，308 頁），2014 年 7月 14 日，オバマ大統領との電話会談での発言（『人民日報』2014 年 7 月 16 日），2015 年 9 月 22〜28 日の習近平の米国公式訪問に関する「人民網」報道（人民網2015.9.27「10 个関鍵詞，譲你読懂習近平訪美成果」http://politics.people.com.cn/n/2015/0927/c1001-27639536.html） など．ただし周の訪米では共同声明が発表されず，「中米両国の新型大国関係」の合意はなかった．

29) 「大格局 大手筆 大胸懐—以習近平同志為総書記的党中央実現中国特色大国外交全球覆蓋述評」『人民日報』2016 年 1 月 26 日，第 1 面．

30) 「外交部部長王毅回答中外記者提問」新華網 2016年3月8日，新華網，http://
www.xinhuanet.com/politics/2016lh/foreign/wzsl.htm 『日本経済新聞』2016年3
月9日は，王毅外相はこの記者会見で，「中国が国際秩序を主導する「大国外交」
を加速させる方針を示した」と報じた．

31) 「習近平在第七十届聯合国大会一般性辯論時的講話（全文）」新華網，2015年9
月29日，http://news.xinhuanet.com/world/2015-09/29/c_1116703645.htm

32) 中国の戦略研究者の中には，中国は発展途上国と同盟構築の戦略をとって積極
的にアメリカの戦略的調整に対応するべきだ，という議論もある．張杰「中国可
構築新型"発展同盟"」（『環球時報』2014年7月11日，『中国民意調査』第4輯，
251-252頁所収）．

33) 2010年8月頃より趨勢が判明し，翌年2月には確定．「日中GDP逆転，米メ
ディア相次ぎ速報」『日本経済新聞』2010年8月16日，「日本，「世界3位」確定
そして／中国，25年に首位」『朝日新聞』2011年2月15日．

34) IMF, World Economic Outlook database, April 2016.

35) 前掲書，2頁．

36) 環球輿情調査中心　前掲『中国民意調査』第4輯，18頁．

37) 前掲書，第4輯，231頁．

38) 本報記者程剛「中国人如何看世界」『環球時報』2006年12月29日，天涯社区
に転載．http://bbs.tianya.cn/post-worldlook-135614-1.shtml

39) 環球輿情調査中心　前掲『中国民意調査』406頁．

40) 環球輿情調査中心　前掲『中国民意調査』第4輯，255-256頁．

41) 前掲書，第4輯，21頁．2011年の調査数値については，環球輿情調査中心　前
掲『中国民意調査』11頁　参照．

42) 環球輿情調査中心　前掲『中国民意調査』第2輯，59頁．2012年12月，7大
都市の15歳以上の普通民衆に電話調査．N（有効回答数）= 1404.

43) 環球輿情調査中心　前掲『中国民意調査』第3輯，117-118頁．2013年12月，
7大都市の15歳以上の普通民衆に電話調査．N = 1512.

44) 環球輿情調査中心　前掲『中国民意調査』第4輯，22頁．2014年12月，7大
都市の15歳以上の普通民衆に電話調査．N = 1515.

45) 「環球輿情調査中心"中国人看世界"調査顕現大国公民視野」環球網　2015年
12月30日　http://world.huanqiu.com/exclusive/2015-12/8284959.html　2015年12
月，7大都市の15歳以上の普通民衆に電話調査．N = 1530.

46) 環球輿情調査中心　前掲『中国民意調査』189頁．2011年8月17-29日，中国
主要9都市で18歳以上の普通市民に対し電話調査．N = 1205.

47) 「環球輿情調査中心"中国人看世界"調査顕現大国公民視野」環球網，2015年
12月30日，http://world.huanqiu.com/exclusive/2015-12/8284959.html

48) 環球輿情調査中心　前掲『中国民意調査』406-407頁．

49) 環球輿情調査中心　前掲『中国民意調査』第4輯，232頁．

192

50) だが，「中国の航空母艦保有はアジア地域での軍備競争をもたらすという海外の観点をどう思うか」の問いに対し，半数以上が懸念を表明した（軍備競争をもたらす「可能性がある程度ある」が42.3%，「可能性は大きい」が14.2%）．環球輿情調査中心　前掲『中国民意調査』246-248頁．

51) 環球輿情調査中心　前掲『中国民意調査』第3輯，438頁．2013年3月調査，N=565．

52) 環球輿情調査中心　前掲『中国民意調査』4頁．

53) 公明党訪中団が伝えた「日中国交回復5条件」が有名である．安藤正士・小竹一彰編（1994）『原典中国現代史 第8巻 日中関係』岩波書店，124-125頁．また，緒方貞子（添谷芳秀訳）（1992）『戦後日中・米中関係』東京大学出版会，参照．

54) 「環球輿情調査中心"中国人看世界"調査顕現大国公民視野」環球網，2015年12月30日　http://world.huanqiu.com/exclusive/2015-12/8284959.html

55) 環球輿情調査中心　前掲『中国民意調査』第4輯，9-10頁．

56) 「環球輿情調査中心"中国人看世界"調査顕現大国公民視野」環球網，2015年12月30日　http://world.huanqiu.com/exclusive/2015-12/8284959.html

57) 環球輿情調査中心　前掲『中国民意調査』5頁．

58) 習近平著・日文翻訳組訳　前掲書，304頁．

59) 「習近平会見俄羅斯総統普京時表示／中俄要継続加大相互政治支持」『人民日報』2014年7月16日，第1面．

60) 環球輿情調査中心　前掲『中国民意調査』5頁，原載『環球時報』2011年12月31日

61) 「環球輿情調査中心"中国人看世界"調査顕現大国公民視野」環球網，2015年12月30日　http://world.huanqiu.com/exclusive/2015-12/8284959.html

62) 環球輿情調査中心　前掲『中国民意調査』第4輯，3頁．

63) 前掲書，第4輯，13頁．

64) オンライン調査．N=1073．前掲書，第4輯，151頁．

65) 前掲書，303頁．

66) 環球輿情調査中心 前掲『中国民意調査』第2輯，54頁．
http://www.bbc.com/zhongwen/simp/chinese_news/2012/12/121230_china_poll_globaltimes.shtml

67) 環球輿情調査中心 前掲『中国民意調査』第4輯，17頁．

68) 環球輿情調査中心 前掲『中国民意調査』第4輯，3頁，15頁．

69) セルジュ・ミッシェル，ミッシェル・ブーレ（中平信也訳）（2009）『アフリカを食い荒らす中国』河出書房新社，平野克己（2013）『経済大陸アフリカ』岩波書店　など．

70) 程剛「中国人如何看世界」『環球時報』2006年12月29日　天涯社区（転載）http://bbs.tianya.cn/post-worldlook-135614-1.shtml

71) 環球輿情調査中心 前掲『中国民意調査』第4輯，16頁．

第7章 「台頭」中国の国際イメージ　193

72)　以上出所:「環球輿情調査：近九成受訪民衆支持政府仲裁案立場」環球網，2016
　　　年7月11日　http://world.huanqiu.com/exclusive/2016-07/9151334.html

73)　環球輿情調査中心　前掲『中国民意調査』第2輯，418-419頁．2012年5月，
　　　7大都市での電話調査．有効回答1,302．2014年8月の調査（N＝2218）でも，「中
　　　国を熱愛する」は96.8％，「中国人であることを誇りに思う」は89.0％だった．環
　　　球輿情調査中心　前掲『中国民意調査』第4輯，246-247頁．

74)　「15-20歳最喜歓的国家排名日本居首位」環球網，2010年1月6日
　　　http://world.huanqiu.com/roll/2010-01/680780.html

75)　「環球輿情調査中心"中国人看世界"調査顕現大国公民視野」環球網，2015年
　　　12月30日　http://world.huanqiu.com/exclusive/2015-12/8284959.html

76)　2012年12月の調査（N＝1404）で，ロシアが最も好きな国だと答えたのは0.8％，
　　　最も行きたい国と答えたのは1.0％に過ぎなかった．環球輿情調査中心 前掲『中
　　　国民意調査』第2輯，65，67頁．

77)　環球輿情調査中心 前掲『中国民意調査』188頁．主要9都市の18歳以上の市
　　　民に対し電話調査（N＝1205）による．

78)　前掲書，195-196頁．

第8章

アジア・オセアニア地域の
安全保障体系の変容と地域制度

鈴木洋一

は じ め に

アジア地域における安全保障体系は戦後スタートした米国を軸とする hub and spoke 型の「伝統的な軍事的脅威」に対応する同盟関係（第1層：ワシントン体制）が，spoke 先である同盟国（alliance）・友好国（partner）間での二国間あるいは多国間安全保障協力関係の増加によるネットワーク（第1層＋α）へと広がりつつある．加えて，近年急速に重大性を増してきた各種の「非伝統的脅威（nontraditional threats）」への対応という「国境を超える形」，つまり二国間ではない形での非軍事的対応を必要とする新たな安全保障領域（拡散安全保障イニシアティブ：PSI，テロ対策，人道援助・大規模災害：HA／DR，海賊などに対する海洋安全保障，国際組織犯罪，公衆衛生・感染症，エネルギー安全保障問題など）が第2層を構成するようになってきている．この層の位置づけは，「有事でもなく，平時でもない中間的安全保障領域」である．対応形態は，アドホックな問題や課題領域毎に関心と能力を有する諸国の間の柔軟な連合（coalition）型であり，属性的には，力（power）の分布，地理的概念，既存の制度に必ずしも拘束されない．これと並行して，これら新たな脅威への対応を含めた包括的な政策協調（総論）と具体的行動（各論）を通して地

域安全保障協力を「現存組織の拡充，あるいは新規制度・組織の創設」を通して促進しようとする地域制度・体制（institutions: ASEAN, ARF, ADMM, ADMM-Plus など），換言すれば「地域ガバナンス協力」，「防衛外交」が第3層を形成するようになってきている．これら3層の相互的位置づけは，第1層：（有事）高強度な危機への対応．第2層：第1層的危機・紛争が（同盟による抑止機能，外交的信頼関係などで）制御されている状況下で低強度な問題への対応．第3層：第2層と同様な状況を想定するが，一過的な協力制度ではなく，より恒常的な地域的制度・組織として平時および低強度な危機に対応する地域的枠組みとなる．ただし，とりわけ大規模災害・人命救援活動・平和維持関連活動については，加盟国がもつ軍事力の活用が進展している．第1層は「国民と領土を守る」という軍事分野としての国家安全保障を目的とし，第2層は国境を超える脅威から「人々の生命と財物を守る」ための対応を目的とする．第3層は，信頼醸成，予防外交，紛争に対するアプローチの充実を目的にする政策協議（総論）とその具体的活動（各論）を目的とする．

このようにアジア・オセアニア地域には3つの層からなる安全保障の重層的体系が出現しているが，本章は，主に第2層の非伝統的脅威への対応としての第3層の地域制度の役割，展開，地域制度間の相互関係を考察するものである．

1．第1層——伝統的安全保障体系の変容

(1) hub and spoke 型同盟関係における米国への依存とその本質的問題

戦後の東アジア地域秩序は，米国を軸として形成され，維持されてきた hub and spoke 型の同盟関係（ワシントン体制）に大きく依存してきた．（有事への対応体制）しかし，今日的文脈で見るといくつかの本質的問題を露呈するようになっている．1点目は，spoke 先である米国の同盟国・友好国同士のつながりの希薄さである．二国間の安全保障体系であるワシントン体制は，

米国への一点集中型の依存であった分，逆に脆弱性を伴うものでもある．日韓の歴史認識の違い，竹島を巡る領土問題などが原因となって良好な二国間関係が築けず，十分な協力が行われているとは言い難いこと，緊張関係も生じることなどはその一例である．2点目は，ワシントン体制は冷戦下に進められた旧西側陣営の構築物であり，地域を包括する形での枠組みではないことである．このため，体制に参加している国と参加していない国を区別することになり，参加国内には同盟のジレンマを，参加していない国との間には安全保障のジレンマを生み出すことになる[1]．3点目は，経済の躍進を背景とする中国の台頭による勢力バランスの変化への米国の同盟国・友好国の対応の必要性である．これら3点の改善に向けた（地域を包括する）多国間枠組みが必要になる．

　こうした必要性は米国も近年認識を強め，2000年代序盤から米国政府高官によるアジア地域における安全保障環境・秩序の変化への言及がしばしばなされ，元来は建築・構造を意味する「architecture」[2]というタームがそうした変化を論じる際に用いられるようになってきていた．例えば，英国国際戦略研究所（IISS）が主催するアジア安全保障会議（Shangri-La Dialogue, 2006年6月開催）において Donald H. Rumsfeld 国防長官（当時）は，「かつてのハブ・スポーク型の二国間関係で保たれてきたアジアの安全保障秩序が，今や二国間および多国間の安全保障ネットワークとして拡大しつつある」との認識を示した[3]．続く，2008年5月の同会議では，Robert M.Gates 国防長官（当時）が，「近年の regional security architecture の議論に関する重要性は増している」，「米国は地域特有の問題に対する様々なフォーラムが制度化されていくことに利益を共有し，こうした発展に参画して行くことを希望する」と表明した[4]．同長官は，2009年の同会議でも，「従来のハブ・スポーク関係に加えて，米国の同盟国と協力国同士の関係の強化と，より多くの多国間関係とのより良好な相互関係を望む」と architecture 化への抱負を述べている[5]．更に，2010年1月には，米国務省長官（当時）Hillary R.Clinton は，「Regional Architecture in Asia: Principles and Priorities」と題するホノルル

198

での演説（2010年1月12日）の中で，「米国は伝統的な二国間関係を維持するだけでなく，アジア太平洋地域が直面する課題に対して，協力すべきパートナーとともに協力の枠組みについて institutional architecture を構築すべきである」と提唱している[6].

ポスト冷戦期，ソ連崩壊に伴い，米国は東アジア安全保障の戦略目標を以下の4つの方向に転換した.(1)東アジアに新たな地域権力が出現し，米国のリーダーシップに挑戦することを防止する.(2)地域の同盟システムを維持しつつ米国の戦略投射能力を強化する.(3)円滑なシーレーンを確保して米国の経済的利益と地域内の自由貿易を保持する.(4)東アジアにおける民主主義の発展を促進する.このラインに沿って一方で地域内の集団的自衛網が強化され，他方で多国間協議や協力を通じて各国が直面する課題の共同管理が志向されている.前記の米国の認識変化に伴う日本側の対応を見ると，既に2006年9月29日，安倍晋三首相（当時）は，就任演説で「価値外交」の概念を唱導し，日本が米，豪，印など価値観を共有する国々との対話と協力を強化すべきであると強調している.翌2007年4月の日米首脳会談でも，安倍首相は，日・米・豪・印などのアジアの民主主義国によるサミット開催で相互協力・交流を深めてユーラシア大陸に「自由と繁栄の孤」（Arc of Freedom and Prosperity）を作ることを希望した[7].

1)　日米同盟と米豪同盟，日豪戦略協力，日韓，韓豪防衛協力（第1層＋α・1型）

こうした米国の認識変化に対応する日米豪の初動を見ると，日米「2+2戦略対話」（2005年2月）で両国のアジア太平洋地域における共通の戦略が発表され，初の日米豪戦略対話（2006年3月）において C. Rice 米国国務長官（当時）は，日豪がアジアの安全保障問題で米国と共同歩調をとるよう促している[8].次いで「安全保障協力に関する日豪共同宣言」（2007年3月）は次のような全面的な戦略的パートナーシップを構築した.(1)両国の安全保障協力を強化する行動計画の策定，(2)両国の外相・国防相の対話強化と日豪「2+2」安全保障対話メカニズムの構築，(3)両国のテロ対策・災害救援・犯罪対策な

どの分野における協力強化，⑷自衛隊と豪軍の防衛関連協力の強化，⑸両国の政治・安全保障・経済分野における協力強化[9]．なお，⑵については，日豪初の「2＋2」安全保障対話が開催され（2007年6月），戦略・防衛協力の具体的計画が提起されフォローされていたが，2014年，日・豪「戦略的パートナーシップ」に関する共同声明，2015年，「訪問部隊地位協定」締結に関する合意は最近年における展開である．日韓間では，初の公式防衛協議が1994年に実施されて以降，ほぼ毎年，両国の防衛大臣が訪問を重ねている．豪・韓両国は，2009年，豪・韓 Enhanced Global and Security Cooperation に関する共同声明には，行動計画が付属し，海洋安全保障，核不拡散，テロ対策，サイバー攻撃対策が盛られ，年次外相協議および上級実務者レベルの防衛政策協議を要請．外務大臣と防衛大臣による定期の2＋2会合の実現を協議してきたが，第一回豪韓防衛大臣協議が2011年12月に開催され，豪州空軍と海軍は韓国への定期訪問を行っている[10]．注目されるのは，第2層との連携関係が見て取れることである．

2）　米印，日印間の戦略・防衛協力（第1層＋α・2型）

前節同様に，米印関係変化の初期の動きでは，「防衛関係の新たな枠組み」が調印され，両国が防衛・安全保障面で協力関係を強化することが宣言されている（2005年6月）．続いて George Bush 大統領（当時）のインド訪問を通してインドの核保有が認識され，「米印戦略的パートナーシップ」の構築が宣言され（2006年3月），これに伴い安倍首相（当時）と Manmohan Singh 首相との間に「日印戦略的パートナーシップ」を締結し，両国の外相が戦略対話を行うことを定めている（2006年12月）．更に，2008年，日・印首脳（当時の麻生総理とシン首相）が防衛協力に関する初の共同宣言に署名した．その成果は①2009年に行動計画として具体化，②外相レベル年次戦略対話，③国家安全保障アドバイザー間の定期協議，④外務・防衛上級官僚レベルでの2＋2対話として結実した．日・印装備品の移転に関する協定署名（首脳会談，2015年）は，最近における展開である．

200

3) 日・豪・印と他国との連携（第1層＋α・3型）

- 2003年　印・シンガポール防衛協力協定：①合同演習，専門家の相互派遣，訓練，防衛技術の共同研究の強化／②防衛政策対話（上記①の調整）
- 2007年　印・越共同宣言：戦略的パートナーシップを樹立（既存の年次政策協議を副大臣レベルの戦略対話に格上げ）[11]
- 2009年　安全保障協力に関する豪・印共同宣言：海洋安全保障，防衛対話など8分野における協力項目を指定し，high-levelでの人材交流（軍・民の防衛関係者および，各々の国家安全保障アドバイザーを含む）を要請
- 2009年　豪・越共同声明：Comprehensive Partnership
- 2010年　韓・印MOU署名（軍事外交～合同軍事演習を含む防衛協力の範囲）
- 2010年　豪・越MOU（覚書）：戦略レベル政策対話，合同軍事演習・訓練その他
- 2010年　韓・印戦略的パートナーシップ協定（外交政策および安全保障対話の創設），以降各年実施．民間の核兵器関連取引・防衛産業に関する協議
- 2011年　日・越MOU署名：防衛協力および軍事交流
- 2012年　印・シンガポール合同演習・訓練実施に関する協定（2003年）延長
- 2012年　第1回　豪・越合同外交・防衛戦略対話，防衛大臣年次協議に関する協定
- 2013年　日・越防衛大臣会合
- 2013年　豪・印外務・防衛大臣（2＋2）第2回年次協議

4) 多国間共同軍事演習

　外交・安全保障協力強化の一環として，多国間での共同軍事演習が開始されている．初期の動きとして，先ず，日米印による日本近海での海上共同訓練が行われ（2007年4月），次いで大型の多国間共同軍事演習がインド洋上で行われた（2007年9月）．参加国は日（海上自衛隊），米，豪，印，シンガポール4国は海軍．米国空母2隻，インド空母1隻を含む27隻の艦艇が動員されている．これらの演習が示唆するのは，米国とアジアの同盟国の協力関係に構造的変化，つまり従来の二国間協力から多国間協力による共同管理への漸次的移行が始まったということである．多国間共同管理の推進は2つの側面をもつ．1つ目は，民主主義という価値を共有する多国間での外交・安全保

障協力を通して，東アジアに新たな地域権力が出現し，米国のリーダーシップに挑戦することを共同で防止するという認識，換言すればrealismによる権力（power）への考慮を映し出している．2つ目は，これら諸国間での協力関係の構築は，多元主義（pluralism）に対する認識の深化である．これらを通して各国の安全保障上の利益と航行の自由と自由貿易の安定化による経済的利益の確保が追求される[12]．

　機能・運営の視点から眺めた場合，戦略的対話や戦略的パートナーシップという多国間協力メカニズムは，正式な「同盟（alliance）」ではなく「連合（alignment）」であり，多国間同盟条約や共同の同盟政策の発表で相互協力関係として拘束したり管理しているものではない「緩やか」な関係である．しかし，これらを推進することで相互の外交・安全保障協力が強化されている．第1層（伝統的安全保障）と次章の第2層（非伝統的安全保障：国境を超える脅威に対するリスク・マネジメント）の間の関係は，一部連携する関係である（大規模災害・人道的支援などにおける軍隊の出動など）．

2．非伝統的脅威への対応としてのリスク・マネジメント

　領土と国民を外敵から守る国家安全保障と対比した場合，国境を超える課題である「非伝統的脅威」は影響を及ぼす範囲が広く，一国が独力で処理できるものではない．対応例としては，拡散安全保障イニシアティブ（PSI），テロ対策・大規模災害時の救援活動，人道的援助，海賊・国際組織犯罪に関する協力，エネルギー安全保障協力，ガバナンス協力，警察・司法組織の能力形成，海洋安全保障（航行の自由）などなどである．国境を超える脅威であるという点でunilateralなアプローチは相対的に非効果的であるため，連携，連合あるいはネットワーク型協力の形成は必然的成り行きとも言える．

- PSI：大量破壊兵器（WMD）拡散防止は，G.Bush大統領（当時）が「拡散に対する安全保障構想」（Proliferation Security Initiative: PSI）を提唱し，東アジアに拡大させようとしたことに端を発するが，世界規模でのテロ対策の一環になっており，国際協力を通じてWMD関連設備および原料の不法拡散を海上臨検し，テロリストがWMDを手に入れてテロを拡大することを防止するものである．海上輸送の安全確保（航行の自由）については，東アジアの海域（南シナ海などのシーレーン）の国際的重要性が極めて高いことによる．ちなみに，南シナ海を航行する通過船舶数／日はパナマ運河とスエズ運河の合計数を上回り，マラッカ海峡は，インド洋と太平洋を結び世界で最も混雑する航路である．（世界の商品輸送の1/4，原油輸送の1/2）が，600隻／日の通過で担われている[13]．
- Counter-Terrorism その一方，国際海事機関（IMO）統計によると，1984-2005年の20年間に世界で発生した海賊事件（3,992件）の大半は南シナ海，インド洋，マラッカ海峡に集中している[14]．経済的損失は年間10〜45億ドルとも見積もられており，各国の経済およびエネルギー輸送にとって大きな脅威となっている[15]．
- テロリズム：東南アジアは，政府の統治能力を超える程に宗教と民族問題が大きく，インドネシア，マレーシア，フィリピンにおけるテロリズムの温床になっている．有力なテロ組織としては，これら三国に広がるJemmaah Islamia，フィリピン南部のAbu Sayyaf Group: ASG，Laskar Jihadなどがある．これら組織の活動は国境を越えて拡大しつつあり，薬物密輸，海上での襲撃なども含め当該国や周辺国での脅威になっている[16]．
- 米タイ軍事演習（コブラ・ゴールド）は，1994年以降オブザーバー国を招待する形で多国間演習に発展したが，2004年のインドネシア・スマトラ島沖津波救援活動を契機に2005年から人道支援，災害救援活動，国連平和維持活動を内容とする演習へと変化した．これは地域の安全保障ニーズの必要性に応じて第1層と第2層の手段が連携することを示唆している．域内諸国の首脳・高級官僚・軍上層部間の政策対話や協議を通して，二国間・多国間合同軍事演習・訓練，軍事情報・諜報の共有など伝統的安全保障に絡まる措置が強化されているが，high-levelの政策対話・協議は，「非伝統的脅威」を含む新たな安全保障の課題に対する基盤整備としも機能している．安全保障構造の変化に対応して日豪は既に，2007年，今後行う安全保障協力に合同軍事演習，テロ対策，人道的救援，海空運の安全性確保などを含めると発表していた[17]が，2008年の「豪米閣僚会議（Australia-United States Ministerial Consultation）」で，両国の外相およ

び防衛相が，今後東南アジアにおけるテロ対策を強化し，当該地域の海洋の安全を確保するとし，港湾の安全性確保とテロリストの資金の流れに対するコントロールを支援することに同意している[18]．第2層と次に述べる第3層は国境を超える問題への対応という意味において，連携関係にある．

(1) ASEAN 中心性（Centrality）をベースとする地域組織・制度を通した多国間協力による非伝統的安全保障への対応

　二国間・多国間の coalition 型協力としての非伝統的脅威への対応と並行して ASEAN 主導の地域国際組織を通した多国間の非伝統的安全保障協力が展開している．

　ここで考察する ASEAN の多国間主義（multilateralism）は，近年急速に拡大しているアジア太平洋地域の安全保障体系の第2層としての非伝統的脅威に対するものであるが問題・課題別のアドホックな連合ではなく，より恒常的・常設的な地域組織・制度を通した加盟国・参加国の行動調整チャネルである．

　ASEAN では 1980 年代，シンガポールによって三国間あるいは四国間防衛協力のアイデアが示唆されたが採択されず，その後インドネシア，マレーシアがそれぞれ「military arrangement」，「defense community」の構想を提示したが，同様に採択されなかった[19]．ASEAN が公式に安全保障の問題あるいは課題を議題としたのは 1992 年の首脳会議である．その後，1990 年代中盤まで，インドネシア，マレーシア，シンガポール三国間で防衛協力が展開していたが，次節の ARF の設立がアジア太平洋地域の防衛官僚間での定期協議開催への道筋をつけた（ARF Defense Officials' Dialogue，ARF Security Policy Conference など）．更にこれを契機として，ASEAN 主催の枠を超える形での軍－軍交流・協力が調整され定式化されるようになった．（the ASEAN Chiefs of Defence Forces Informal Meeting: ACDFIM, the ASEAN Chiefs of Army Multilateral Meeting, the ASEAN Navy Interaction, the ASEAN Air Force Chiefs Conference, ASEAN Military Intelligence Meeting, ASEAN Armies Rifles Meeting, Western Pacific Naval Symposium: WPNS など）WPNS（1988 年設立）は，その

後，第14回会議（2014年）まで，Code for Unplanned Encounters（CUE）への支持・承認などの重要な展開につながってきた．CUE は，安全や基本的通信，操作手法・措置に関する標準化された要領で，非拘束的協定である[20]．

1) ASEAN 地域フォーラム（ARF）

(1)設立の背景　冷戦期，欧州には諸国からなる欧州安全保障機構（OSCE）が設立され，北大西洋条約機構（NATO）を補完し，このプロセスを通して信頼醸成が進み，冷戦終了後，現在に至る重層的な地域安全保障構造が形成されてきた．他方，冷戦後の東アジアでは日米同盟を中軸とする二国間安全保障網（hub and spoke）と米軍のプレゼンスが安全保障を支えてきた．今，この機能が変容している，つまり紛争・危機対処から地域安定化に移行している（第1層および第1層＋α1型・α2型・α3型）と見るのが二国間安全保障網を「地域の公共財」と捉える立場である[21]．これには(1)に記したように2点の指摘がある．1つは，「二国間安全保障のジレンマ」，もう1つは「同盟のジレンマ」である[22]．前者は，米軍再編などによる日米関係強化で米国の紛争に巻き込まれる危険性が高まること．また，米国が紛争処理に成功しない場合，日本の安全保障も危殆に瀕すること．後者は，日米同盟の強化が中国を刺激して中国が軍備増強に拍車をかけること．これらは，米国と同盟関係にある豪，印やそれらが拡大するネットワーク先の国々にも当てはまる．こうした東アジアの安全保障環境の不安定化への対応の必要性がARF設立と3段階アプローチ（信頼醸成・予防外交・紛争へのアプローチの強化）の背景をなしている．二国間安全保障では十分堅固ではないとの認識がネットワーク化（mini-multilateralism）や多国間アプローチに赴かせ，地域制度への参加を促進する要因になっている．

(2)二国間同盟と ARF の関係　両者の機能は相違するため，代替関係にはないが，豪州など補完関係にあると見る加盟国は存在する[23]．仮に，二国間同盟が紛争・危機対処機能，紛争危機の予防機能，地域安定化機能を示していると見る場合，両者は補完し合うことになる．また，日米同盟には抑止機能

と地域安定化機能が存在するとの見方はある[24]．両者間に相互作用は認めつつも補完というレベルでの直接的な関係はなく，それぞれが要請される安全保障上の役割・機能を果たしているとの指摘は存在する[25]．ただ，ARFが長年にわたり停滞しているという現実は，同盟の強化や軍拡という勢力均衡策が生み出す大国間の相互不信を地域制度を通して軽減，緩和し，諸国間に協調関係を形成することは容易ならざる営みであることを示唆している．現行の地域秩序の維持と強化という目的・ビジョンが諸国，とりわけ大国間で共有されない場合，第1層と第3層の連携関係を形成することは困難である．第2層における国家の枠を超える非伝統的脅威へのcoalition型協力，ADMM-Plusという開放型地域制度を通した実践的で具体的な問題に関する共同行動への諸国の着実な参加という積み上げによって共通利益をシェアしつつ漸進的に相互不信を軽減するアプローチがむしろ現実的である．

(3)アプローチ　1994年設立のARFは，ASEAN（1968年設立）初の域外のメンバーを含めた多国間主義（multilateralism）の実現であり，ASEANの中心性（centrality）を重視する一連の安全保障フォーラム（他には，EAS, ADMM, ADMM-Plus）の中で最も長い歴史を有し，ASEAN加盟10カ国を中核にして北朝鮮（参加）も含む形で，2017年3月現在，27カ国・1地域をメンバーとする，外相レベルの会合である．1995年採択のコンセプトペーパーに基づき，1）信頼醸成の促進，2）予防外交の進展，3）紛争へのアプローチの充実，という3段階のアプローチで機能している．1）は短期または基盤目標，2）は中期目標，3）は長期目標である．第4回年次会合（1997年）は，ARFの方向性として，信頼醸成と予防外交を重複して進めていくべきことを確認している．ARFは，参加国間に「政治・安全保障問題，戦略的で政策的な国際問題」に関して幅広く対話の場を提供する枠組みとして，信頼醸成（CB：confidence building）を促進することに貢献してきたが，まだ，1）から2）への移行を模索している段階にある．ちなみに，アジア太平洋18カ国の外相が参加したARF第1回年次会合（1994年，バンコク開催）で出された議長声明は，1）緊張緩和，2）警戒感の低下，3）対話の習慣の醸成を通して地域の安

206

全保障に貢献するのが ARF の意義であるとしている.

(4)原則, 限界, 非伝統的安全保障分野の取り込みの必然性　機構的には ASEAN の枠に包摂されることから, ASEAN と同様に国家主権の尊重・内政不干渉・コンセンサスをベースとする意思決定を中軸に据えてきた. (ASEAN Way) これがまさに ARF が意見交換の場 (talk shop) にとどまり, action-oriented ではないとの批判を受ける原因となり, それまで追求してきた伝統的安全保障分野の活動 (前記 3 段階アプローチ) に比べると比較的加盟国の同意を取り付けやすい非伝統的安全保障分野も目的に含め, 既に 1990 年代末から活動分野の重点を徐々に移行していた. これは, 2003 年の ARF 会合でテロリズムや越境犯罪が優先課題として合意され, 同年からテロ対策・国境を超える犯罪対策 ARF 会期間会合 (IMS-CTTC) が開催されることになったこと, 2005 年の「非伝統的安全保障分野における ARF セミナー」(北京開催) で, 安全保障問題にテロリズム, 麻薬密輸, 感染症, HIV・エイズ, 密入国, 人身売買, 汚職, マネーロンダリング, サイバー犯罪, 海賊, 環境破壊, 違法伐採がテーマとされたことなどにも表れている. このように, ARF は,「越境犯罪」を非伝統的脅威・安全保障の要素・対象として捉えていたが, 2020 年に向けた ARF 指針としての「ARF Vision Statement」(2009 年), 行動計画としての「ARF Vision Hanoi Action Plan」(2010 年) はこうした認識を, 対外的に公式化したものである. 分野には大規模災害, 海上安全保障が追加されている. しかし, 実践あるいは具体的な行動という意味においては, 後述する ASEAN 国防相会議 (ADMM) および拡大 ASEAN 国防相会議 (ADMM-Plus) が実質的に担っている形である.

2)　アジア太平洋地域秩序に対する地域制度の役割と課題

(1)役割　アジア太平洋地域の秩序に関する地域制度の役割には以下ものがある.

第 1 の役割は, 米国のプレゼンスの予測可能性の向上で, 現行秩序の安定化に貢献している. 大半の域内諸国は, 域内のパワー分布が大きく変動しな

いことを希望している.

　理由は，米国の提供する国際公共財としてのプレゼンスに概ね満足していることと，米国のプレゼンスの低下で域内諸国の勢力争いが激化し，台湾，朝鮮半島，南シナ海などの紛争の勃発や激化が懸念されるためである．ASEANがARFを設立した理由の1つは，多国間安全保障対話を通してアジアの平和と安定における米軍のプレゼンスの重要性を米国に常に意識させることにあった．この実効性・有効性が顕著に表れたのが，C.Rice米国務長官（当時）がARF閣僚会合に欠席した（2005年と2007年）際であった．これは，ASEAN諸国に米国の東アジアへの関与が低下しているとの印象を与え，ASEAN諸国の政府高官から，米国のARFへの不参加は東アジア諸国に「間違ったシグナル」を送るものであるという批判の声が上った[26]．こうしたASEAN諸国の批判は米国に東アジアへの関与の重要性を再認識させ，アジア重視を示す政策を次々と打ち出させることになった.

- 2005年　ブッシュ政権とASEAN各国首脳との間での「ASEAN・米国パートナーシップ」合意（APEC首脳会議）
- 2008年　1）オバマ政権による米国初，世界に先駆けてのASEAN常任大使の任命．2）米・ASEAN友好協力条約（Treaty of Amity and Cooperation）の締結
- 2009年　ASEAN統合に向けた行動計画への協力プログラムである「国家協力と経済統合を進めるためのASEAN開発ビジョン（ADVANCE）」の発表：これは，ブループリントの作成へとつながっている
- 2010年　第1次米・インドネシア包括的連携枠組み（Comprehensive Partnershipの設定
- 2011年　ベトナムとの共同軍事演習
- 2012年　「米国・ASEAN拡大経済対話イニシアティブ」（U.S.-ASEAN Expanded Economic Engagement Initiative）の開始表明（ASEAN首脳会議），経済制裁の対象であったミャンマーとの協力枠組みの設定
- 2013年　米国政府高官と他のASEAN諸国指導者との上級会合の設定，国務長官とメコン川流域諸国（ベトナム，カンボジア，タイ，ラオス）との定期会合の設定

- 2013 年 「南シナ海での自由な航行は米国の国益である」とした米中会談での クリントン元国務長官の言明（これに対して中国側は，「中国は同海域全体に 主権を有している．また，米国が豪州のダーウィンに海兵隊を配備し，フィリ ピンとの協力を強化する計画はアジア諸国の意思に反するものである」として 反駁）
- 2013 年 「米・ベトナム包括的連携枠組み」（Comprehensive Partnership）の設 定（南シナ海での東南アジア諸国の利益を擁護し，ベトナムの防衛能力向上を 目指したもの）
- 2014 年 米比新軍事同盟協定（基地使用協定）の締結（22 年ぶりに米軍のフィ リピン常駐が実現）などを通して，米国と ASEAN 間の関係改善に動いた（米 軍および米国の対アジア外交における，中国を念頭においた，広範な「pivot （軸足移動）」および「rebalance（リバランス）」の一環）

同様に，日本が APEC の創設に動いた動機の 1 つに，米国を含めた域内諸 国間の経済協議を促進し，域内貿易不均衡を是正し米国の貿易赤字を縮小す ることで，米国の東アジアへの関与を引き続き確保することにあった．

第 2 の役割は，米国が標榜する規範と価値観の拡散で，現行秩序の正統性 と安定性の向上につなげることである．ARF と APEC は，秩序内の追随国が リーダーシップを発揮して構築した地域制度であり，大国が自国の利益と影 響力の拡大を目的として作り出した機構ではない．しかし，その展開の中で 米国の規範や価値観が加盟国に伝わる手段として機能するようになるという 変質が生起している．ARF の場合は「民主化」や「人権の尊重」であり， APEC の場合は「貿易・投資の自由化」である．前者の例としては ARF の閣 僚会合や他の関連会合で米国はミャンマーの人権問題を非難しつつ，「民主 化」と「人権の尊重」を地域的安全保障の基盤としてアピールしてきた[27]． 拡散は，第 10 回 ARF 閣僚会合（2003 年）の議長声明[28]がミャンマーの人権 問題に言及し，民主主義を地域的安全保障の基盤として指摘したことに表れ ている（ARF 文書としては初のことであった）．更に第 14 回 ARF 閣僚会合（2007 年）は，「異文明間の対話の促進に関する ARF 声明」[29]において，人権の重 要性が ARF として初めて言及されている．ちなみに，地域制度における「共

同声明」は全会一致を通して発表されるが,「議長声明」は,議長国と追随国（加盟国の一部であっても良い）の賛同で発表される.この差は,例えば,2012年のASEAN外相会議では,南シナ海問題への言及に反対した加盟国があったことから共同声明は発表されず,2015年の第3回ADMM-Plus会合では,南シナ海問題で全会一致は得られなかったが,議長声明の形で発表したことに表れている.

第3の役割は,国家間協力を規定するルールの調整.例えば,冷戦後のアジアにおける安全保障における国家行動の規範としてASEANが1976年の首脳会議で締結したTAC（ASEANが同会議において締結した「主権の尊重」「領土保全」「内政不干渉」「平和的手段による紛争の解決」「武力による威嚇または武力行使の放棄」などを明記した行動規範）[30]もその例である.ASEANは,ARFを通してTACの域外諸国への浸透を図っている.

第1回ARF閣僚会合（1994年）で,ASEANは,ARF参加国にTACの精神と原則の遵守に対する同意を得たが,その後のARF閣僚会合の議長声明は繰り返してTACに言及している[31].非ASEAN諸国（日・米・豪・韓・露・ニュージーランドなど）は,TACへの正式加盟を避けてきたが,中国とインドの加盟（2003年）と,EASへの加盟条件としてASEANがTACへの調印を求めたことから加盟に踏み切っている.TACは法的拘束性はない「合意」であることから,政策・戦略・行動の実効につながりにくいというデメリットとその緩やかさゆえに受け入れられ易いというメリットの2面性をもっている.

第4の役割は,現行秩序に対する中国の理解の促進.ARFを始め,近年の中国による国際制度および地域制度への参加には顕著なものがある.この点に注目して,中国を現状維持勢力と捉える研究がある.例えば,Alastair Iain Johnstonは,主に以下の2つの事象を根拠として,中国は現状維持勢力であると論じている.1）近年,中国の国際制度への参加率は急上昇しており,制度のルールも概ね遵守している.2）中国の軍拡は,台湾の独立と台湾問題への米軍の介入を抑止することに主眼を置いており,地域における米国の軍事的パワーやその影響力に均衡を図ろうとするほどのものではないとしてい

る[32]. また，ASEAN は，米国や中国を取り込んで中国による現行秩序への挑戦を防ぐことを期待して ARF を設立したとする研究がある[33]. 南シナ海や東シナ海問題から米中対立の構図が大きくクローズアップされているが，中国が地域制度に比較的積極的な関心を示して参加する活動もある. 例えば，2016 年 7 月の ARF 閣僚会議で，中国は犯罪防止対策へ向けての国境管理規制に関する提案を行い，後述の ADMM-Plus でも，2014 年，ADMM-Plus 初の合同演習に参加している.

⑵課題　ARF に典型的に見られる地域制度が円滑にかつ迅速に地域協力を推進し難い主たる理由の 1 つは，前記のように，地域制度が「合意の非拘束化」，内政不干渉，「コンセンサス方式（全会一致）による意思決定」で表現される ASEAN Way（ASEAN 方式）を運営原則としているためである. これは迅速な意思決定・決定事項の迅速な実行などに支障をきたす（例えば，国防白書の発行など）[34]. また，ARF が合意してきた信頼醸成措置（CBMs）も，合意の非拘束化原則ゆえに実行されないこともしばしばである. しかし，その一方，非拘束的であるがゆえに ASEAN 加盟国のみならず中国からも支持も受け，地域制度初期での中国の持続的関与を引き出してきたことも事実である.

3）　西アジアサミット（EAS），研究機関

ARF と並んで，2005 年にクアラルンプールで創設された西アジアサミット（EAS：首脳会議）も 2011 年には米国とロシアが加盟し，中国，インドを含む地域の大国がメンバーとなる全体会合となり，いまだ黎明期とはいえ，ARF と共にアジア・太平洋地域のリーダーが政治的，戦略的問題を討議する premier forum ともみなされるようになってきた. 2000 年代に入ってのアジアの主要な国家間の政治制度を通じる絆の充実は，近隣諸国間の協力が地域の長期的平和と安定にとって決定的に重要であることを示唆している.

他方，民間研究機関ベースの安全保障会議とし重要なものにロンドン・ベースの International Institute of Strategic Studies（IISS）があり，シンガポールの Rajaratnam School of International Studies（RSIS）の後援を受けて，シ

ャングリラ会議（Shangri-La Dialogue:SLD）を開始し，継続的に開催している．SLD をアジア・太平洋地域の公式な大臣会合に格上げするという諸関係国の初期の提案は ASEAN によって徐々に形骸化されたものの，実態的には，ASEAN 内外の諸国からも首脳・防衛大臣が参加して演説や協議が行われている．また，SLD の成功は諸国に類似の会合を生み出している．（例：中国の Xiangshan Forum, ロシアの Moscow Conference on International Security, Malaysia の Putrajaya Forum）.

　一方，SLD に対して，対話の域を出ず，共同行動に踏み出さないとの批判もある．しかしこうした批判は ARF, APT, EAS などの類似のフォーラムについても言われてきたものである．換言すれば，アジア太平洋全体をカバーしつつその安全保障環境を決定的に改善する枠組みはいまだ形成されておらず，意見交換の場が拡散している状態にあることを示唆している．背景として指摘されるのは，大国である米国や中国の消極性である．既述した ARF も米国は中 − 台問題や南シナ海問題を論議する場として捉えておらず，中国も経済的枠組みには積極的でも，従来，海上安全，領土関連の協議は別との姿勢であった．中国は，第 2 層についても米国主導のグローバル海洋パートナーシップ（GMP）には批判的である．

　他方，豪州が 2008 年に発表したアジア太平洋共同体構想など地域全体をカバーする枠組みを編成する試みもあることはあったが，これは地域各国との事前協議不足と，ASEAN 加盟国からの批判を受けた（ASEAN 諸国は東アジアの地域協力の運転席に座っているとされてきたため）．その後 2009 年にフォローアップとしての国際会議（政府関係者・民間有識者参加）を開くも実現には至らなかった．

(2)　ASEAN 国防相会議（ADMM），拡大 ASEAN 国防相会議（ADMM-Plus）

1)　ADMM の設立経緯と展開

　1970 年代以降，ASEAN 諸国は，集団的防衛と非伝統的安全保障に関わる地域主義の間の領域（例えば国境地域に関する安全保障協定や諜報情報交換な

ど）を二国間安全保障協力を通して探求することに疑問を抱くことはなかっ
た．2.(1) で述べたように，1980 年代に入っても，当時のシンガポール首相
(Lee Kuan Yew) が発議した ASEAN の防衛に関する多国間協力（三国間，四
国間協力）構想は，加盟諸国によって拒否されている[35]．続いて，インドネシ
ア（当時の外相 Mochtar Kushumaadmatdja）による「military arrangement」構
想，マレーシア（当時の外相 Abu Hassan Omar）による「defense community」
構想も同様に採択されなかった．1989 年までに実施されたのはいわゆる「core
ASEAN 加盟国（インドネシア，マレーシア，シンガポール）による軍事演習に
限定されていたものの，当時のインドネシア副大統領 (Try Sutrisuno) は，こ
れを "defence spider web" と呼んでいた[36]．この遅い展開が示すように，多
国間防衛・安全保障というテーマは当時の ASEAN には受け入れられにくい
状況にあった．ASEAN が公式に安全保障の問題あるいは課題を議題としたの
は 1992 年の第 4 回 ASEAN 首脳会議で，開催国としてのシンガポールのイニ
シアティブが発揮された結果であった．1990 年代央までにインドネシア，マ
レーシア，シンガポールによる多国間軍事協力はもはや陳腐化していたが，
これに転機が訪れたのは，前記した 1994 年の ASEAN Regional Forum：ARF
の設立であり，これがアジア太平洋諸国の外相・外務官僚レベルでの安全保
障全般に関する定期協議のメカニズムを開くことになり，続いて，防衛面に
関する防衛省・防衛官僚間の会合（ARF Defence Officials' Dialogue, ARF
Security Policy Conference）更に ASEAN 主催を超える軍－軍協力の定期メカ
ニズム（2.(1) に記した ACDFIM, ACAMM, ANI, AAFCC, AMIM, AARM, WPNS
など）の定期協議化につながった．とりわけ WPNS は，2014 年 4 月の第 14
回 WPNS（中国，Qingdao で開催）で海上での Code for Unplanned Encounter
at Sea（CUE：船舶および航空機に関する安全・保安手続き，基本的コミュニケ
ーション，基本操作要領標準プロトコールに関する非拘束的協定）の承認につな
がっている．

・第 9 回 ASEAN 首脳会議（2003 年，バリ開催）でその創設が示唆され，2006 年

に開かれた ADMM の第 1 回会合は，次の 4 点を設立目的とした．1）ASEAN 内部で，および後続の ADMM-Plus は ASEAN と域外対話国の間で，対話と防衛・安全保障協力を通して地域の平和と安定を促進し，防衛と安全保障戦略レベルの指針（guidance）を提供する．2）透明性と公開性の向上を通して相互信頼・自信を促進する．3）アジア政治安全保障共同体（APSC：前身は 2003 年の ASEAN 首脳会議で公表されたアジア安全保障共同体 -ASC）の樹立に貢献する．4）ビエンチャン行動計画（VAP）の実施を促進する[37]．第 2 回 ADMM（2007 年 11 月，シンガポール）は，次の 3 つのペーパーを採択している．1）ADMM-Plus Concept Paper，2）the Protocol to the ADMM Concept Paper，3）ADMM Three-Year Work Programme for 2008-2010．これらは，総体として，ADMM および ADMM-Plus の展開を見通している．

- 第 3 回 ADMM（2009 年 2 月，タイ）1）ASEAN の軍事資産，人道的支援および災害救助（HADR）配備に関するペーパー，2）ADMM-Plus の加盟原則に関するペーパー，3）タイ提案のイニシアティブに関するペーパーを含む 3 つのペーパーを採択．

- 第 4 回 ADMM（2010 年 5 月，ハノイ）拡大 ASEAN 国防相会議 ADMM-Plus の創設過程を規定する 3 つのペーパー（形態，構成，方法・手続き）が採択され，これを受けて 2010 年 10 月に ADMM-Plus 第 1 回会合が開催され設立された．アジア地域の安全保障への対応には，伝統的安全保障の視点だけでは不十分で，非伝統的安全保障分野を取り込まざるを得なくなっていた ARF の実情を反映し，ADMM の拡張版としての具体的協力を実施する専門機関を設置したものである．

2）　拡大 ASEAN 国防相会議（ADMM-Plus）

ASEAN 域外 8 カ国（豪州，中国，インド，日本，韓国，NZ，ロシア，米国）を新たに迎え入れた地域間会合である．ADMM-Plus は，防衛・安全保障問題でもとりわけ国境を超える新たな脅威に関する具体的課題・行動に対処する最もハイレベルの閣僚・高級官僚に加え，実務レベルの協議と協力のメカニズムである．キャパシティ・ビルディングなど具体的で実践的な協力を通じて地域の防衛・安全保障協力を強化し，ADMM-Plus での決定を実行に移すため，高級実務者会合を設置している．本会合（3 年毎），閣僚級の本会合（年次開催），高級事務レベル会合（ADSOM-Plus），6 分野の専門家会合（Experts

Working Group: EWG：2011 年以降年次開催）など様々なレベルでの協議が開催されている．ADMM-Plus が特に重視するのは，人道支援/災害救助（HA/DR），海上安全保障，防衛医学，テロリズム対策，平和維持活動，地雷処理の 6 分野であり，各分野に関する専門家会合が開催され，情報共有，ワークショップ・セミナーの開催，共同訓練の促進，勧告書の提出などが行われており，議長は，ASEAN 加盟国と ADMM-Plus の加盟国が次のように共同で務めている．（議長フレンズ方式）

①人道支援・災害救援（中国・ベトナム，現在は，日本・シンガポール）

　法的に注目されるのは，ASEAN の枠内で法的拘束力をもつ ASEAN Agreement on Disaster Management and Emergency Response（AADMER）が締結され 2009 年に施行されたことである[38]．また，2014 年 11 月の ADMM Retreat（年次会合間での非公式会議）では，被災国に緊急配備される ASEAN Military Ready Group（HDMRG）に関するコンセプトペーパーが検討されている[39]．加えて，2013 年 11 月に台風「ハイヤン」がフィリピンを襲来して以降，軍と国際 NGO や国際機関との研修，机上演習，共同演習も実施されるようになった[40]．

　ちなみに，気候変動とも相まって継続的に発生する大規模な自然災害（インド洋大津波，東日本東北大地震など）を，（ADMM-Plus 域外 8 カ国の 1 つ）である米軍の元総司令官 ADM Samuel J. Locklear は，アジア・太平洋地域での長期的な最大の脅威であるとの認識を示していた[41]．また，2015 年 7 月 10 日時点の国防省サイトも特集の中でアジア地域での災害救援に米軍が派遣された多数の事例を地図入りで紹介し，「非伝統的安全保障」への関与，言い換えれば，安全保障環境の変化への米国の認識の高まりをアピールしている．

②海上安全保障（豪州・マレーシア）

③防衛医学（日本・シンガポール）ちなみに日本は 2010〜2013 年にシンガポールと共同して防衛医学 EWG の議長を務めている．

④テロリズムへの対応（米国・インドネシア）

⑤平和維持活動（ニュージーランド・フィリピン）

⑥人道的地雷除去（2013年開始）

　また，日本は，人道援助・大規模災害救援（HA/DR）に関するEWGでラオスと共同議長国になっているが，HA/DRのWG会合は，2014年7月に開催されたのみとなっているものの，各軍協力体制の基盤が着実に整備されてきており，2015年8月にはラオスで机上演習が実施され，2016年9月に2度目のHA/DRと防衛医学に関する共同演習が組まれている．

　一方，第3回ADMM-Plus本会合（2015年11月開催，クアラルンプール）では，南シナ海という表現を盛り込むか否かを巡る関係国間の見解の違いからが共同声明が作成されなかった．こうした現実は，非伝統的安全保障を扱うADMM-Plusとは言え，依然加盟国間の伝統的安全保障領域（第1層）における特定の大きな利害対立が第3層という制度レベルの協力に影響を及ぼしていることを示唆している．他方，こうした特定の利害対立と直結しない海洋安全一般の合同演習およびテロ対策初期計画会合は，2015年2月に予定通り実施された．

　ADMM-Plusの実績を見ると，相対的に成功している多くの活動は機能あるいは運用レベルのものである一方，第3回本会合で行われたような外交的・戦略的議論には概して不向きである．これは非伝統的脅威分野における総論志向のARFと各論志向のADMM-Plusという制度的差に由来している．

　ただ，伝統的安全保障問題（南シナ海問題など）での相互信頼不足から，ADMMは論争の的になるような問題を典型的に回避してきた．地域のダイナミックな政治的変化からADMMとともに非伝統的脅威に対する機能的協力という領域を超える（フォーラムのコントロールを超える）一層政治的にセンシティブな問題をどう扱えるかを考えることには慎重である．

3)　ASEAN安全保障共同体とADMM，ADMM-Plus

　⑴ADMMとADMM-Plusの位置づけ　第9回ASEAN首脳会議（2003年，バリで開催）でBali Concord IIが公表されASEAN安全保障共同体（ASEAN Security Community，後にASEAN Political Security Community:APSCに変更）

構想が提示された．重要な点は，APSC Blueprint とそれに付帯する Vientiane Action Plan（VAP）が，APSC 実現の綱領として位置づけられ，ADMM（2006年設立）および ASEAN 域外 8 カ国（日・米・豪・中・印・韓・露・NZ）に加盟範囲を拡大した ADMM-Plus の設立（2010 年）を射程に入れていたことである．周知のように，APSC は共同体としての ASEAN を構成する 3 本の柱の 1 つで，他の 2 本の柱は ASEAN Economic Community（ASEAN 経済共同体：AEC），ASEAN Socio-Cultural Community（ASEAN 社会文化共同体：ASCC）である．つまり，ADMM と ADMM-Plus は，APSC 実現の wing として位置づけられる．

(2) ADMM と ADMM-Plus の基本的役割　域内外の国防相が対話することで協力のための戦略的メッセージを発信し合い，安全保障のための実践的行動を促進すること．

(3) ADMM のイニシアティブ　1) 人道的支援・大規模災害救援（HA/DR）において市民社会との協力，2) HA/DR における軍事資産の活用，3) ASEAN 平和維持センター（peacekeeping centers）としてのネットワークの形成，4) ASEAN 防衛産業協力の促進，5) ASEAN 防衛に関わる国家間プログラムを推進する，6) ロジ（logistics）協力，直接的コミュニケーション・リンク（DCL）の形成[42] 留意すべき点は，2004 年創設の ADMM，2010 年創設の ADMM-Plus（およびその作業部会である 6 つの Expert Working Group）は，1) 非伝統的安全保障分野に焦点がおかれていること，2) 大枠はあくまで ASEAN 自体であることから，ASEAN 主導であり ASEAN の傘下にあること，従って，ASEAN の枠内での 3) 「会議の連続体」であること，ARF も含め事務局の設置などの動きは，会議の連続体から「組織体」への格上げを図る動きであること，4) 信頼醸成の促進と実践的な協力が中心であること，である．

4)　メリット

ADMM と ADMM-Plus がもつメリットとしては，まず 1) 協力的雰囲気が他の分野に及ぼす波及効果（spill-over effects）が挙げられる．これら 2 つの

フォーラムは訓練や演習で活用可能な軍事関連資源・資産（軍人，軍事資機材・設備，予算）を有する．2つめは，ADMM-Plus は ARF と比較して，より明確な地理的なフォーカスをもつため，より容易に共同行動をとりやすいことである．とりわけ人道支援・大規模災害救援（HA/DR），防衛面での相互行動が充実し，関連組織間のネットワークの樹立が容易である．これらのメリットから ADMM と ADMM-Plus が非伝統脅威に対する地域安全保障および加盟国の国内戦略の形成という点で果たしている肯定的役割と重要性が認識される．また，ADMM と ADMM-Plus は，非軍事的で越境的である非伝統的安全保障分野における市民団体との協力の重要性を認識しており，多様なアクターによる多面的な取り組みを打ち出している点が注目される（ASEAN はそれまで市民社会の参加を認めていなかった）．

5) 課題

ADMM と ADMM-Plus は，様々な課題にも直面している．その第1は，域内外の政治的変動がフォーラムに及ぼす影響：米中などの大国間での競争・利害関係が ASEAN 中心性（ASEAN Centrality）を揺さぶっていることである．ASEAN 加盟国の大半は安全保障に関して各々がもつ大国との二国間関係に依存しているため，ASEAN の分化あるいは分裂のリスクが潜在している．例えば，2012年の ASEAN 外相会議（カンボジアで開催）や第3回 ADMM-Plus（2015年11月，クアラルンプールで開催）では南シナ海問題の取り扱いに起因して共同コミュニケを発表できなかった．こうした点に鑑みて，ADMM が ADMM-Plus（域外8カ国参加）での協力を主導し，一体的立場を打ち出す必要があるとの指摘もなされている．その一方，ADMM が ASEAN Centrality を過度に強調すると，ADMM-Plus には域外8カ国も参加しているため，ADMM-Plus 協力に対するこれら域外諸国の関心低下につながる危険性があるため，如何に ASEAN Centrality に関してバランスをとるかが ADMM の運営にとって重要となる．

第2は，ASEAN Community の概念に沿って，現行の Three-Year Work

Programmes に加えて，5～10 年にわたる長期戦略を策定し，協力活動を追跡し，その展開が APSC のより広範な発展と整合性をもつようにする．

　第 3 は，更なる信頼醸成に向けて，公式および非公式チャネルを通したコミュニケーションの改善に加えて，国防相間で直接会話のチャネルを創設して平時のみならず，新たな危機の出現や緊急時の対応をより迅速に行う（ちなみに，2014 年の ADMM でブルネイは ASEAN 国防相間でのホットライン設立を提案したが，その後の会議で承認され研究・準備作業部会も開催され進行中である．ただし，国防相間ホットライン網の設立は，ADMM を加盟国がまとまり易い非伝統的安全保障領域を通した信頼醸成からより異論が出やすい危機管理領域に導く可能性も指摘されている[43]）．

　一方，近年の安全保障環境の変化は ADMM がセンシティブな問題を等閑視していられない状況を作り出している．このためにも，ASEAN の軍事会議や ARF の防衛官僚会議・コンフェランスと調整を深め，連携と情報共有を促進する必要がある．加えて，Track1 および Track2（TrackII Network of ASEAN Defence and Security Institution など）との交流・情報交流を促進する必要がある．更に，Track1.5 レベルで防衛官僚と研究者の対話のフォーラムを設定し，戦略に関する示唆を取り込むことは有益である[44]．

　第 4 は，加盟国間の能力の格差（capacity gap）と非伝統的脅威というテーマの多さもあり，類似の非伝統的安全保障メカニズムも含めて限られたリソースが過度に分散されがちであるため，行動に支障をきたさない工夫が必要である．ADMM と ADMM-Plus は，協力の統合を図る必要がある．これら 2 つのフォーラムは，これまで実践的協力を推進するための多くのイニシアティブを提案してきたが，それら全てが実行に移されて来たわけではなかった．長期的に ADMM と ADMM-Plus 協力のモーメンタムを維持するためには，これら 2 つのフォーラムの現在のメカニズムと活動実績の見直しおよび評価が行われる必要がある．例えば，2 つのフォーラムの各加盟国のリソース面での制約を実際に考慮することなく更なるイニシアティブを提言することは，ADMM や ADMM-Plus の便益につながらず，有益ではない．このためには，

もはや役割を終え有効な付加価値を生み出さないイニシアティブは終了・解消することも一案となろう．更に広角で捉えるならば，ADMM と ADMM-Plus の現行の協力も，他の安全保障関連メカニズムも含めて，各々のアジェンダの相互補完性の視点から統合することも必要であろう． Joint Working Group の形成，Joint Expert Working Group, Joint Training Centre, Logistics Support Centre など，リソースの共有化と効率的・効果的活用を促進する．

第5は，1990 年代初頭まで多国間協力を拒否してきた歴史をもつ地域であることから，相互理解を更に進め，行動のためのイニシアティブを強化するために，ADMM は加盟国間での透明性（情報公開・情報共有）を促進する必要がある．ADMM 3 カ年活動計画でも紹介されている ASEAN Security Outlook の編纂・出版はその効果的な例であり，情報共有を通して加盟国間で ADMM や ADMM の展望・見通しの共有を促進し，信頼醸成に資する効果がある．

第6は，ADMM には目下，制度的能力・キャパシティにおいて見られる格差を軽減する必要がある．つまり，そのアジェンダと成果が能力とリーダーシップを担う国に応じて年ごとに変化する点が指摘される．このためには，ASEAN 加盟国間での能力格差を軽減する措置（能力育成措置）が不可欠である．一貫したリーダーシップが確保されることにより，ADMM は域外加盟諸国の利益とアジェンダに対してより統合された姿勢を保つことが出来る．

第7は，中国の参加の促進．中国は ADMM-Plus のメンバーであり，大規模災害救援，人道援助の他に海上安全保障に積極的参加の姿勢を見せている．中国も参加し易い非伝統的脅威への対応（リスクマネジメント）における協力の促進は，信頼醸成と中長期的な安全保障の協調的環境の形成に資する．

3．ARF と ADMM-Plus 間のシナジー

(1)　役割の分化による相互作用と発展

　ADMM-Plus の第 25 回アジア太平洋・ラウンドテーブル（2011 年，マレーシアで開催）でマレーシア国防省戦略評価局長（Raymond Jose G. Quillop）は ARF と ADMM-Plus の今後の課題を，1)「役割の分化」とこれを通した，2)「相互作用と発展」であるとした．1)の役割分化については，「ARF は多国間枠組みの中で幅広く戦略的で政策的な国際問題を対話を通して協議する総論的役割をもち」，「ADMM-Plus は各軍による実質的協力を促進する」という役割をもつとしている．同様に，同会議におけるタイ政府の発表は，「ARF の共同演習は官民協力のオペレーション」であり，「ADMM-Plus は軍同士の協力体制の強化」であると位置づけている．つまり，同じく非伝統的脅威に関する安全保障を扱う 2 つの機関の間に役割の違いがあることが認識されている．2)の「相互作用と発展」は，1)の ARD と ADMM 間での「役割の分化」が進むことで発現する効果として位置づけられるが，相互作用には 2 つのパターンがある．

　1 つ目は，ADMM-Plus における議論の回数の増加がもたらす ARF との連携強化．つまり，ADMM-Plus で議論され，ARF でも議題として検討されるべきとされたものを両機関の議長国を務める国を通して実行される．その結果，ARF で ADMM・ADMM-Plus に対して新たな方針と具体的な指示が通達される．ADMM-Plus で具体的行動に反映されたものが，ARF に報告されるという循環的パターンである．2 つ目は，ADMM-Plus が具体的な共同演習を行うことで ARF の問題解決能力が向上するというパターンである．ARF に比べると ADMM-Plus は構成国が少ないことから，共同演習などの協調的軍事行動に取り組み易く，比較的短期間に実行に移せる．（HA/DR における共同演習は，発足が 2006 年で第 1 回目の共同演習は，2013 年に開催され，ARF での実行に要した期間の半分以下であった．）ADMM-Plus の議長国は ASEAN であ

るため ASEAN レベルでの防衛協力が推進されることになり，ASEAN が主導する ARF の安全保障関連問題解決の能力も向上する．

(2) ASEAN の運営責任体制の教訓を ARF の体制に活かす

1) 運営責任

ARF 加盟国の過半は既に非 ASEAN 諸国が占めているという実態があり，これをその運営に反映させるか否かの問題である．第 14 回 ARF 閣僚会合（2007 年，マニラ）は「議長フレンズ制度」を付託事項として採択している．ARF の議長は ASEAN 加盟国中の 1 カ国の外相が務めることになっているが，「議長フレンズ制度」は，特定の案件に関して，ASEAN 加盟国・非 ASEAN 加盟国を含めた他国が議長を補佐する仕組み（共同議長制）であり，ARF 議長国の役割を強化しようとするものである．

2) ARF 事務局

2004 年，ASEAN 事務局内に小規模ながら ARF Unit が設置され，文書管理という事務作業を通して議長を補佐する体制が敷かれた．この意義は，ARF が「会議の連続体」から事務局を持った「組織体」へと移行したということである．ただし，この事務局は，前出の議長フレンズ制度のように非 ASEAN 加盟国へのオープン化は志向していない．つまり ASEAN が ARF の運営責任を専有している．現行の ASEAN の意思決定方式を事務局を含む制度に移行する，またオープン化するか否かを考える際に関わるポイントの 1 つは，ARF が伝統的な政府間外交（トラック 1）と対比されるアジア太平洋安全保障協力会議（Council for Security and Cooperation in the Asia Pacific: CSCAP）に代表される民間セクター（トラック 2）との連携に貢献している点をどれほど評価するかであるが，今日の東アジアでは大国間の協調の必要性が十分認識されておらず，「協調」が成立していた 19 世紀の欧州とは本質的に異なっているとの指摘がある [45]．

3) ASEAN Centrality との関係

対話の域を出ないという批判や制度的制約はあるものの，ARF がアジア太平洋地域に「対話の習慣」を根づかせ，信頼醸成に一定の成果を上げたことは評価されている．他方，ASEAN は，加盟国が主導する地域的多国間枠組み（ADMM・ADMM-Plus など）に関して，ASEAN の中心的役割を強く維持することに最大の関心と注意を払い，ASEAN Way という概念に基づき内政不干渉とコンセンサスによる意思決定をその中心に据えている．ARF などの多国間枠組みへの参加に大きく関連する事項は，協働に際して非 ASEAN 諸国に課される条件として，TAC への加盟がある．この条件は端的に表現すれば，経済力や軍事力で ASEAN をしのぐ大国が参加することで，ASEAN の中心的役割が脅かされることを防止するための措置である．ARF や ADMM-Plus の国際的位置づけの高まり，内容の高度化・多様化という環境下，非 ASEAN 加盟国との協働による非伝統的脅威に対する各論としての実践的行動が迅速に要請される今日的環境においては制約要因ともなる．

おわりに

アジアにおける米中関係の変化に伴い，伝統的安全保障体制がかつての2国間軍事同盟関係からネットワーク型に変化している．これと同時にアジア地域での国境を超える各種の脅威に対するリスクマネジメント型協力が域外諸国も参加しながら進行している．こうした安全保障環境の変化に取り組む地域制度は，ASEAN を軸に，総論としての ARF ベースの各国外務省主導のハイレベル協議が信頼醸成を超えて予防外交に至る方法論を協議している一方，防衛省・国防省主導の ADMM・ADMM-Plus などが，拡大する非伝統的脅威に対応する具体的・機能的活動を担う制度とし発展してきている．いずれの制度にも情報公開による諸国間の信頼関係の強化が不可欠であるが，機能的協力における総論と各論の整合性の確保，諸制度の能力強化，参加国の

限りあるリソースの見直し・整理・統合によって効率的・効果的活用に向けた創意と工夫が要請されている.

1) 松井一彦（2007）「東アジアの安全保障協力と多国間協力―ARF の意義と今後の課題」『立法と調査』273 号，25 頁.

2) 近年，国際政治や地域安全保障の分析で Achitecture という概念が用いられているが，先駆的研究の一例としては，William Tow, Brendan Taylor, An overarching, coherent and comprehensive security structure for a geographically-defined area, which facilitates the resolution of that regions policy concerns and achieves its security objectives がある．そのポイントは，1) 全体性（overarching）を強調することで，制度（institutions），枠組み（arrangements），ネットワーク（networks），システム（systems）の概念を包含する，あるいは相互関係をマクロ的に俯瞰する分析概念である．2) 一貫性（coherence）を強調しつつ，目的性と実効性をもつ．3) 実効性への着目は，「平時でも有事でもない中間領域（第 2 層が中心）の脅威あるいは課題領域別の連合型安全保障協力と制度的対応を含むものである．しかし，アーキテクチャーの設計者が想定する安全保障構造が一貫したものであることは難しく，国力変化などのダイナミクスを柔軟に捉えた動態的概念であるべきであろう.

3) Donald H.Rumsfeld, "The United States and Asia' Emerging Security Architecture", June, 2006.

4) Robert. M.Gates, "Challenges to Stability in the Asia and Pacific", May 31, 2008.

5) Robert. M.Gates, "America's Security Role in the Asia and Pacific", May 30, 2009.

6) Hillary Rodam Clinton, "Remarcs on Regional Architecture in Asia": Principles and Priorities", January 12, 2010. http//www.state.gov/secretary/rm/2010/01/135090.htm

7) Michel J. Green and Shinjiro Kozumi, "US-Japan Relations: Steeding the Alliance and Bracing for Election", Comparative Connection, vol.9, No.2.（July 2007）: pp.21-30.

8) Condoleeza Rice's Remarks with Australia Foreign Minister Alexander Downer, March 16, 2006, Sydney, Australia, via http://www.state.gov/

9) Japan-Australia Joint Declaration on Security Cooperation（March 13, 2007）, via http://www.mod.go.jp

10) "Joint Declaration on Security Cooperation between Japan and India", October 22, 2008, http://www.mofa.go.jp/region/asia-paci/india/pmv 0810/joint_d.html; 日本政府外務省, "Action Plan to advance Security Cooperation based on the Joint Declaration on Security Cooperation between Japan and India", December 29, 2009, http:// www.mofa. go.jp/ region/asia-paci/india/pmv0912/action.html

11) Carlyle A. Thayer, "Strategic Posture Review: Vietnam", World Politics Review, January 15, 2013, http://www.worldpoliticsreview.com/articles/12623/strategic-posture review-vietnam; http://www.mfa.gov.sg/content/mfa/media_centre/singapore_headlines/2012/201204/news_20120428.html

12) Wikins,Thomas S. "Towards a Trilateral Alliance?", (Routeledge, 2007) p.272.

13) Tamara Renee Shie, Ports in a Storm? The Nexus between Proliferation and Maritime Security in Southeast Asia (Honolulu, HA: CSIS, 2004) p.7.

14) IMO, Reports on Acts of Piracy and Armed Robbery against Ships: Annual Report 2005 (London: The International Maritime Organization, March 22, 2006).

15) Jennifer C.Bulkeley C "Regional Cooperation on Maritime Piracy: A Prelude to Greater Multirateralism in Asia?", Journal of Public and International Affairs, Vol.14 (Spring 2003), pp.1-26.

16) Dana R.Dillion, "Southeast Asia and the Brotherhood of Terrorism", http://www.heritage.org/Research/AsiaandthePacific/h1860.cfm

17) The White House, "President Bush and Prime Minister Yasuo Fukuda of Japan in Joint Statements, http://www.whitehouse.gov /news/release/ 2007/11/20071116-8.htm

18) Australian Department of Foreign Affairs and Trade, "Australia-United States Ministerial Consultations 2008", via http://draft.gov.au/geo/ausmin/ausmint08_joint=communi que.htm

19) See Seng Tan, *THE ADMM AND ADMM-PLUS: PROGRESSING SLOWLY BUT STEADLY?* ROUNDTABLE ON THE FUTURE ADMM/ADMM-PLUS AND DIFENCE DIPLOMACY IN THE ASIA PACIFIC, S. RAJARATNAM SCHOOL OF INTERNATIONAL STUDIES: Rsis, Nanyan Technokogical University February 2016.

20) ibid.

21) 神保謙「アジアの安全保障：ハブ・スポークからコンバージェンスへ？」(2005.6)．http://web.sfc.keio.ac.jp/~kenji/security/archives/2005/06/post_24.htm

22) 吉川由紀枝「パックス・アメリカーナの本質―富国同盟外交とその限界」，『政策空間』Vol.46（2007年9月）9頁．

23) 豪州政府外交通商省 http://dfat.gov.au/international-relations/regional-architecture/Pages/asean-regional-forum-arf.aspx（2017/1/5 アクセス）

24) 『政策提言：東アジアにおける多国間安全保障体制の構築』（日本国際フォーラム，2002.12）．

25) 山口剛「ASEAN地域フォーラム再考―アジア太平洋における多国間安全保障枠組みの可能性」『新防衛論集』第27巻第3号（防衛学会）1992年12月 12-13頁．

26) Ellis S.Krauss, "Japan, the US, and the Emergence of Multilateralism in Asia", Pacific Review, 13-3, 2000, p.483.

27） Takeshi Yuzawa, Japan's Security Policy and ASEAN Regional Forum: The Search for Multilateral Security in the Asia-Pacific, （Routeledge, 2007） pp.128-129.

28） ARF, The Chairman Statement, the Tenth Meeting of the ASEAN Regional Forum, Phnom Penh, June 18, 2003.

29） ARF, ASEAN Regional Forum Statement on Inter-Civilization Dialogue, the Philippines, August 2, 2007.

30） 山影進「ASEAN の変容―東南アジア友好協力条約の役割変化からみる」『国際問題』第 576 号，2008 年 11 月，1-12 頁．

31） op.cit, Takeshi Yuzawa, p.64.

32） Alastair Iain Johnston, "Is China a Status Quo Power?", International Security, 27-4, 2003, pp.5-56.

33） Evelyn Goh, "Hierarchy and the Role of the United States in the East Asian Security Order", International Relations of the Asia-Pacific, 5-2, 2005, p.371.

34） Takeshi Yuzawa, Japan's Security Policy and ASEAN Regional Forum:The Search for Multilateral Security in the Asia-Pacific, （Routeledge, 2007） pp.128-129.

35） op.cit See Seng Tan.

36） ibid. See Seng Tan.

37） ibid. See Seng Tan.

38） Alister D.B Cook, ROUNDTABLE ON THE FUTURE ADMM/ADMM-PLUS AND DIFENCE DIPLOMACY IN THE ASIA PACIFIC, S. RAJARATNAM SCHOOL OF INTERNATIONAL STUDIES: Rsis, Nanyan Technokogical University February 2016 これを受け，2011 年に ASEAN は，ASEAN Coordinating Centre for Humanitarian Assistance on Disaster Management Centre （AHA Centre） を設立（ASEAN 事務総長が coordinator に任命されている）．

39） ibid.

40） 災害救援における民軍協力を通した東南アジアの軍の組織変容を，1）非伝統的安全保障の広がりに対応させて軍の存在意義を守るための適合と，2）西側民主主義国の規範（透明性，文民統制，情報公開など）を尊重する姿勢を見せることで，自国軍の国際的信頼の向上に結び付くとの認識変化に起因するとした研究がある．（Kiba Saya, Yasutomi Jun, Organizational Changes in the Militaries of Southeast Asia: Civil-Military Cooperation in Disaster Relief, Journal of International Cooperation Studies. Vol.23, No.1, 2015. 7）

41） Bryan Bender, "Chief of U.S. Pacific forces calls climate biggest worry," The Boston Globe, March 19, 2013, http://www.bostonglobe.com/news/nation/2013/03/09/admiral-samuel-locklear-commander-pacific-forceswarns-that-climate-change-top-threat/BHdPVCLrWEMxRe9IXJZcHL/story.html

42） Raymond Jose G.Quillop, CHALLENGES FOR THE ADMM AND ADMM-PLUS:S PHILLIPIN PERSPECTIVE, ROUNDTABLE ON THE FUTURE ADMM/ADMM-

PLUS AND DIFENCE DIPLOMACY IN THE ASIA PACIFIC, S. RAJARATNAM
SCHOOL OF INTERNATIONAL STUDIES: Rsis, Nanyan Technokogical University
February 2016.

43) Evan Graham, THE ADMM/ADMM-PLUS: MOVE BACKWARDS TO MOVE
FORWARD, ROUNDTABLE ON THE FUTURE AND DIFENCE DIPLOMACY IN
THE ASIA PACIFIC, S. RAJARATNAM SCHOOL OF INTERNATIONAL STUDIES:
Rsis, Nanyan Technokogical University February 2016.

44) op.cit. Alister D.B. Cook.

45) Amitav Acharya, "A Concert of Asia?", Survival.Vol.41., No.3, Autumn 1999, pp.84-
101.

第 9 章

新興国トルコの国際秩序観
―― その特徴と変遷 ――

今井宏平

はじめに

　トルコが新興国と呼ばれるようになって久しい．トルコが新興国と見なされるようになったのは，2002 年 11 月の総選挙で親イスラーム政党[1]の公正発展党（Adalet ve Kalkınma Partisi）が単独与党となったことがきっかけであった．公正発展党は，2000 年から 2001 年にかけての金融危機で多額の債務を背負った経済の立て直しに成功し，リーマンショック前は年度毎約 8％の経済成長率，リーマンショック後も約 4％の経済成長率を保っている（図1）．

図1　2000 年以降のトルコの年次 GDP 経済成長率

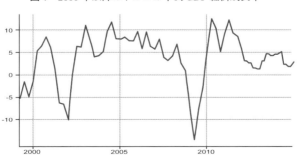

出所：https://www.quandl.com/collections/turkey/turkey-economy-data

228

世界銀行の調べでは，2015 年のトルコの GDP は世界第 18 位である[2]．新興国は，宮城が述べているように，政治・経済・軍事など 1 つではなく，「フルセット」での国際政治上での影響力の増大が条件とされるものの，その本質的特徴は経済成長に求められる[3]．経済成長が著しいトルコが新興国の 1 つと見なされることは自然の流れであった．

しかし，新興国を国際関係論におけるリアリスト的な見方——物質的な国力のみを重視——だけで理解して果たしてよいのだろうか．国際政治上で影響力を持つためには，何らかの形で国際政治の秩序に貢献，または対抗することも重要な要素である．すなわち，国際関係における秩序の問題，もしくは国際関係論におけるリベラリスト的な見方も考慮する必要がある．現在，諸国家の中では最も覇権国に近いアメリカの国際秩序の認識とその制度化については，ジョン・アイケンベリー（John Ikenberry）などを代表に多くの検証が蓄積されている[4]．また，現在，覇権挑戦国の立場にあると見られている中国の国際秩序観についても近年，積極的に検証がなされている[5]．『レヴァイアサン』の 2016 年春号では，飯田が中心となり，アメリカ，中国，イギリス，日本の国際秩序観とそれを反映した外交の比較が検証されている[6]．

本章は，トルコを新興国の 1 つと仮定したうえで，トルコと国際政治の秩序の関係を検討することを試みたい．

1．国際関係における秩序と新興国

(1) 覇権国と覇権挑戦国

本節では，まず，新興国と国際関係における秩序の問題について見ていきたい．国際関係論において，スタンリー・ホフマン（Stanley Hoffmann）やヘドリー・ブル（Hedley Bull）の著作に代表されるように，秩序の問題は常に議論されてきた．国際関係論が対象とするのは，国際関係上の秩序である国際秩序である．飯田によれば，国際秩序という言葉には国際社会，価値観，

規則という要素が含まれる[7]．国際秩序の対象範囲は主権国家をはじめNGO，国際機関，多国籍企業，個人が活動する国際社会という場である．また，国際秩序にはある価値観が共有されており，挑戦者となる国は既存の価値観に挑戦する異なる価値観を有している．加えて，国際社会はある価値観に反映された規則によって一定程度律せられている．共通の価値観を背景とした規則として国際社会に広がるのは，基本的に覇権国の国際秩序に限定される．国際秩序，もしくはそれが機能している状態を定義すると，「覇権国の価値観を背景とした規則によって，国際社会が一定程度安定している状態」となる．国際秩序は覇権国の価値観と規則を中心に据えるため，パワーポリティックス，特に覇権国の変遷と密接に関連している．覇権国と，覇権国の座を新たに確保しようとする覇権挑戦国の争いは，パワーポリティックスに端を発するが，軍事力と経済力による争いだけでなく，覇権国が中心となっている既存の秩序とそれに対抗して覇権挑戦国が提示する新たな秩序の正当性をめぐる争いでもある．

　現状の国際秩序は，劣化していると言われて久しいが，アメリカを中心に構築されたものである[8]．現在アメリカが提示する既存の秩序は，民主的平和論とブレトンウッズ体制の流れを汲む変動相場制によって統制されている．それに対して，現在覇権挑戦国と見なされているのが中国であり，中国はアメリカを中心とする既存の国際秩序を部分的に受け入れるとともに，その部分的修正をも促進していると考えられている．山口は中国の国際秩序観の特徴を，①国際政治上でパワーを重視し，現在の国際秩序はアメリカの覇権を基礎にしていると考えている，②既存の国際秩序には中国にとって不合理で不公正な点があり，それらを修正もしくは改革する必要がある，③国連憲章と平和五原則を国際秩序の基本原則と見なしている，という3点にまとめている[9]．また，青山は，中国が国力を増すにつれ，能力を隠しながら力を蓄える，いわゆる「韜光養晦」から，より国際社会でその立場を主張する「有所作為」へと移ってきていると指摘している[10]．中国は経済に関しては，BRICS新開発銀行やアジアインフラ投資銀行（AIIB）の設立で中心的役割を

230

果たしているが，政治的にはパワーポリティックスの重視以外の新たな価値観を国際社会に提示するには至っていない．

(2) 覇権挑戦国以外の新興国の国際秩序観

　国際秩序および各国の国際秩序観に関して，国際関係論ではその研究対象が覇権国，覇権挑戦国，過去の覇権国および覇権挑戦国に限られてきた．例えば，最近では中国と国際秩序に関する論稿は枚挙に暇がないが，インド，ブラジル，ロシア，トルコ，ヴェトナムなど他の新興国と国際秩序の関係に関してはあまり検証されていない[11]．それでは，こうした，非覇権挑戦国の新興国の国際秩序観はどのように検証すべきなのか．ここでは，3つの視角から新興国の国際秩序観を分析することが有用と考える．第1に，新興国が既存の国際秩序の維持と安定にどのように貢献しているかを検討することである．第2に，覇権挑戦国が提示した新たな秩序観を支持しているかどうかを検討することである．第3に，新興国独自の国際秩序観を有しているかどうかである．アメリカが台頭する際，まずはアメリカ大陸でモンロー・ドクトリンを実施したように，一般的に新興国が位置する特定の地域でその国際秩序観に基づく政策は施行されることが多い．次節からは，この3つの分析視角から新興国の1つと見なされているトルコの国際秩序観を検証していく．

2．2002年から2005年にかけてのトルコの国際秩序観

(1) 2002年以前のトルコと国際秩序

　本章では，基本的にトルコが新興国と見なされ始める2002年以降に焦点を当てるが，まずトルコの国際秩序観に関する前提を確認したい．それは，トルコがアメリカを中心とした西側同盟に欠かせない国家であった点である．

　トルコは第二次世界大戦後に勃発した，米ソの対立を基軸とした西側諸国と東側諸国の対立，いわゆる冷戦においてアメリカと西側諸国を支持した．

第9章　新興国トルコの国際秩序観　231

これはパワーポリティックスによる「勢力均衡」の説明よりも，スティーヴン・ウォルト（Stephen Walt）が指摘した「脅威の均衡」による説明が妥当である．つまり，トルコが覇権国であるアメリカのパワーに従ったのではなく，トルコがソ連の拡張主義に脅威認識を抱き，アメリカの同盟国となったという説明である[12]．アメリカにとっても，トルコはソ連と陸続きで接する唯一の同盟国として，地政学的かつ戦略的な観点から不可欠な国家であった．冷戦期において，米ソ対立が緩んだ1960年代から70年代のデタント期に悪化したものの，トルコとアメリカの同盟関係は強固であった．冷戦構造が崩壊した直後の湾岸戦争でもトルコは基地を提供するなど，西側同盟にとって引き続き，戦略上欠かせない国家であった．

　トルコは戦略上の同盟国であっただけでなく，アメリカの国際秩序認識も積極的に取り入れた．トルコは1923年の建国から第二次世界大戦期までは一党体制であったが，第二次世界大戦後の1945年11月に当時大統領であったイスメト・イノニュ（İsmet İnönü）が1947年の総選挙は複数政党制によって争われるべきであることを発表した．これは，アメリカの同盟国として，「民主的で自由な資本主義国」を標榜する必要性があったためであった[13]．また，1983年に首相，1989年から大統領となったトゥルグット・オザル（Turgut Özal）はアメリカとの同盟関係の強化を図ると共に，経済政策では新自由主義を採用した[14]．

　冷戦期においてアメリカへの覇権挑戦国はソ連であった．しかし，トルコにとってソ連は主要な脅威と映っており，ソ連と同盟関係を結ぶこと，さらにソ連の秩序観である社会主義を政府が受容することはなかった．また，ポスト冷戦期最初の10年である90年代は，覇権挑戦国が不在の時期であり，アメリカが国際政治上で単極として行動した[15]．

　それでは，トルコ独自の秩序の普及はどうだっただろうか．トルコ独自の秩序は，冷戦構造崩壊後の1990年代前半に中央アジア，南コーカサスを対象に「共通のトルコ性」，そしてバルカン半島を対象に「新オスマン主義外交」が展開された．これらは，テュルクという民族性，そして，オスマン帝国時

代の歴史を共有しているという歴史認識がその源泉とされた．しかし，90年代はトルコ自身が脆弱な経済を基盤としていたことから，結局独自の秩序を周辺地域に普及させることはできなかった．その意味でも，2002年以降，公正発展党政権下で経済が立て直されたことの意義は非常に大きかった．

加えて，トルコの国際秩序観に影響を与えているのが1999年12月に交渉国となったEUへの加盟問題である．公正発展党はEU加盟交渉による民主化の促進こそが軍部の権限を縮小し，親イスラーム政党が正当性を獲得できる手段と考え，2005年から加盟交渉国として正式に交渉を行っている．トルコのEU加盟交渉はいまだに33項目中14項目が行われているにすぎないが，実際にEUに加盟する以上に加盟交渉を行っているという事実がトルコの民主化促進を国内外にアピールするうえで重要となっている．

(2) 2002年から2005年までのトルコの国際秩序観

公正発展党にとって，2002年11月に政権を獲得した際に外交の喫緊の課題であったのが，アメリカが中心となり，開戦が見込まれたイラク戦争に参加するかどうかであった．トルコの保守的で，イスラームの教えを重視する人々からの支持によって政権に就いた公正発展党にとって難しい決断であったが，2003年3月1日に大国民議会でイラク戦争に軍を派兵しない決定がなされた[16]．予想通り，アメリカとの関係は一時的に悪化したものの，トルコがアメリカ主導の中東の民主化政策に協力したことで関係は改善する．それが，拡大中東・北アフリカ・イニシアティヴ（Broader Middle East and North Africa Initiative：以下BMENA）であった．

BMENAは2004年6月にアメリカのジョージア州，シーアイランドで行われたG8サミットにおいて発表された．主に中東地域の政治的発展と改革，自由主義経済への移行を目的とした多国間の枠組みであった．BMENAの柱の1つが「民主主義の発展」であり，その中核となったのが「未来のためのフォーラム」であった．「未来のためのフォーラム」は，民主主義支援対話，識字率の向上，中小企業支援，起業支援センターの設立，マイクロファイナン

スのためのセンター設立，投資の拡大という6つの分野における活動が主体
であった．トルコはその中の民主主義支援対話にイタリア，イエメンととも
に主導国となり，女性の地位向上，政党と選挙プロセスの強化に努めた[17]．
民主主義支援対話の目的は，①中東地域において，各国の状況などを考慮し
た上で，民主主義を確立するための情報を調整，共有し，民主的プログラム
を通じて教訓を得る，②既存の民主的プログラムの強化と新たなプログラム
の立ち上げる，③中東諸国の共同活動を発展させるために機会を提供する，
④民主的制度，民主的過程，能力構築を促進・強化させる，⑤中東地域の民
主化に関して市民社会などの民間組織と連帯を図る，という5つであった[18]．

　結局，BMENA は中東において身を結ばなかったが，トルコはアメリカ主
導の中東の民主化計画に大きく加担することとなった．この BMENA の失敗
を受け，公正発展党は次第にトルコ独自の地域秩序の普及を試みることになる．

　この時期，次第に覇権挑戦国として中国の存在が注目を集めるようになる
が，その根拠は軍事力と経済力の高まりであり，アメリカに対抗する秩序を
提示するには至らなかった．また，トルコ独自の秩序も外交政策として提示
されなかった．

3．2005 年から 2011 年にかけてのトルコの国際秩序観

(1) 地域秩序安定化を目指す国際秩序観

　2005 年から 2011 年にかけての時期は，公正発展党独自の秩序観が最も中
東に広まった時期であった．この背景には，BMENA の失敗によって覇権国
の国際秩序が中東において支持を失ったことがある．一方で，覇権挑戦国で
ある中国は依然として独自の秩序観を普及するには至らず，中東では地域大
国がその秩序観を広めることができる秩序の空白が生じていた．トルコ政府
はいち早くこの状況に対応したと言えよう．それでは，以下でトルコ固有の
秩序観について見ていきたい．

234

　トルコの中東に対する外交は，建国期から基本的に「できるだけ問題に関与しない」方針であった[19]．この傾向は，湾岸戦争への関与などに見られるように，ポスト冷戦期に入りある程度軟化されたが，それでも中東に対する積極的な関与は少なかった．この状況を変えたのが，アフメット・ダーヴトオール（Ahmet Davutoğlu）の地域秩序安定に向けた5つの指針の提示とその施行であった．ダーヴトオールは，2004年2月にラディカル紙に「トルコは中心国となるべきだ」という論説を発表し，自由と安全保障のバランス，近隣諸国とのゼロ・プロブレム，多様な側面且つ多様なトラック（経路）による外交，地域大国として近隣諸国への間接的な影響力行使，リズム外交，という5つの指針を提示した[20]．自由と安全保障のバランスとは，安全保障政策と市民の自由の両立を目指すことである．ダーヴトオールは，2001年9月11日のアメリカ同時多発テロ以降，多くの国がテロ対策など安全保障政策を追求する中で，市民の自由が制限されるケースが増加していることを問題視し，これらは両立されるべきだと主張する．近隣諸国とのゼロ・プロブレムとは，できるだけ全ての近隣諸国と関係を良好に保つことを目指す外交である．多様な側面且つ多様なトラックによる外交とは，冷戦期に安全保障だけを重視し，外交ルートも政府間交渉に限られていたトルコの外交姿勢を反省し，経済や文化など多様なイシューを扱い，官僚機構，経済組織，NGOなど多様なトラックを外交カードとして使用することを目指すものである．近隣諸国への間接的な影響力を行使とは，さまざまな地域機構に所属し，重要な役割を担うことである．リズム外交とは，冷戦後に急速に変化した国際情勢に際して，トルコが冷戦期と変わらない「静的」な外交を採り続けたことを反省し，積極的に新たな状況に適応する「動的」な外交のことを指す．これらの政策は，とりわけ中東地域の秩序安定化を志向するものであった．

　公正発展党政権はダーヴトオールの提示した指針に沿って，地域秩序安定化政策を実践していく．例えば，イスラエル・シリアの仲介やイラン核開発に関する仲介がそれに当たる[21]．トルコの地域秩序安定化政策は，権威主義国家と友好な関係を構築して安定化を目指すという現状維持に重きが置かれ

ていた．また，アメリカと友好な関係を保ちながら，2008 年末から 2009 年
初頭にかけてのガザ侵攻の際にイスラエルに毅然とした態度をとったことに
よって，地域においてその存在感を高めた．トルコ社会経済研究所（TESEV）
が 2009 年から 2011 年まで中東諸国で実施した「中東におけるトルコ認識」
という世論調査の「トルコは中東地域の政治により影響力を行使できるよう
になったか」という質問において，2009 年は 71%（反対 15%），10 年は 73%
（反対 12%），11 年は 70%（反対 16%）が「はい」と答えている[22]．

(2) ソフトパワーとしての「トルコ・モデル」

この時期，トルコが中東諸国において影響力を行使できたのは，固有の秩
序認識を軸とした外交を展開したことに加え，公正発展党が単独与党となっ
て以降，安定した内政運営を行ったことが穏健派イスラーム政党の成功例と
して中東域内のアラブ諸国，国際社会から注目されたためでもあった．公正
発展党は，2002 年の総選挙以降，07 年と 11 年の総選挙，04 年，09 年の地方
選挙においていずれも 40% 以上の得票率で勝利し，単独与党の座を維持して
きた．トルコの成功は，民主主義とイスラームを両立したうえでの民主化促
進，新自由主義経済への適応，軍部の影響力の低下，という 3 点に集約され
る．

公正発展党の民主化促進は，前述した EU 加盟交渉と保守主義の重視に大
別できる．公正発展党が主張する保守主義は，「段階的変化と，道徳や家族の
価値といった恒久的なものに対する政治的な態度を意味する．公正発展党は
革命のような急進的な変化ではなく，そうした段階的変化と価値観を重視す
る」と定義される[23]．イスラームも含む伝統的な価値観と民主化の両立こそ，
トルコと他の中東諸国に必要であるという立場をとっている．ただし，公正
発展党はあくまで世俗主義の原理に則ったうえで民主化を進めた．

経済発展に関して，トルコは 80 年代初頭から新自由主義経済への対応を試
みてきた．しかし，トルコ国内の金融インフラが脆弱であったため，結果的
に新自由主義の採用は 2000 年 11 月と翌年 2 月の「双子の危機」をもたらす

ことになった．この苦境を立て直したのが，当時の民主左派党を中心とした
連立政権の国家経済大臣に就任し，国際通貨基金（IMF）と世界銀行と密接
な協力を行うことを前提とした「強い経済プログラム」を策定したケマル・
デルヴィシュ（Kemal Derviş）と，それを引き継いで経済発展とローンの返済
を行った公正発展党政権であった．2013 年 5 月にトルコ政府は IMF から借り
たローンを全て返済したことを発表した[24]．トルコの GDP は 2004 年から 12
年の 8 年間で 3,040 億ドルから 7,730 億ドルへ，また，1 人当たりの GDP も
8,861 ドルから 16,885 ドルへと倍以上に増加するなど，順調に成長した．

政軍関係に関して，EU 加盟交渉による一連の改革によって軍部の権限は
縮小した．具体的には，国家安全保障会議の権限縮小，これまで軍部が主導
していた安全保障大綱の作成への文民の参加，高等軍事評議会の決定への控
訴，民間法廷において軍人の裁判を実施，などの変更があった．さらに軍部
は，エルゲネコン事件に代表される一部の軍人の公正発展党に対する一連の
クーデタ計画の発覚により，国民からの信頼も失墜した[25]．

こうした内政の成功は世論調査でも如実に示された．TESEV の「中東にお
けるトルコ認識」で「トルコはアラブ世界の『モデル』となれるか」という
質問に賛成した人の割合は，2009 年が 61%，10 年が 66%，11 年が 61% と高
い数値を示した[26]．その理由として，例えば，11 年の調査では，経済の成
功，ムスリム・アイデンティティ，民主主義，世俗主義が指摘された[27]．

(3) 「アラブの春」の勃発と「トルコ・モデル」の有効性

「アラブの春」以前，トルコはアメリカとの直接的な関係をできるだけ避け
ながら，地域安定化に努めることで周辺地域の権威主義国家の指導者と民衆
の両方から支持を集めた．また，世論調査が示しているように，トルコの内
政における成功は，中東諸国の民衆から支持を得ており，これが地域安定化
政策の一助となった．トルコは民衆の支持を取り付けながらもシリアとの関
係強化に代表されるように，基本的には権威主義国家と良好な関係を構築し
て中東地域の現状維持を模索した．この政策は結果的に「オフショア・バラ

ンシング」を進めるアメリカの利益ともなった.「オフショア・バランシン
グ」とは,「国際政治が多極構造であることを受け入れたアメリカが,同盟国
と責任や負担を分担するのではなく,他国に責任と負担を委譲する戦略」の
ことである[28].ウォルト,クリストファー・レイン（Christopher Layne）,ジ
ョン・ミアシャイマー（John Mearsheimer）などは「オフショア・バランシ
ング」の委譲国の果たす役割を,パワーの空白を埋め,当該地域の安定化を
果たすことに限定しているが,この時期,トルコはアメリカの国際秩序の普
及の委譲も請け負っていたと判断できる.

　「アラブの春」はトルコにとって予想外の出来事であり,当初は慎重に事態
の推移を見守った.2011年2月1日にエルドアン（Recep Tayyip Erdoğan）首
相（当時）がエジプトのムバーラク（Husnī Mubārak）大統領に退陣を勧告し
たことをきっかけにトルコは「アラブの春」に関与し始めたが,その2日前
にエルドアン首相とオバマ（Barack Obama）大統領が電話で会談し,対応を
協議していた.「アラブの春」に際してもアメリカとトルコは直接的な関係は
結ばないものの,地域の安定化を目指すことで一致していた.

　前節で見たように,トルコは「アラブの春」以前から中東諸国の民衆に「モ
デル」として一定の支持を得ていたが,「アラブの春」以降は,民衆だけでな
く,変革を経験した諸国家のイスラーム主義者からも内政の成功が注目され
た.ベン・アリー（Ben Ali）政権崩壊後の2011年1月30日に22年間亡命し
ていたイギリスからチュニジアに帰国した穏健派イスラーム政党,ナフダ党
党首のガンヌーシー（Rachid al-Ghannouchi）は,帰国直後の会見で「チュニ
ジアにとって,考えられる最も良いモデルはトルコにおいて公正発展党が採
用しているモデルである」と発言した[29].同様に,エジプトのムハンマド・
バディーウ（Mohamed Badie）ムスリム同胞団最高指導者も「トルコは国家
再建の『モデル』である」と述べている[30].彼らは前節で論じたように,ト
ルコを民主主義とイスラームの両立したうえでの民主化促進,経済的な成功,
軍部の影響力の低下を「モデル」と見なした.

　こうした「トルコ・モデル」の希求を受け,トルコ政府はその戦略的目標

をそれまでの権威主義の指導者と良好な関係を築くことで地域の安定化を図る現状維持から，一般民衆の民意を前提とした現状打破に基づく安定化へと変更した．トルコ政府は諸国家のイスラーム主義者と民衆の民意を損なわないよう，慎重に対応した．例えば，NATO のリビアに対する軍事作戦に当初は反対し，軍事作戦決定後もエルドアン首相が即時停戦，飛行禁止区域の設置，新たな体制の設立を要求するなど[31]，できるだけリビアに対する攻撃に関与しないよう考慮した．

　2011 年 9 月 12 日から 15 日にかけてのリビア，チュニジア，エジプト訪問においてエルドアン首相は各国から熱烈な歓迎を受けたが，このエルドアン首相の北アフリカ訪問は「トルコ・モデル」の限界を示すことになった．それは，民主主義とイスラームの両立に関して，トルコが世俗主義を前提としたうえで民主主義とイスラームの両立を主張しているのに対し，ムスリム同胞団やナフダ党といったイスラーム政党はあくまでシャリーア（イスラーム法）の諸原則に依拠した形で全国民の市民権を保障する国家を目指していた点である．エルドアン首相はカイロで演説した際に世俗主義に言及し，「世俗主義を反イスラームとする考え方は間違っている．私は，世俗主義を政教分離というよりも，国家が国民の信教の自由を尊重し，それによって差別を行わないこと，と理解している．我々は世俗主義を前提とした体制の中で自由と民主主義を享受してきた」と主張した[32]．この発言は，一般民衆には歓迎される一方，ムスリム同胞団をはじめとしたイスラーム政党の指導部の失望を招いた．結局，シャリーアを基盤としたうえでの民主主義の実現を想定していたイスラーム主義者と公正発展党の国家建設の間には埋めがたい溝が存在した．さらに，2011 年 12 月のチュニジアにおける選挙でのナフダ党の勝利，12 年 1 月のエジプトにおける選挙での自由公正党の勝利によって，「アラブの春」が起こった際には問題とならなかった民衆とイスラーム主義者の間の考えの違いが明白になった．若者を中心に「アラブの春」の実行者となった民衆は，世俗主義を前提としたイスラームと民主主義の両立を期待していたのに対し，イスラーム主義者はシャリーアに基づく民主主義の確立を目

指していた．トルコ政府は若者とイスラーム主義者たちを現状打破勢力として一枚岩と理解していたため，両者の希望を同時に満たす「モデル」を提示できなかった．ナフダ党と自由公正党も選挙での勝利後，トルコとの関係を強化して「トルコ・モデル」を受容することに消極的であった．例えば，自由公正党はトルコから 2012 年 9 月に 10 億ドルの融資を受け[33]，経済協力を模索した以外の具体的な動きは見せなかった．

　トルコは中東地域の希求を受ける形で内政の成功を「モデル」として他国に波及させる「デモンストレーション効果」を狙った．しかし，その対象である民衆が次第に影響力を失ったこと，イスラーム主義者に世俗主義の考えが受け入れられなかったことにより「デモンストレーション効果」は限定的であった．加えて，シリアで民衆デモが起こった際にアサド政権の翻意に失敗するなど，トルコの権威主義の指導者との関係を軸とした地域安定化政策の遺産も効力を発揮しなかった．

(4)　覇権挑戦国との関係

　前述したように，この時期，覇権挑戦国と認められつつあった中国だが，国際的に新たな秩序構想を提示することはなかった．そのため，トルコも中国の秩序構想に加担することはなかった．しかし，中国とトルコは 2009 年を境にその関係を緊密化させる．そのきっかけとなったのは，2009 年 6 月 24 日から 29 日にかけてのアブドゥッラー・ギュル（Abdullah Gül）大統領（当時）の中国訪問であった．ギュル大統領は胡錦濤国家主席（当時）と会談したのに続き，2010 年 10 月 8 日には温家宝首相（当時）がトルコを訪問し，その直後の 10 月末から 11 月初旬には今度はダーヴトオール外相（当時）が中国を訪問した．

　そして，アメリカを苛立たせたのが，2010 年 9 月 20 日から 10 月 4 日にかけてトルコのコンヤ県にある「アナトリアの鷹（Anadolu Kartalı）」空軍施設で行なわれた，トルコと中国の共同軍事演習であった．この軍事演習は，元々，アメリカ及びイスラエルと毎年実施していた軍事訓練が，トルコとイスラエ

ルの関係悪化により実施が困難になったために，その代替として開催された．

4．2011年から2016年にかけてのトルコの国際秩序観

(1) 地域秩序安定化からグローバルな秩序への貢献へ

「アラブの春」は，「トルコ・モデル」の限界を示すと共に，隣国シリアでの内戦勃発がトルコの地域秩序安定化政策を破綻させた．そのため，シリア内戦勃発後，トルコはその政策を地域秩序に重きを置く政策から国際社会に貢献する政策へとシフトしていく[34]．そのことを顕著に示したのが，シリア難民の保護であった．

2011年4月以降，トルコには隣国シリアから難民が流入し始め，シリア内戦が悪化するに連れ，その数は増加した．2016年12月現在，281万人以上の難民がトルコで生活している．トルコではトルコ災害・緊急時対応庁（AFAD）が中心となってシリア難民の対応に当たり，トルコ・シリア国境沿いの諸県に難民キャンプが建設された[35]．

ダーヴトオールは2013年初頭に，トルコの国際社会への貢献を「人道外交」として，概念化した．ダーヴトオールによると，人道外交とは，「現実主義と理想主義，ハードパワーとソフトパワーの両方を調和し，人間に焦点を当てて行う外交，良心とパワーの両方が必要な外交」と定義された[36]．ダーヴトオールは，人道外交を3つのレベルに区分している．第1のレベルは，トルコ国内の問題を解決し，国民生活を容易にすることである．第2のレベルは，危機に直面している地域に住む人々への援助であり，例えば，地域としてソマリア，シリア，アフガニスタンの人々に対する諸政策があげられる．第3のレベルは，国連の人道支援の尊重と，そこにおけるトルコの貢献である．もちろん，これら3つのレベルは相互に結びついている．トルコは2016年5月に開催された世界人道サミットの開催国になるなど，人道外交に沿った外交を継続している．人道外交は，既存の秩序の維持に貢献する政策であ

り，その意味ではアメリカが主導する既存の国際秩序の維持を目指すもので
あった．

その一方で，この時期，トルコは地域情勢に関してはシリア内戦の泥沼化
で中東地域の民主化を進展させることはできなかった．言い換えれば，「アラ
ブの春」以前のような，アメリカの国際秩序（民主主義）を周辺に波及させ
る役割は果たせなかったのである．

また，2013年5月から6月にかけてのゲズィ公園の再開発計画に反対する
一部の市民の抗議運動（ゲズィ運動）などへのトルコ政府の対応をめぐり，ト
ルコ自体の民主化に西洋諸国から疑問が呈されるようになった[37]．

(2)　覇権挑戦国との関係

前節で記したように 2009 年から関係が密になったトルコと中国の関係は，
2011 年以降，さらに密接なものとなった．2013 年 9 月にトルコは，ミサイル
防衛システムの共同開発の入札を中国精密機械輸出入総公司社が落札したこ
とを発表した．トルコ政府は，中国側が提示した価格と中国が共同開発と技
術移転を保証したことが落札理由としている[38]．最終的にトルコ側と中国精
密機械輸出入総公司社の折り合いがつかず，ミサイル防衛システムの受注は
実現しなかったが，NATO 加盟国のトルコが 1 度は中国に受注を決定したこ
とは大きなインパクトを残した．

この時期，トルコは中国との二国間関係を深めるだけでなく，中国が提示
する，既存の秩序に対抗，もしくはオルタナティブと成りうる秩序構想にも
関わるようになる．例えば，トルコは 2012 年 6 月から上海協力機構の対話パ
ートナーとなっている．また，中国の習近平国家主席は，「シルクロード経済
ベルト」と「21 世紀海上シルクロード」から成る「一帯一路」構想について
2013 年後半から言及し始めた．特に「シルクロード経済ベルト」は中央アジ
アを基点に，モンゴル，南コーカサス，トルコとの関係強化を目指しており，
ユーラシアとヨーロッパをつなぐトルコはその構想の中でも重要な位置を占
める．トルコは「一帯一路」構想の中核プロジェクトの 1 つである AIIB にも

参加を表明している.

お わ り に

　本章では，公正発展党政権下におけるトルコと国際政治の秩序との関係を覇権国，覇権挑戦国，トルコ独自の秩序観に焦点をあてながら３つの時代に区分して検討してきた．公正発展党が単独与党となった後，イラク戦争に参加しなかったため，トルコと覇権国であるアメリカとの関係は冷却化したが，アメリカが提唱した BMENA にトルコが参加，主導的な役割を果たしたことで，関係が改善した．トルコは BMENA を通して，アメリカの国際秩序観である自由と民主主義を中東に伝播しようとしたが，結局これはうまくいかなかった．そのため，2005 年前後から，トルコは独自の国際秩序観を提示し，中東地域に深くコミットするようになった．トルコ独自の国際秩序観も，アメリカが信奉する民主主義に根ざしたものであり，結果としてトルコ独自の秩序観の拡大は覇権国の秩序を担保するものであった．トルコは，BMENAの場合と同様に，アメリカの国際秩序観の普及に利する，「トランスミッター」の役割を果たしたと言えよう[39]．しかし，中東地域で「アラブの春」が起こると，トルコ独自の国際秩序観は次第に受け入れられなくなり，トルコもその秩序観の重心を地域から国際社会に移した．国際社会への貢献を重視した人道外交は，アメリカの国際秩序に共感するものであるが，周辺地域に対する「トランスミッター」の役割を果たすことができなくなった．

　一方，トルコと覇権挑戦国である中国との関係は，2009 年までは不活発であったが，2009 年を境に両国関係は緊密化した．それに伴い，トルコは上海協力機構や AIIB など，中国の国際秩序観に基づく機構への参加も見せるようになる．ただし，この動きを覇権挑戦国である中国へのバンドワゴニングと見るのは時期尚早であろう．別稿で論じたように，トルコの中国への接近は，覇権国であるアメリカから譲歩を引き出すための手段であり，アメリカに向

けたサインでもある[40].

　このように，トルコの国際秩序観は，これまでのところ，覇権国であるアメリカの秩序観と独自の秩序観が交差していると言える．一方で，覇権挑戦国の中国との秩序観を共有するにはまだ時間がかかるだろう．覇権国アメリカにとっては，トルコが中東で「トランスミッター」の役割を果たすことが望ましいが，シリア内戦が混迷を深めている現在では，その役割をトルコが果たすことは非常に困難であろう．

　2016年12月初頭現在，トルコの国際秩序観は大きな揺らぎを見せている．まず，これまでトルコの国際秩序観の柱の1つとなっていたEUとの関係がこじれ始めている．EUの政策決定者たちは同年7月15日に起きたクーデタ未遂事件に関与した人々に対して，エルドアン大統領が死刑の復活を言及したことを重く受け止め，EUの加盟交渉の見直し，もしくは制裁を課すべきだという意見が見られた．また，毎年10月から11月にかけて発表される加盟交渉の「進捗レポート」の内容もトルコに対して厳しいものとなり，トルコ政府は進捗レポートの受け入れを拒否している．さらに欧州議会で11月24日にトルコの加盟交渉を凍結する決議を賛成多数で可決した．こうしたEUの対応を受け，エルドアン大統領は，トルコがロシアと中国が主導する上海協力機構へ鞍替えする可能性に言及するなど，トルコとEUの間の溝は深くなっている．上海協力機構も2017年の同機構のエネルギークラブの議長国に例外的に対話パートナーであるトルコを任命するなど，トルコの動きに呼応している．米大統領選挙で勝利したドナルド・トランプを，エルドアン大統領は高く評価しており，今後二国間関係はより緊密になる可能性もある．ただし，トランプ政権の外交の基本は地域大国や同盟国に関係地域の責任を委譲するオフショア・バランシングであり，中東への関与は今後，イスラエルの擁護以外は限定的になっていく可能性もある．2017年以降，トルコの国際秩序観が大きな変容を見せるのか，覇権国と覇権挑戦国の間でどのような動きを見せるのか，引き続き注視していく必要がある．

1) 世俗主義が国是の1つであるトルコでは，イスラーム政党が原則禁止である．そのため，親イスラーム政党という概念が使用される．

2) The World Bank, "GDP Ranking"（http://data.worldbank.org/data-catalog/GDP-ranking-table），2016年9月30日閲覧.

3) 宮城大蔵（2016）「新興国台頭と国際秩序の変遷」（『国際政治』第183号）2頁；大矢根聡（2016）「新興国の馴化」（『国際政治』第183号）88頁.

4) 例えば，John Ikenberry (2012), *Liberal Leviathan: The Origins, Crisis, and Transformation of the American World Order*, New Jersey: Princeton University Press；ジョン・アイケンベリー（鈴木康雄訳）（2004）『アフター・ヴィクトリー――戦後構築の論理と行動』NTT出版；滝田賢治編（2013）『アメリカがつくる国際秩序』ミネルヴァ書房. 国際関係論と秩序の問題に関する最近の成果として，John Ikenberry (ed.) (2014), *Power, Order, and Change in World Politics*, Cambridge: Cambridge University Press.

5) 例えば，中園和仁（2013）『中国がつくる国際秩序』ミネルヴァ書房；青山瑠璃・天児慧（2015）『超大国・中国のゆくえ：外交と国際秩序』東京大学出版会.

6) 『レヴァイアサン―〔特集〕主要国の国際秩序観と現代外交』（2016），木鐸社. 特集は以下の論文で構成されている. 飯田敬輔「主要国の国際秩序観と外交―比較の手がかりとして」（9-22頁），森聡「リベラル国際主義への挑戦―アメリカの二つの国際秩序観の起源と融合」（23-48頁），苅部直「「国連中心主義」の起源」（49-67頁），平野聡「中国の「平和的台頭」は国際協調的だったか」（68-89頁），細谷雄一「イギリスの国際秩序観と外交―合理主義・勢力均衡・国際組織化」（90-109頁）.

7) 飯田，同上論文，11頁.

8) 第二次世界大戦後のアメリカの秩序構築に関しては，例えば，ジョン・ラギー（小野塚佳光・前田幸男訳）（2009）『平和を勝ち取る：アメリカはどのように戦後秩序を築いたか』岩波書店.

9) 山口信治（2016）「中国の国際秩序認識の基礎と変化」（『防衛研究所紀要』第18巻第2号）48-49頁.

10) 青山瑠妙（2016）「台頭を目指す中国の対外戦略」（『国際政治』183号）117頁.

11) 先に触れた『レヴァイアサン』の特集でも，第二次世界大戦後の日本，そして中国以外の新興国の国際秩序観は扱われていない. T. V. ポールが編集した『適応する新興国：過去・現在・未来』では中国，インド，ブラジル，ロシアが扱われているが，国際秩序観については触れられていない. T. V. Paul (ed.) (2016), *Accommodating Rising Powers: Past, Present, and Future*, Cambridge: Cambridge University Press.

12) Stephen Walt (1988), "Testing theories of alliance formation: the case of South West Asia", *International Organization*, Vol.42, No.2, pp.275-316.

13) 新井政美（2001）『トルコ近現代史』みすず書房，235-236頁.

14) トルコの新自由主義の需要に関しては，今井宏平（2016）「トルコ―新自由主義・親イスラーム政党・秩序安定化外交」松尾昌樹・岡野内正・吉川卓郎編『中東の新たな秩序』ミネルヴァ書房，180-186頁.

15) アメリカを単極として捉えて中東の国際政治を分析したものとして，Birthe Hansen（2000），*Unipolarity and the Middle East*, Richmond: Curzon.

16) 公正発展党の政策決定者たちのイラク戦争における派兵をめぐる決定に関する詳細は，今井宏平（2015）『中東秩序をめぐる現代トルコ外交』ミネルヴァ書房，第3章を参照.

17) BMENAにおけるトルコの活動と民主化の拡散に関しては，例えば，Kohei IMAI（2012），"Turkey's Norm Diffusion Policies toward the Middle East: Turkey's Role of Norm Entrepreneur and Norm Transmitter", *The Turkish Yearbook of International Relations*, Vol.42, pp.27-60.

18) "Broader Middle East and North Africa Initiative:Democracy Assistance Dialogue"（http://www.g8.utoronto.ca/evaluations/2004seaisland_interim/02_2004_seaisland_interim.pdf）2016年9月20日閲覧.

19) Sabri Sayarı（1997），"Turkey and the Middle East in the 1990s", *Journal of Palestine Studies*, Vol.XXVI, No.3, pp.44-45.

20) "Türkiye Merkez Ülke Olmalı", *Radikal*, Şubat 26, 2004.

21) 今井宏平（2013）「中東地域におけるトルコの仲介政策―シリア・イスラエルの間接協議とイランの核開発問題を事例として」『中央大学社会科学研究所年報』第17号，171-190頁.

22) Mensur Akgün, Gökçe Perçinoğlu, and Sabiha Seyücel Gündoğar（2009），*Orta Doğu'da Türkiye Algısı*, Istanbul: TESEV Yayınlar, pp.23, Mensur Akgün, Gökçe Perçinoğlu, Jonathan Levack and Sabiha Seyücel Gündoğar（2011），*Orta Doğu'da Türkiye Algısı 2010*, Istanbul: TESEV Yayınları, p.12, and Mensur Akgün and Sabiha Seyücel Gündoğar（2012），*Orta Doğu'da Türkiye Algısı 2011*, Istanbul: TESEV Yayınlar, p.20.

23) Yalçın Akdoğan（2006），"The Meaning of Conservative Democratic Political Identity" in Hakan Yavuz（ed.），*The Emergence of A New Turkey: Democracy and the AK Parti*, Salt Lake City: University of Utah Press pp.53-55.

24) "Turkey's IMF journey as debtor ends, says minister", *Hürriyet Daily News*（May 13, 2013）.

25) その後，クーデタ計画が虚偽の情報に基づくものであったことが証明されるも，国民の軍部に対する信頼は回復しなかった.

26) Akgün, Perçinoğlu, and Gündoğar（2009），*op.cit.*, pp.21-22, Akgün, Perçinoğlu, Levack and Gündoğar（2011），*op.cit.*, p.12, and Akgün and Gündoğar（2012），*op.cit.*, p.20.

27) Akgün and Gündoğar, 2012, *ibid.*, p.21.

28) クリストファー・レイン（奥山真司訳）（2011）『幻想の平和』五月書房，365-366頁．

29) "Gannuşi, Tunus için 'AKP modelini' düşünüyor", *CNN Türk* (Ocak 31, 2011).

30) "Muslim Brotherhood debates Turkey model", *Hürriyet Daily News* (September 14, 2011).

31) Ibrahim Kalın, "A roadmap for Libya", *The Guardian* (May 11, 2011).

32) Murat Yetkin, "Neo-laicism by Erdoğan", *Hürriyet Daily News* (September 16, 2011).

33) "Egypt signs $1 billion Turkish loan deal", *Reuters* (September 30, 2012).

34) 今井宏平（2015）「『中心国外交』で深まるトルコ像の相克」（『外交』Vol.31）132-137頁．

35) AFADを中心としたトルコのシリア難民保護に関しては，今井宏平（2016）「新興国の人道外交—トルコの取り組みを事例として」西海真樹・都留康子編著『中央大学社会科学研究所研究叢書32：変容する地球社会と平和への課題』中央大学出版部，223-243頁．

36) "Dışişleri Bakanı Sayın Ahmet Davutoğlu'nun V. Büyükelçiler Konferansında Yaptığı Konuşma 2 Ocak 2013, Ankara"（http://www.mfa.gov.tr/disisleri-bakani-sayin-ahmet-davutoglu_nun-v_-buyukelciler-konferansinda-yaptigi-konusma_-2-ocak-2013_-ankara.tr.mfa），2016年9月25日閲覧．

37) ゲズィ運動と民主化の問題に関しては，例えば，今井宏平（2015）「西洋とのつながりは民主化を保障するのか—トルコのEU加盟交渉を事例として」（『国際政治』第182号）44-57頁．

38) Bülent Aliriza & Samuel Brannen (2013),"Turkey Looks to China on Air and Missile Defense", Center for Strategic & International Studies, October 8, 2013 (http://csis.org/publication/turkey-looks-china-missile-defense)，2016年9月27日閲覧．

39) 規範および秩序観を伝播させる「トランスミッター」の役割に関しては，今井宏平（2007）「アメリカの中東政策とトルコ外交—『ミドル・パワー』の機能と限界」（『国際政治』第150号）186-202頁．

40) 今井宏平（2016）「アメリカを見据えた協調と対立—トルコと中国の限定的な関係」『中国研究月報』2016年7月号，1-11頁．

あ と が き

　政治的・経済的・軍事的台頭を背景にした中国外交が21世紀における国際政治の帰趨を占う不可欠な要因の1つであることは今や言うまでもない．しかしこのことは必ずしもパクス・アメリカーナからパクス・シニカへのパワーシフトを意味するものではない．

　冷戦終結後，米国内外で唱えられていた「パクス・アメリカーナⅡ論」や「アメリカ帝国論」は一時的なクリッシェに終わり，アメリカ衰退論とセットになる形で21世紀における中国の覇権国化論（パクス・シニカ論）が根強い「人気」を博してきた．伝統的なパワーシフト論の文脈で語られる覇権交代論であることは今更言うまでもない．21世紀中葉までにアメリカの衰退と内向き傾向（inward-looking attitude）が進み，中国の台頭とグローバルな拡大が加速していくという議論である．内外の多くの学会では「パワーシフト論」，「パワートランジション論」あるいは「権力移行論」をテーマとするセッションが大いに賑わってきた．果たしてアメリカは急速に衰退し，中国が積年の屈辱を晴らすかのように劇的にその一国覇権を高めていくのであろうか．

　そもそもスペイン・ポルトガルからオランダ，オランダからイギリス，イギリスからアメリカへという定番的に引用される過去のパワーシフトを，21世紀の国際政治に投影しようとすることに無理がある．過去の事例は欧米中心の国際政治構造の中での話であり，しかもその構成国は30カ国からせいぜい50カ国であった．現在，国連加盟国は193カ国に上り，国際政治は主権国家ばかりでなく様々なアクターによって展開されていることは言うまでなく，特定の1国が圧倒的な覇権性を発揮する条件は失われている．

　仮に中国がアメリカに取って代わり覇権性を獲得しようとする野心を持つにしても，軍事力・経済力ばかりでなく国家としての魅力をアピールする力が不可欠である．世界GDPで2010年には日本を追い抜きアメリカに次いで

第2位に踊り出たものの，1人当たりGDPは2015年段階でもトルコやメキシコより下位の世界第75位であり，巨大な経済格差と社会的不安定性が存在していることを示している．2030年にはGDPで中国がアメリカを追い抜くとの予測も各種調査機関から出されているが，HSBCの予測では2050年でもアメリカの1人当たりGDPは55,134ドル（世界第8位）であるのに対して，中国のそれは17,759ドルで第54位に止まっている．軍事費もそれに比例するかのように2011年にはアメリカに次ぐ「軍事大国」に成長したが，2015年現在，アメリカの5,960億ドル（世界シェア35.6％）に対して2,150億ドル（同12.8％）とアメリカの3分の1に止まっており，その上，中国軍事費の不透明性や南シナ海における国際法を無視した一方主義的拡張政策に対して周辺諸国が警戒心を高めつつある．

　確かに経済力，軍事力というハード・パワーではアメリカに次いで第2位を占め，中国版マーシャル・プランとも指摘されるAIIBを設立し，ユーラシア大陸沿海部とハートランドを貫通する「一帯一路」政策を打ち上げるなど表面的には華々しいパフォーマンスを繰り広げている．しかし中国にはCool Chinaと言われるような世界の人々を惹きつける魅力が欠如している．その根本的理由は共産党統治下での自由の欠如である．自由闊達に議論する公共空間が保証されなければ根本的なイノベーションは進まず，世界にアピールするような独自ブランドも育たない．中国に移住して残りの人生を中国人として過ごしたいという人がいるであろうか．もちろん人口13億人の中国が移民を受け入れる可能性はないが，欧米諸国には，これらの国々の植民地であった地域の人間がかつての「宗主国」へ移住し，これらの国々の国籍を取得しようとするものが膨大に存在している．

　アメリカにも経済格差が存在しその傾向は強まっているが，自由闊達な公共空間は保証されており，ICT技術，バイオ技術，ナノ技術を中心に絶えずイノベーションが進行している．常に20万人近い中国人留学生をはじめ世界各国から膨大な留学生を惹きつけているばかりか，移民・難民の移住先人気のトップの座を占めている．世界人口の4％のアメリカがシェールオイル効果もあり

世界GDPの25％近くを産出し，世界軍事費の約35％を占めている．21世紀中葉までにアメリカの衰退が決定的となり，中国の一国覇権が確立する可能性は極めて低いし，そもそも特定の一国が覇権を握る時代ではなくなっている（拙稿「国際政治における米中関係の位相―現代米中関係の軌跡・現状・展望―」『法学新報』123巻5・6号，中央大学法学会，2016年）．

　しかし民主党のオバマ大統領は，最大の公約であるイラク撤兵を焦り就任早々，アメリカは「世界の警察官」の役割を放棄すると宣言してロシアのクリミア・シリアへの軍事介入を誘発し，中国の南シナ海の軍事拠点化や「一帯一路」政策の具体化を加速させた．共和党のトランプ大統領も "Make America Great Again！" を繰り返しながらも「世界の警察官」をやめると公言したため，独裁化を強めつつある中国の習近平政権はパクス・シニカの実現を夢想し始めたようである．その可能性は低いもののパクス・シニカに向けた動きが加速すれば「覇権交代論＝パワーシフト論」が証明されることになる．

　新たに成立したトランプ政権がその覇権性をさらに弱めれば，世界は不安定性を増し混沌とした状況が生まれ，イアン・ブレマーの「『Gゼロ後』の世界」（非極構造論）が証明されることになる．この混沌とした状況の中で中国がロシアとの準同盟関係を強化し，「アメリカの復活」を加速させるトランプ・アメリカと緊張関係が高まれば，21世紀における新冷戦が発生することになる（米中新冷戦論）．軍事的には相互に警戒を強めながらも，環境・核不拡散・テロ対策などの地球的問題群の解決に協調的に取り組み，かつ経済依存関係を維持していけば「G2」論＝米中共同管理論が説得力を持つようになるであろう．そして対米協調を維持した上でソフト・パワーを上昇させることに成功すれば，中国は東アジアでの限定的な地域的覇権を握ることは可能かもしれない．

　この場合，日本の外交的選択は岐路に立たされるであろう．いずれにせよ，上記4つのシナリオのいずれが21世紀国際政治で具体化するかは，成立したアメリカのトランプ政権の対応によるであろう．このことは，2017年初頭段階でもアメリカが秩序形成に大きな影響力を保持していることを意味しており，この限りにおいて依然アメリカは一定程度の覇権を握っていると言えよう．

本書の出版にあたっては，中央大学政策文化総合研究所および中央大学出版部に大変お世話になった．心より感謝申し上げる．

2017 年 1 月 24 日

中大生活38年の締め括りとして　滝　田　賢　治

執筆者紹介（執筆順）

滝田　賢治　研究員・中央大学法学部教授

星野　　智　研究員・中央大学法学部教授

島村　直幸　客員研究員・杏林大学総合政策学部講師

内田　孟男　客員研究員・元中央大学経済学部教授

金子　　譲　客員研究員・前防衛省防衛研究所統括研究官

杉田　弘毅　客員研究員・共同通信社論説委員長

土田　哲夫　研究員・中央大学経済学部教授

鈴木　洋一　客員研究員・中央大学法学部兼任講師

今井　宏平　客員研究員・日本貿易振興機構（ジェトロ）アジア経済研究所研究員

21世紀国際政治の展望
　現状分析と予測
　　　　　　　　　　　　中央大学政策文化総合研究所研究叢書22

2017年3月10日　初版第1刷発行

編著者　　滝　田　賢　治
発行者　　中 央 大 学 出 版 部
代表者　　神　﨑　茂　治

〒192-0393　東京都八王子市東中野742-1
発行所　中 央 大 学 出 版 部
http://www2.chuo-u.ac.jp/up/
電話 042(674)2351　FAX 042(674)2354

©2017 滝田賢治　ISBN978-4-8057-1421-8　　印刷・製本 株式会社 遊文舎
本書の無断複写は，著作権法上の例外を除き，禁じられています。
複写される場合は，その都度，当発行所の許諾を得てください。